本专著得到国家自然科学基金青年项目"数字化转型对企业社会责任行动的非对称性影响：机制、边界及绩效"（项目号：72202043）的资助

Research on Industry Tournament Incentives
Driven and Long-Term Performance of
Corporate Social Irresponsibility

企业社会失责行为的

行业锦标赛激励动因及长期经济后果研究

钟 熙 著

企业管理出版社
ENTERPRISE MANAGEMENT PUBLISHING HOUSE

图书在版编目（CIP）数据

企业社会失责行为的行业锦标赛激励动因及长期经济后果研究 / 钟熙著 . -- 北京：企业管理出版社，2025.
6. -- ISBN 978-7-5164-3277-8

Ⅰ．F279.2

中国国家版本馆 CIP 数据核字第 20253K61V6 号

书　　名：	企业社会失责行为的行业锦标赛激励动因及长期经济后果研究
书　　号：	ISBN 978-7-5164-3277-8
作　　者：	钟　熙
策划编辑：	侯春霞
责任编辑：	侯春霞
出版发行：	企业管理出版社
经　　销：	新华书店
地　　址：	北京市海淀区紫竹院南路 17 号　　邮编：100048
网　　址：	http://www.emph.cn　　电子信箱：pingyaohouchunxia@163.com
电　　话：	编辑部 18501123296　　发行部（010）68417763、（010）68414644
印　　刷：	北京厚诚则铭印刷科技有限公司
版　　次：	2025 年 6 月第 1 版
印　　次：	2025 年 6 月第 1 次印刷
开　　本：	710mm×1000mm　　1/16
印　　张：	13.25
字　　数：	193 千字
定　　价：	88.00 元

版权所有　　翻印必究・印装有误　　负责调换

前言

改革开放以来，中国企业实现了长足发展，取得了令世界瞩目的成就。但在此过程中，企业社会失责行为也屡见不鲜。学者们已经认识到，企业社会失责行为不能简单地等同于企业履行社会责任行为的对立面（即企业不实施社会责任行为），它与企业社会责任行为不仅在理论概念上存在显著差异，受制于不同的动态（Dynamics），而且两者往往会导致非对称性的经济后果。尽管国内学者针对企业社会责任行为的决定因素及其经济后果的研究已经获得了一系列富有启发意义的成果和洞见，但极少有研究对中国企业社会失责行为的决定因素及其（长期）经济后果进行理论分析和实证探讨。

本研究尝试通过两个子研究的探讨，来深化理论界对中国企业社会失责行为决定因素及其长期经济后果的理解力和预测力，并借此为企业股东、政府监管部门防范和管控企业社会失责行为提供有益的初步指导。

具体来说，子研究一旨在回答行业锦标赛激励是否、如何以及在何种情况下更可能影响企业社会失责行为。基于锦标赛理论和委托代理理论，以2003—2019年中国A股上市企业为研究对象，通过实证检验得出以下研究结论。①行业锦标赛激励会诱发企业社会失责行为。②管理短视在上述关系中发挥着部分中介作用。③CEO创始人身份、多个大股东都会削弱行业锦标赛激励对企业社会失责行为的促进作用，但控股股东性质（是否为国有企业）未发挥预期的调节作用。同时，卖空压力、地区市场化程度都会削弱行业锦标赛激励对企业社会失责行为的促进作用,但地区社会信任在其间未发挥预期的调节作用。

子研究二旨在回答企业社会失责行为是否、如何以及在何种情况下更可能影响企业长期绩效。基于信号理论,以2003—2019年中国A股上市企业为研究对象,通过实证检验得出以下研究结论。①企业社会失责行为会负向影响企业长期绩效。②企业创新绩效在上述关系之间发挥着部分中介作用。③企业慈善捐赠、行业竞争强度都会削弱企业社会失责行为对企业长期绩效的负向影响。然而,地区市场化程度会增强企业社会失责行为对企业长期绩效的负向影响。

本研究有助于丰富和发展行业锦标赛激励文献、非市场化战略文献和信号理论,对于企业股东以及监管部门更好地防范、治理企业社会失责行为,从而实现企业可持续发展有一定的指导意义。

目　录

第一章　绪论 ……………………………………………………… 1

1.1　研究背景 ………………………………………………………… 1
1.2　核心概念界定与具体研究问题提出 …………………………… 4
1.2.1　核心概念界定 …………………………………………… 4
1.2.2　具体研究问题提出 ……………………………………… 8
1.3　研究意义与方法 ………………………………………………… 14
1.3.1　研究意义 ………………………………………………… 14
1.3.2　研究方法 ………………………………………………… 18
1.4　创新之处 ………………………………………………………… 19
1.5　章节安排 ………………………………………………………… 20
1.6　技术路线图 ……………………………………………………… 21

第二章　相关文献回顾与述评 ………………………………… 23

2.1　行业锦标赛激励相关研究回顾与述评 ………………………… 23
2.1.1　行业锦标赛激励的理论基础 …………………………… 23
2.1.2　行业锦标赛激励对企业决策的影响 …………………… 25

	2.1.3	行业锦标赛激励文献的总结与述评 ·················· 27
2.2	**企业社会失责行为相关研究回顾与述评** ···················· 29	
	2.2.1	企业社会失责行为的定义辨析 ·························· 29
	2.2.2	企业社会失责行为决定因素研究的理论基础 ··········· 31
	2.2.3	企业社会失责行为的决定因素 ·························· 34
	2.2.4	企业社会失责行为与企业绩效 ·························· 39
	2.2.5	企业社会失责行为文献的总结与述评 ·················· 42
2.3	**本章小结** ··· 44	

第三章 行业锦标赛激励对企业社会失责行为的影响············· 45

3.1	**引言** ·· 45	
3.2	**理论分析与假设提出** ·· 48	
	3.2.1	锦标赛激励与高管消极努力 ····························· 48
	3.2.2	行业锦标赛激励与企业社会失责行为 ·················· 49
	3.2.3	管理短视的中介作用 ···································· 51
	3.2.4	公司治理机制的调节作用 ······························· 52
3.3	**研究设计** ··· 61	
	3.3.1	样本选取 ·· 61
	3.3.2	指标选择与变量定义 ···································· 63
	3.3.3	实证方法 ·· 66
3.4	**实证检验与结果** ·· 67	
	3.4.1	描述性统计与相关系数 ································· 67
	3.4.2	回归分析与结果 ·· 68
	3.4.3	内生性问题的解决与鲁棒性检验 ······················· 79
3.5	**本章小结** ··· 99	

第四章 企业社会失责行为对企业长期绩效的影响 …………… 101

- 4.1 引言 ………………………………………………………… 101
- 4.2 理论分析与假设提出 ………………………………………… 104
  - 4.2.1 信号理论 ………………………………………… 104
  - 4.2.2 企业社会失责行为与企业长期绩效 …………… 105
  - 4.2.3 企业创新绩效的中介作用 ……………………… 108
  - 4.2.4 企业慈善捐赠的调节作用 ……………………… 110
  - 4.2.5 行业竞争强度的调节作用 ……………………… 112
  - 4.2.6 地区市场化程度的调节作用 …………………… 114
- 4.3 研究设计 ……………………………………………………… 116
  - 4.3.1 样本选取 ………………………………………… 116
  - 4.3.2 指标选择与变量定义 …………………………… 117
  - 4.3.3 实证方法 ………………………………………… 119
- 4.4 实证检验与结果 ……………………………………………… 120
  - 4.4.1 描述性统计与相关系数 ………………………… 120
  - 4.4.2 回归分析与结果 ………………………………… 121
  - 4.4.3 内生性问题的解决 ……………………………… 130
- 4.5 本章小结 ……………………………………………………… 148

第五章 研究结果总结与讨论 ……………………………………… 150

- 5.1 研究假设支持情况纵览 ……………………………………… 150
- 5.2 研究结果讨论 ………………………………………………… 151
  - 5.2.1 对行业锦标赛激励与企业社会失责行为关系实证结果的讨论 …………………………………………………… 151

  5.2.2 对管理短视在行业锦标赛激励与企业社会失责行为
之间中介作用的讨论 ································· 154

  5.2.3 对公司治理机制在行业锦标赛激励与企业社会失责
行为之间调节作用的讨论 ························· 154

  5.2.4 对企业社会失责行为与企业长期绩效关系实证结果
的讨论 ·· 158

  5.2.5 对企业创新绩效在企业社会失责行为与企业长期绩效
之间中介作用的讨论 ································· 159

  5.2.6 对信号环境在企业社会失责行为与企业长期绩效之间
调节作用的讨论 ······································· 160

 5.3 本章小结 ·· 161

第六章 结论、贡献与展望 ································· 163

 6.1 结论 ·· 163

 6.2 理论贡献 ·· 165

 6.3 实践启示 ·· 168

 6.4 研究局限和未来展望 ·· 170

参考文献 ··· 172

第一章 绪 论

本章首先阐明了从行业锦标赛激励角度探讨企业社会失责行为的形成动因,以及从企业长期绩效角度探讨企业社会失责行为经济后果的实践背景和理论背景。其次,界定了行业锦标赛激励、企业社会失责行为、企业长期绩效等核心概念,并提出了本研究旨在解答的两组重要理论与实践问题。再次,详细介绍了本研究的研究意义、方法和创新点等内容。最后,指出了本研究的章节安排和技术路线图。

1.1 研究背景

改革开放以来,中国企业逐渐由公有制单一主导的模式转变为各种所有制共同发展的模式,并取得了令世界瞩目的成就。理论界和实践界越来越认识到,企业的责任不应该局限于为股东创造价值和财富,更应该为广泛的利益相关者(如顾客、员工、环境、社区)谋取福利(Flammer 等,2019;Zhang 等,2020)。相应地,在实践中,中国政府及相关监管机构也相继出台了一系列法律法规来引导企业的社会责任行为。例如,早在 2006 年,深圳证券交易所便发布了《上市公司社会责任指引》,对在深圳证券交易所上市的企业提出了如下要求:保护股东和债权人权益,保护职工权益,保护供应商、客户和消费者权益,积极参与和推动环境保护与可持续发展,努力协调公共关系和参与社会公益事业,等等。

然而，一个难以否认的现实是：企业社会失责行为如同"幽灵"一般，始终伴随着中国企业的发展（许罡，2020；杨继生和阳建辉，2016），并给相关企业的股东以及社会大众带来了一定的负面影响。企业社会失责行为存在于中国的各行各业之中（李文茜和刘益，2015；肖红军和阳镇，2018；张婷和周延风，2012）。例如，由公众与环境研究中心编制的"中国水污染地图"从2006年到2009年4月收录了超过3万条企业超标或违规排污记录。

与此同时，伴随着中国企业的高速发展，引发投资者和社会公众长期关注的另一个现象是：高管薪酬出现了大幅度的增长，并且高管之间的薪酬差距在不断扩大（邓鸣茂等，2020）。高管薪酬之所以受到投资者和社会公众的高度关注，原因在于高管薪酬不仅是单纯的企业治理问题，而且与社会公平、贫富差距等民生问题也存在着千丝万缕的联系（罗进辉，2014）。根据公开可获取的数据，从最高薪酬角度来看，2010年中国上市企业年度薪酬榜首的年薪为1067.18万元，但到2019年，中国上市企业年度薪酬榜首的年薪已经高达4122万元，9年间增加了3054.82万元。而从总薪酬和平均薪酬角度来看，A股上市企业高管2016财年的总年薪为69亿元，平均年薪为191万元，但是，上述两个数值在2019年分别增加到了124亿元和198万元。考虑到高管特别是CEO是企业社会责任/失责决策最为核心的权力主体（Davidson等，2019；Oh等，2018；Tang等，2015；Yuan等，2017；李心斐等，2020；徐细雄等，2018），越来越多的学者开始探讨高管薪酬对企业社会失责行为的影响。到目前为止，学者们已经发现，高管薪酬的绝对水平（Conyon和He，2016；Jeong和Kim，2019），以及企业内部高管之间的薪酬比较（即内部锦标赛激励）都会显著影响企业社会失责行为（Shi等，2016；Zhang等，2020；魏芳和耿修林，2018）。例如，Zhang等（2020）发现，内部锦标赛激励越多，企业越可能实施环境失责行为。虽然前期研究文献为从高管薪酬角度深刻理解企业社会失责行为的形成原因提供了一定的洞见，但美中不足的是，行业内各企业CEO之间的薪酬比较，即行业锦标赛激励（Coles等，2018；Kubick和Lockhart，2020；邓鸣茂等，2020）将对企业社会失责行为产生怎样的影响，迄今仍未受到应有的关注。

事实上，行业锦标赛激励是否、如何以及在何种情况下更可能影响企业社会失责行为，不仅是中国情境下亟须解答的一个重要实践问题，更是能推动锦标赛理论和企业社会失责文献进一步发展的一个重要理论问题。具体地，从实践角度看，薪酬差距不仅存在于企业内部各个高管之间，也存在于相同行业的各个企业之间（陈胜军等，2020；邓鸣茂等，2020；梅春等，2019）。例如，界面新闻发布的《2020 中国 A 股上市公司 CEO 薪酬榜》显示，在房地产行业内，2019 年华夏幸福高管的最高薪酬为 3869 万元，金科股份高管的最高薪酬为 2926 万元，两者相差 943 万元。而从理论角度看，虽然早期的锦标赛激励文献主要关注内部锦标赛激励，但自从 Coles 等（2018）率先提出行业锦标赛激励以来，学者们开始逐渐关注行业锦标赛激励对企业战略决策及企业绩效的影响（Huang 等，2018；Kubick 和 Lockhart，2016；Tan，2020），并发现行业锦标赛激励会显著影响企业产品竞争策略（Huang 等，2018）、企业税收行为（Kubick 和 Lockhart，2016）、企业投资行为（Coles 等，2018）和企业创新行为（梅春等，2019）。特别地，有学者明确指出，内部锦标赛激励和行业锦标赛激励属于两个独立但同时进行的过程（Carnes 等，2020），两者可能会通过不同的内在机制对企业战略决策及企业绩效产生差异性的影响。正因如此，本研究的第一个核心目标便是基于锦标赛理论（Lazear 和 Rosen，1981）和委托代理理论（Jensen 和 Meckling，1976），明晰行业锦标赛激励对企业社会失责行为的影响效果、内在机理以及作用边界（即内容）。

另外，明确企业社会失责行为的经济后果也是至关重要的。的确，在前期文献中，企业社会失责行为对企业绩效的影响越来越受到商业伦理和战略管理领域研究者的共同关注（Price 和 Sun，2017；李茜等，2018）。但需要注意的是，前期研究主要考察企业社会失责行为对企业短期绩效的影响，并得出了相互矛盾的研究结论。例如，有研究认为，企业社会失责行为会对企业短期绩效产生显著的负向影响（Price 和 Sun，2017；Salaiz 等，2020；Walker 等，2019）。也有研究认为，企业社会失责行为对企业短期绩效具有非线性的影响

（Chung-Jen 等，2018；李茜等，2018）。例如，企业社会失责行为会先损害企业短期绩效，但超过阈值时，它反而会促进企业短期绩效的提升（Chen 等，2018）。针对企业社会失责行为与企业短期绩效之间关系的研究结论的显著分歧，相关学者呼吁，应该从更长期的角度来看待企业社会活动的经济后果，而不是着眼于当前的财务绩效。这是因为，企业社会活动的影响往往需要较长时间才能够显现出来（Kiessling 等，2016；Sun 和 Ding，2020）。特别地，企业长期绩效是衡量管理有效性最为核心的指标。同时，高水平的长期绩效也是企业实现可持续发展的前提。遵循并延伸上述研究呼吁，本研究的第二个核心目标是基于信号理论（Connelly 等，2011；Spence，1973），明晰企业社会失责行为与企业长期绩效之间的逻辑关系，以期拓展文献对企业社会失责行为经济后果的认识（即内容）。具体到中国企业，对这一理论问题的解答更是重要且急切的。一方面，一段时期内中国企业普遍存在着社会失责行为（刘柏和卢家锐，2018；许罡，2020）；另一方面，随着公众意识的觉醒和互联网媒体的发展，社会公众对企业社会失责行为的甄别能力不断增强，同时对企业社会失责行为的容忍度不断降低。在此背景下，倘若中国企业缺乏对企业社会失责行为长期经济后果的深刻认识，势必会对它们的长远发展产生严重不利的影响。

1.2 核心概念界定与具体研究问题提出

1.2.1 核心概念界定

本研究涉及的核心概念包括企业社会失责行为、行业锦标赛激励、管理短视、公司治理机制、企业创新绩效、企业长期绩效。它们的界定具体如下。

企业社会失责行为（Corporate Social Irresponsibility Behavior）。部分早期学者将企业社会失责行为和企业社会责任行为视为一个连续体的两端，但随着研究的深入，越来越多的学者认为，两者在理论上存在显著差异（Keig 等，2015；Sun 和 Ding，2020；Kang 等，2016；Kim 等，2021）。具体来说，企业社会失责行为俗称"做坏事"（Doing Bad），其特点是"不道德和道德上令人厌恶"（Ferry，1962），它往往会对企业内部和外部利益相关者造成不同程度的伤害，这种伤害包括财产损失甚至死亡（Alcadipani 等，2020；Mena 等，2016）。确切地说，企业社会失责行为被定义为一种非法的或者合法但不道德的行为，它忽略了社会总体利益，或选择单个利益相关者的利益而不考虑其他利益相关者的利益（Alcadipani 等，2020；Armstrong，1977；Murphy 和 Schlegelmilch，2013；张爱卿和高应蓓，2020）。典型的企业社会失责行为包括但不限于污染环境、不公平对待员工和供应商、贿赂、"血汗工厂"、向消费者销售劣质产品（Chen 等，2018；Scheidler 和 Edinger-Schons，2020；Sun 和 Ding，2020；Wu，2014）。与之相对，企业社会责任行为俗称"做好事"（Doing Good），它通常被定义为企业努力超越其直接利益和法律义务的、对社会有益的行为（Hur 等，2019；McWilliams 和 Siegel，2000；曾爱民等，2020；李心斐等，2020）。总而言之，企业社会失责行为的增加并不意味着企业社会责任行为的减少，同时，企业社会失责行为的减少也并不意味着企业社会责任行为的增加（Keig 等，2015；Yuan 等，2017）。正因如此，本研究将 Corporate Social Irresponsibility Behavior 称为企业社会失责行为，而不是国内部分学者如张爱卿和高应蓓（2020）所指称的、容易引起曲解的企业社会责任缺失行为。

行业锦标赛激励（Industry Tournament Incentives）。前期研究表明，内部锦标赛激励或内部晋升激励，即 CEO 和非 CEO 高管之间的薪酬差距会显著影响高管的工作行为和工作态度（Lim，2019）。这背后的原因主要有两点：第一，薪酬具有极其重要的象征意义（March，1984），它不仅表示一种物质财富，而且代表着个人成就、社会地位、权力甚至是尊严（Seo 等，2015）；第二，高管通常具有高水平的成就导向型（Achievement-Oriented）和地位驱动（Status-Driven）动机（Fredrickson 等，2010）。Coles 等（2018）在内部锦标赛激励的基础上，率先提出了行业锦标赛激励的概念，用以捕捉外部劳动力市场对 CEO 提供的正向激励（Coles 等，2018；Huang 等，2018）。行业锦标赛激励背后的核心假定是：相同或相近行业中其他企业的CEO职位展现出的高薪和/或其他有价值的特征，将激励焦点企业在任CEO努力获取或争取上述提及的CEO职位（Coles等，2018；Kubick和Lockhart，2016）。虽然行业锦标赛激励被界定为CEO薪酬与同行业中最高CEO薪酬之间的差距（Coles等，2018；Tan，2020；邓鸣茂等，2020；梅春等，2019），但是，在实际的测量中，学者们通常采用CEO薪酬与同行业中第二高的CEO薪酬之间的差距来衡量（Coles等，2018；Kubick和Lockhart，2020）。这是因为，一个行业在特定年份出现极端薪酬可能是不寻常的、过渡性的事件，在这种情况下，行业中的最高CEO薪酬未能反映CEO在该行业所能获得的、常态化的最高薪酬（Coles等，2018；Huang等，2018；Kubick和Lockhart，2016）。

管理短视（Managerial Myopia）。跨期选择问题是企业管理实践中的一个固有困境，在这种困境中，高管常常需要在"辉煌当下"和"成就未来"之间做出选择。而高管为解决这种困境而采取的行动直接反映了其是否存在管理短视（Levinthal和March，1983）。根据Levinthal和March（1983，p.110）的经典研究，管理短视反映了高管"牺牲长期利益换取短期利益"的行为倾向（Kraft等，2018）。管理短视的高管会将注意力集中在近期和当前市场，他们往往会"忽视遥远的地方"和"忽视远大前景"（Ridge等，2014），或忽视可能会创造长期价值的资源（Chen等，2015）。管理短视的原因可能在于：高管缺乏追求任期之外的未来收益的动机（Schuster等，2018）；向就业市场发出信号（Nagarajan等，1995）；工作安全问题（Hirshleifer和Thakor，1992）；改善谈判地位来争取在下一阶段提高工资或提高个人声誉（Narayanan，1985）；资本市场的短期取向（Schuster等，2018）；等等。在实证研究中，管理短视的代理指标如下。①固定资产投资不足（Kraft等，2018）。例如，Graham等（2005）的经典调研发现，管理短视的企业高管承认他们会削减资本支出和避免设备维护，以满足短期收益目标。②对收入进行平滑（Jun等，2019）。③削减能够创造长远价值的研发支出（Chen等，2015；Schuster等，2018）。

公司治理机制（Corporate Governance Mechanism）。公司治理机制根植

于委托代理理论的核心思想（Jensen 和 Meckling，1976），即掌握企业经营权的高管和掌握所有权的股东之间（第一类委托代理问题），以及大股东和小股东之间（第二类委托代理问题）存在无法完全消除的利益冲突（Hussain 等，2018；Oh 等，2018）。在这种情况下，公司治理机制作为一种有效缓解上述委托代理问题的手段被引入学术研究和商业实践中（Hassan 等，2017；Zerni 等，2010）。具体地，公司治理机制可以分为内部公司治理机制和外部公司治理机制。前者一般是指股权设计、企业性质、监管安排等内部因素对企业治理或企业治理机构产生的影响（Lozano 等，2016；Oh 等，2018；Zerni 等，2010；成思危，2000；段云等，2011）。后者一般是指法律法规、行业规范、社会约定、金融及中介市场发展程度等外部因素对企业治理或企业治理机构产生的影响（Hassan 等，2017；孟庆斌等，2019）。

企业创新绩效（Firm Innovation Performance）。企业创新绩效是指企业在创新活动中取得的成果，它的衡量指标主要有以下几个。①企业在某一年是否引入了新产品（Muoz-Bullón 等，2019）。②企业在特定年份的专利申请数量（Ahuja 和 Katila，2001；高照军和武常岐，2014；李梅和余天骄，2016）。③企业在特定年份的专利授权数量（Jiang 等，2020；Sunder 等，2017；高照军和武常岐，2014）。因为这些学者认为，只有当发明被确认为专利时，才是新颖的、具有创造性的和工业适用的（Jiang 等，2020）。④专利引用（Antonio 等，2015）。⑤企业新产品产值（马艳艳等，2014；张宝建等，2015）。⑥新产品销售率（Roper 等，2017）。⑦企业是否引进了新的技术、设备和/或软件，或显著改进生产或交付过程（Ramírez-Alesón 和 Fernández-Olmos，2019）。

企业长期绩效（Firm Long-Term Performance）。企业长期绩效反映了企业未来的运营和绩效结果（Ben-Oz 和 Greve，2015；Sun 和 Ding，2020），或需要较长时间才能看出来的绩效表现（李雪松等，2008）。在实证研究中，企业长期绩效的衡量指标主要有以下几个。①企业市值（Ben-Oz 和 Greve，2015），这是一个反映市场对股东未来现金流预期的客观指标。②托宾 Q 值

（Garcia-Garcia 等，2016；Sun 和 Ding，2020；胡元木和纪端，2017；朱焱和张孟昌，2013），它衡量了投资者对企业资产账面价值的前瞻性判断。③滞后两期的资产收益率（ROE）（Wu 等，2019），或三年平均业绩（王克稳等，2014；郑志刚等，2014）。④全要素生产率（周末和孙可，2016）。

1.2.2　具体研究问题提出

结合前文的现实和理论背景分析，本研究尝试融合锦标赛理论、委托代理理论和信号理论的观点，并以中国 A 股上市企业为研究对象，重点考察两组研究问题。

首先，在子研究一中，本研究旨在与探讨企业社会失责行为决定因素的文献进行对话，并做出相应的理论和实证贡献。具体地，本研究拟探究行业锦标赛激励对企业社会失责行为的直接影响效应，管理短视是否在上述关系中发挥中介作用，以及内外部公司治理机制是否会对上述关系产生调节作用。研究问题具体表述如下。

第一，行业锦标赛激励是否影响企业社会失责行为以及将对企业社会失责行为产生怎样的影响？行业锦标赛激励将对高管的行为产生重要影响。一方面，相对于仅具有特定技能的 CEO，市场对具有通用技能的 CEO 的需求日益增长，并给予了其更高的薪酬溢价（Custódio 等，2013；Datta 和 Datta，2014；Fee 和 Hadlock，2003）。另一方面，理论和先前的研究认为，为了过滤外生冲击（如行业冲击）的影响（Kubick 和 Lockhart，2016），企业应该从一个相对视角评估 CEO 并制定相应的薪酬。例如，有研究发现，行业和企业规模是董事会制定 CEO 薪酬的重要参照物（Albuquerque 和 De Franco 等，2013；Faulkender 和 Yang，2010a）。因此，在行业锦标赛激励的影响下，CEO 有动机去其他企业任职，以提升自己的通用技能，或获得更高的薪酬和行业知名度（Coles 等，2018）。对此，Fee 和 Hadlock（2003）提供了一些关于行业锦标赛激励的证据。具体来说，他们发现，当具有 CEO 经验的个体被另一家企业聘请为 CEO 时，他们平均会增加 50% 的薪水，获得津贴的价值是之前的 4 倍，管理企业的规模是之前掌管企业规模的4.5倍。

由于外部劳动力市场与CEO之间存在着信息不对称,所以外部劳动力市场难以直接观测到CEO的真实能力(Kubick和Lockhart,2016)。作为替代,外部劳动力市场会选择企业绩效作为评估CEO能力的指标(Coles等,2018)。CEO所领导企业的绩效越好,外部劳动力市场对CEO能力的评价越高,CEO在劳动力市场的价值越高,继而也越有可能去薪酬更高、知名度更高的企业任职(Huang等,2018;梅春等,2019)。因此,在行业锦标赛激励的作用下,现任CEO有动机使其领导的企业实现突出绩效(Coles等,2018),在此过程中,现任CEO甚至不惜牺牲股东的长远利益(Jensen和Meckling,1976),即外部劳动力市场提供的积极激励很可能产生负外部性(Kubick和Lockhart,2020)。前期研究表明,现任CEO会采取一系列市场化战略来增加自己赢得行业锦标赛激励的概率(Coles等,2018;Huang等,2018;Kubick和Lockhart,2016;梅春等,2019)。但是,到目前为止,鲜有研究探讨行业锦标赛激励对企业非市场化战略,特别是企业社会失责行为这一非市场化战略的影响。这是一个重要的研究缺口。一方面,相关研究已经表明,企业社会失责行为将受到激励因素的影响(Zhang等,2020);另一方面,企业社会失责行为被认为能够显著降低企业成本(刘柏和卢家锐,2018)、改善企业短期绩效(Chen等,2018)。有鉴于此,本研究拟以锦标赛理论和委托代理理论为理论基础,深入剖析行业锦标赛激励与企业社会失责行为之间的逻辑关系。

第二,管理短视是否在行业锦标赛激励与企业社会失责行为之间发挥中介作用? 如果行业锦标赛激励会对企业社会失责行为产生不可忽视的影响,那么进一步的第一个重要问题是,行业锦标赛激励将通过何种传导机制与企业社会失责行为产生关联。前期相关研究发现,行业锦标赛激励会驱使企业CEO通过操控企业盈余、降低年报可读性来隐藏坏消息等手段来美化短期绩效,从而提高了企业股价崩盘的可能性(Kubick和Lockhart,2020;邓鸣茂等,2020)。不难发现,这些研究暗示,行业锦标赛激励可能会导致企业CEO更加关注短期绩效(Kubick和Lockhart,2016),而忽视企业的长期价值。也就是说,前期研究暗示行业锦标赛激励很可能会诱发 CEO 管理短视。进一步地，管理短视将 CEO 的精力和注意力引向有助于快速提高企业短期绩效的短期主义行动（Ridge 等，2014；Schuster 等，2018）。由于社会失责行为能够为企业提供更多节约成本的机会（Jain 和 Zaman，2020；刘柏和卢家锐，2018），并通过降低价格、创造更多需求等途径快速改善企业短期绩效（Chen 等，2018），因此，在管理短视的影响下，CEO 可能会积极参与企业社会失责行为。综合以上论述，本研究提出以下猜想：行业锦标赛激励是否会通过诱发 CEO 的管理短视，继而增加企业社会失责行为？在此背景下，本研究拟引入管理短视的中介作用，以期揭示行业锦标赛激励作用于企业社会失责行为的传导渠道。

第三，行业锦标赛激励与企业社会失责行为两者的关系是否受制于内外部公司治理机制的调节作用？ 如果行业锦标赛激励会对企业社会失责行为产生不可忽视的影响，那么进一步的第二个重要问题是，行业锦标赛激励在何种情况下更可能对企业社会失责行为产生显著影响。目前，针对行业锦标赛激励的研究主要探讨使有抱负的 CEO 更可能获胜的权变因素（Coles 等，2018；Kubick 和 Lockhart，2016），较少有研究关注公司治理机制对行业锦标赛激励负外部性的治理作用。事实上，委托代理理论早已指出，适当的公司治理机制有助于约束 CEO 的自利作为，从而缓解委托代理问题，保障股东的长远利益（Jensen 和 Meckling，1976）。相近地，锦标赛激励文献也认为，由于锦标赛理论基于委托代理关系的博弈论观点，故而当企业能够有效监督 CEO 的决策行为时，锦标赛激励引发的负面影响通常会随之降低（Shi 等，2016）。有鉴于此，本研究拟引入公司治理机制的调节作用，来进一步深化文献对行业锦标赛激励影响企业战略决策（如企业社会失责行为）之边界的认识。

公司治理领域的文献表明，企业内部和外部的多种因素都能发挥一定的公司治理作用（Oh 等，2018；Wu 等，2020；孟庆斌等，2019）。例如，CEO 创始人身份能够缓解委托代理问题（Schuster 等，2018）。综合前期相关研究成果，本研究拟系统性地探讨内部治理因素如 CEO 创始人身份（Schuster 等，

2018)、多个大股东（Boateng 和 Huang，2017；姜付秀等，2017；罗宏和黄婉，2020）和控股股东性质（祝继高等，2015），以及外部治理因素如卖空机制（陈淼鑫和郑振龙，2008；孟庆斌等，2019）、地区市场化程度（Cordeiro等，2013）和地区社会信任水平（刘笑霞和李明辉，2019），对行业锦标赛激励与企业社会失责行为两者关系的调节作用。

其次，在子研究二中，本研究旨在与探讨企业社会失责行为经济后果的文献进行对话，并做出相应的理论和实证贡献。具体地，本研究拟深入剖析企业社会失责行为对企业长期绩效的直接影响效应，企业创新绩效是否在上述关系中发挥中介作用，以及信号环境（如企业慈善捐赠、行业竞争强度和地区市场化程度）能否对上述关系产生显著的调节作用。研究问题具体表述如下。

第一，企业社会失责行为是否影响企业长期绩效以及将对企业长期绩效产生怎样的影响？ 企业社会失责行为在早期被定义为以牺牲其他利益相关者或整个系统为代价来寻求收益的企业决策（Armstrong，1977）。后来，它的概念进一步包括了对相关或不相关实体产生有害影响的企业行为（Soundararajan等，2016）。企业社会失责行为对企业绩效的影响是商业伦理和战略管理领域共同关注的焦点话题，并产生了一系列富有建设性的研究成果（Price 和 Sun，2017；Salaiz 等，2020；Walker 等，2019；李茜等，2018）。但需要注意的是，前期研究侧重于企业社会失责行为的短期效应（即侧重于考察企业社会失责行为对企业短期绩效的影响），且研究结论存在严重分歧（Price 和 Sun，2017；Salaiz 等，2020；Walker 等，2019；李茜等，2018）。

目前，越来越多的学者主张关注企业社会活动的长期影响（Carroll 和 Shabana，2010；Hamann，2019）。例如，Hamann（2019）呼吁企业社会责任行为研究应更多地关注动态互动，而不是静态图像。但是，到目前为止，极少有研究探讨企业社会失责行为的长期效应（如对企业长期绩效的影响）。与短期效应相反，长期效应意味着企业行为的结果超出了当前的商业周期，并对企业未来的经营和绩效结果产生了广泛的影响（Sun 和 Ding，2020）。填补这一空白至关重要，因为企业长期绩效是企业的最终目标之一，也是衡量企业管理有效性的基本指标之一（Ben-Oz 和 Greve，2015；Wu 等，2019）。

此外，信号理论已经被越来越多地应用于企业社会责任行为领域（Jones 等，2014；Su 等，2016；Utgard，2018；Zerbini，2017）。相关研究普遍认为，企业社会责任行为作为一种正面信号（石军伟等，2009），将显著影响员工、消费者以及股东和投资者等利益相关者对企业的态度和行为（Jones 等，2014；Ogunfowora 等，2018；Zhang 等，2020），继而对企业绩效和竞争优势产生深远的影响（Luffarelli 和 Awaysheh，2018；Zhang 等，2020；石军伟等，2009）。本研究拟将这些研究的思想嫁接到企业社会失责行为领域，并认为企业社会失责行为作为一种负面信号（李明和徐雅琴，2020），将影响企业长期绩效。概括而言，在子研究二中，本研究拟以信号理论为理论基础，深入剖析企业社会失责行为与企业长期绩效之间的逻辑关系。

第二，企业创新绩效是否在企业社会失责行为与企业长期绩效之间发挥了中介作用？ 如果企业社会失责行为能够显著影响企业长期绩效，那么，进一步的第一个重要问题是，企业社会失责行为将通过何种传导机制与企业长期绩效产生关联。这一问题是重要且亟须解决的。例如，Aguinis 和 Glavas（2012）在他们的综述性研究中指出，企业社会责任领域93%的前期研究成果均忽视了对中介作用的探讨，并呼吁未来研究填补这一知识缺口，从而更为深刻地理解企业社会活动导致特定结果的过程和潜在机制。前期大量研究表明，企业社会责任行为不仅会显著影响企业的财务绩效，也会对企业创新绩效产生不可忽视的重要影响（Anser 等，2018；Ko 等，2020；Martinez-Conesa 等，2017）。同时，创新被视为企业长期绩效的关键前因因素之一（Mishra，2017）。更重要的是，有研究表明，企业社会活动（如企业社会责任行为）在某种程度上将通过技术创新的中介作用，促进企业成长或提高企业的财务绩效（Bocquet 等，2017；Briones Penalver 等，2018）。由此来看，企业社会失责行为也可能通过影响企业创新绩效，进一步影响到企业长期绩效。鉴于此，本研究拟进一步引入企业创新绩效的中介作用，以期揭示企业社会失责行为作用于企业长期绩效的传导渠道。

第三，企业社会失责行为对企业长期绩效的影响效果是否会因信号环境（如企业慈善捐赠、行业竞争强度和地区市场化程度）的不同而存在差异？ 如果企业社会失责行为能够显著影响企业长期绩效，那么进一步的第二个重要问题是，企业社会失责行为在何种情况下更可能对企业长期绩效产生显著影响。根据信号理论，信号的传递过程由信号发送者、信号、信号环境和信号接收者四部分组成（Connelly 等，2011）。在此过程中，由于信号环境的差异，信号接收者往往会对相同的信号做出差异性的感知、接收和诠释（Wei 等，2017）。例如，1989 年 Exxon Valdez 漏油事故遭到了全世界的抗议，并给埃克森美孚公司（Exxon Mobil）带来了严重的负面影响。但 1979 年同样规模的 Burmah Agate 漏油事件几乎没有引起注意，因而未给相应企业带来明显的负面影响（Kölbel 等，2017）。的确，相关研究也表明，消费者、投资者等利益相关者对企业社会失责行为的态度和行为倾向并不是同质的（Kanuri 等，2020；Scheidler 和 Edinger-Schons，2020）。本研究认为，信号环境，如企业慈善捐赠（Lin 等，2016）、行业竞争强度（Liu 等，2020）和地区市场化程度（Keig 等，2015），将通过影响各个利益相关者对企业社会失责信号的感知、接收和诠释，继而放大或缩小企业社会失责行为对企业长期绩效的信号效应。

综合上述研究问题，笔者绘制了如图 1-1 所示的总体研究框架图。

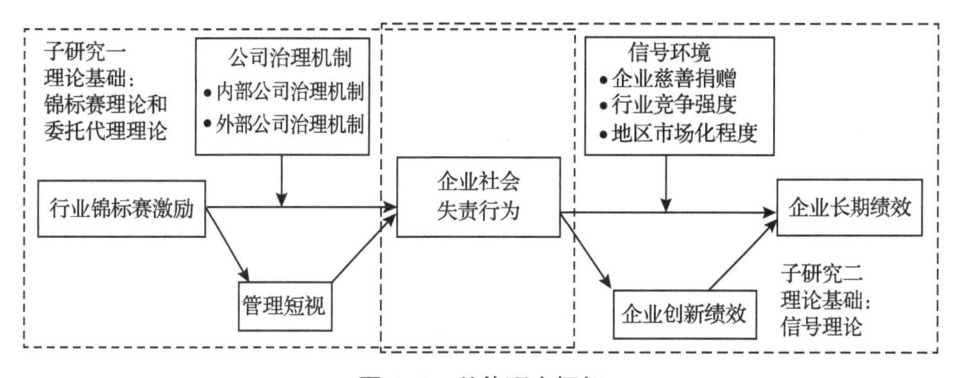

图 1-1 总体研究框架

1.3 研究意义与方法

1.3.1 研究意义

随着公众意识的觉醒和消费者话语权的提高，中国社会对企业产生了更高的期待，不仅期待企业提供产品、获得利润，更期待企业能够参与更广泛的、有助于增进社会公共福利的活动，如保护环境、慈善捐赠等。与之相呼应，相关政府部门也先后出台了一系列法律法规，要求企业承担更多的社会责任。总而言之，企业不仅应该关注股东的利益，更应该关注其他利益相关者的利益（Zhang等，2020）。但事与愿违，企业社会失责行为仍存在于中国商业实践之中（刘柏和卢家锐，2018；许罡，2020）。这不仅会制约企业的发展壮大，限制股东对长期价值最大化的追求，而且会影响市场经济的健康发展以及国人对"美好生活"的追求。在此背景下，本研究以锦标赛理论、委托代理理论和信号理论为理论基础，系统性地剖析了企业社会失责行为的决定因素及其带来的长期经济后果。本研究的理论分析和所得的实证结论对理论研究和管理实践都有一定的意义。

1.3.1.1 理论意义

本研究的理论意义表现在以下三个方面。

第一，本研究是率先从行业锦标赛激励角度系统性剖析企业社会失责行为形成机制及其作用边界的研究之一。 Lin-Hi和Müller（2013）指出，虽然关于企业社会责任的讨论为促进企业和社会之间富有成效的互动创造了各种宝贵的动力（Valuable Impulses），但目前已有的讨论过于片面，它们很少关注企业社会失责问题，因而严重限制了理论界和实践界对企业社会活动的充分理解。类似地，Jain和Zaman（2020）也呼吁进行更多的探讨来帮助企业股东、相关政府部门更好地管控、防范企业社会失责行为，从而减少或避免企业社会失责行为。在前期研究中，学者们已经探讨了决策者特征（Davidson等，

2019；Ormiston 和 Wong，2013；Sun 和 Govind，2020；Tang 等，2015；Yuan 等，2017）、董事会监督（Jain 和 Zaman，2020）和内部锦标赛激励（Zhang 等，2020）对企业社会失责行为的影响。需要注意的是，尽管越来越多的研究表明外部劳动力市场提供的积极激励将显著影响 CEO 的决策行为（Coles 等，2018；Kubick 和 Lockhart，2016），但到目前为止，来自公司外部的激励将对企业社会失责行为产生何种影响仍是一个未被探索的领域。本研究首次建立了行业锦标赛激励与企业社会失责行为之间的关联，并发现行业锦标赛激励具有负外部性，它会激励 CEO 更多地实施企业社会失责行为。特别地，本研究还明确了行业锦标赛激励作用于企业社会失责行为的传导路径和情境边界，从而填补了前期研究侧重于变量之间的直接关系而未能涉及关系之间的内在机制的不足。

第二，本研究是率先探究行业锦标赛激励对企业非市场化战略（如企业社会失责行为）影响的研究之一，并且拓展了锦标赛理论的应用范围，强化了锦标赛理论对商业实践的解释力。 自 Coles 等（2018）提出行业锦标赛激励以来，行业锦标赛激励越来越受到实践界和理论界的关注和重视（Kubick 和 Lockhart，2020）。但是，总结前期研究成果不难发现，它们目前仅仅关注行业锦标赛激励对企业市场化战略或企业财务绩效的影响（Huang 等，2018；Kubick 和 Lockhart，2020；Kubick 和 Lockhart，2016；Tan，2020；邓鸣茂等，2020；梅春等，2019），尚未有研究关注行业锦标赛激励对企业非市场化战略特别是企业社会失责行为决策的影响。由于企业同时在市场和非市场环境中经营（Baron，1995；Dorobantu 等，2017；Xu 等，2019），并且企业市场化战略和非市场化战略对企业的生存、组织绩效以及可持续的竞争优势都有着至关重要的影响（Jeong 和 Kim，2019；Rudy 和 Johnson，2016），因此，通过厘清行业锦标赛激励作用于企业社会失责行为的内在机理和情境边界，本研究不仅拓展了行业锦标赛激励的研究内容，更进一步推动了锦标赛理论的发展。

第三，本研究是率先从企业长期绩效角度系统性剖析企业社会失责行为经济后果的研究之一。 诚然，国内外学者已经逐渐关注到企业社会失责行为的经济后果（Chen等，2018；李茜等，2018；杨继生和阳建辉，2016），但前期学者侧重于企业短期绩效，研究结论也存在严重分歧（Chen等，2018；Price和Sun，2017；Salaiz等，2020；Walker等，2019）。由于利益相关者关系和道德资本被视为企业创造竞争优势的关键资源（Jones，1995；Price和Sun，2017），因此，识别企业社会失责行为的长期影响对于充分展示这些资源的力量是十分必要的（Sun和Ding，2020）。在发展经济体企业中，这种必要性尤其突出，因为它们普遍存在着资源缺乏的问题，这使得发展经济体企业更加依赖于关系资本和道德资本来构建和维持竞争优势（Wei等，2017）。鉴于此，本研究从一个重要但被普遍忽视的角度，即企业长期绩效角度（Sun和Ding，2020），重新审视了企业社会失责行为带来的经济后果。特别地，前期研究主要利用工具利益相关者理论（Instrumental Stakeholder Theory）（Kölbel等，2017）、动态能力理论和声誉理论（Sun和Ding，2020）以及前景理论（Chen等，2018）探讨企业社会失责行为与企业绩效之间的逻辑关系。与之相对，本研究从一个全新的理论视角，即信号理论视角（Bergh等，2014；Connelly等，2011），深刻揭示了企业社会失责行为作用于企业长期绩效的内在机制和情境边界。可以说，**本研究是第一项在中国情境下探讨企业社会失责行为与企业长期绩效之间逻辑关系的研究，也是第一项基于信号理论探讨企业社会失责行为经济后果的研究**。

此外，在前期研究中，信号理论主要关注正面信号（如企业社会责任信号）（Shou等，2020；Wei等，2017；郭菁晶等，2020），对负面信号（如企业社会失责信号）的关注极其有限（Connelly等，2011；Nam等，2014），特别是信息基础设施不健全的新兴经济体环境中的负面信号。由于信号接收者对负面信号比正面信号更为敏感（Kahneman和Tversky，1979），同时，相较于正面信号，负面信号可能会产生更大的潜在影响（Price和Sun，2017），因此，了解负面信号的性质和后果不仅必要而且十分重要（Nam等，2014）。从这个角度来看，**本研究通过将企业社会失责行为视为一种负面信号，探讨了它对企业长期绩效的信号效应，从而构成了拓展信号理论内涵及应用范围的一次有益

尝试。具体地，本研究表明，企业社会失责行为作为一种典型的、企业无意释放的负面信号，将显著削弱核心利益相关者的认可和支持，最终导致企业长期绩效的恶化。

1.3.1.2 实践意义

本研究的结论也带来了重要的实践启示，具体表现在以下方面。

第一，企业股东和董事会应该意识到行业锦标赛激励诱发的负面后果。前期研究表明，行业锦标赛激励会激励企业高管（特别是CEO）积极提高企业短期绩效（Coles等，2018；梅春等，2019）。本研究则进一步表明，在行业锦标赛激励的影响下，为了改善企业绩效，高管会出现管理短视，并积极采取企业社会失责行为这种不利于企业长远发展的手段。这说明，行业锦标赛激励会加剧高管与股东之间的代理冲突，诱使高管以牺牲股东的长期价值为代价实现企业短期绩效的快速改善，从而谋取个人私利，如获取行业中薪酬更高或知名度更高的CEO职位。因此，企业股东和董事会不仅应关注内部的薪酬结构对企业社会失责行为的影响（Zhang等，2020），也应该注意到行业锦标赛激励在企业社会失责行为中扮演的重要角色。为了减少企业社会失责行为，实现股东长期价值最大化，企业股东和董事会应重视本企业CEO的薪酬与行业内最高CEO薪酬的比较，倘若比较的结果显示行业锦标赛激励较大，则适当提高本企业CEO的薪酬水平是一种适宜的手段，以减弱行业锦标赛激励对CEO的负向激励效应。

第二，公司治理机制在行业锦标赛激励作用于企业社会失责行为的过程中发挥着重要的情境作用。本研究的实证结论显示，当CEO与企业的利益高度协同时，或CEO受到强有力的监督时，行业锦标赛激励对企业社会失责行为的促进作用将大幅度降低。这些研究结论对企业股东和政府监管部门都具有重要的启示意义。具体地，一方面，对企业股东而言，其可以通过增强CEO对企业的认同感、强化CEO利益与自身利益的协同以及加大对CEO决策的监督力度，来最大限度地减少不利于企业实现可持续发展的社会失责行为。另一方面，对政府监管部门而言，其应加大对公司治理机制不健全企业的社会失责行为的监督力度。考虑到企业社会失责行为严重损害了社会公正和市场秩序，因此，政府监管部门通过有效减少企业社会失责行为，将更好地促进社会公平，并推动市场经济的健康发展。

第三，企业社会失责行为发生之后，股东和董事会常常想知道这些活动如何对企业产生负面影响，以及给企业带来多大的负面影响。但是，在通常情况下，股东和董事会不会立即观察到企业社会失责行为的不利后果，从而低估了企业社会失责行为的严重性。本研究的结论显示，企业社会失责行为将通过企业创新绩效的中介作用对企业长期绩效产生严重的不利影响。因此，这启示股东和董事会，一旦危机爆发，就要立即进行全面的管理和响应，而不是一直等到出现最大的损失才去挽救。此外，本研究的结论还显示，企业、行业和地区等层面的情境因素在企业社会失责行为作用于企业长期绩效的过程中都有着不可忽视的关键影响。例如，企业慈善捐赠能够缓解企业社会失责行为对企业长期绩效的负面冲击。因此，股东和董事会在评估企业社会失责行为带来的负面影响时，应综合考虑企业所处的环境。同时，企业可以通过战略性地增加慈善捐赠来防范无意中实施的企业社会失责行为的负面影响。对监管部门而言，改善地区市场化程度可以放大企业社会失责行为对企业长期绩效的负向影响，从而减少企业社会失责行为。但特别需要注意的是，盲目地加强市场竞争可能会带来意想不到的后果，即激烈的行业竞争可能会弱化企业社会失责行为对企业长期绩效的负向影响，最终激励企业更积极地实施企业社会失责行为。

1.3.2 研究方法

每种研究方法都有其固有的局限性和独特优势，科学研究需要将多种方法整合成一种具有更多优势的整体方法。确实，在现阶段，综合运用多种方法越发成为科学研究的主流做法。与主流做法保持一致，本研究将采用定性与定量研究相结合、规范与实证研究相结合的整合方法来展开详细探讨。具体来说，本研究主要采用了以下三种研究方法来进行后续的理论分析和实证检验。

第一，文献研究法。本研究将利用中国知网、EBSCO等权威学术期刊数据库，围绕企业社会失责行为、行业锦标赛激励、管理短视、公司治理机制、企业创新绩效、企业长期绩效等关键内容进行广泛搜索。通过对上述文献进行归纳、总结和吸收，一方面发现既有研究的局限与不足，识别出本研究的切入点和研究内容，另一方面明确推进本研究开展的理论视角。

第二，理论研究法。在研究假设提出部分，通过理论研究法推导出行业锦标赛激励影响企业社会失责行为的内在机理和情境边界，以及企业社会失责行为作用于企业长期绩效的内在机理和情境边界。此外，在得到研究假设的实证结果之后，通过理论研究法，结合既有研究成果，深入探讨研究假设的支持或未支持状况，从而得出本研究的理论贡献和对管理实践的启示意义。

第三，实证研究法。本研究对2003—2019年中国A股上市企业的经验数据进行收集、编码和挖掘，并利用Stata等统计软件对收集到的二手数据进行处理，包括描述性统计分析、相关分析、多元回归分析等。实证分析有助于回答"是什么"的问题，是基于数据的量化分析，分析问题具有客观性，得出的结论可以进行经验事实检验。

1.4 创新之处

本研究的创新之处主要表现为以下四点。

第一，本研究系统且深入地探讨了一个在中国情境下普遍存在但未受到足够重视的客观现象。更确切地说，本研究是率先将国内企业社会责任领域的研究视野扩展到企业社会失责行为现象的研究之一。虽然国外学者已经较多地探讨了企业社会失责行为，但是基于中国背景的研究成果极少（张爱卿和高应蓓，2020）。特别地，这些为数不多的研究成果的内容主要集中在概念介绍、理论辨析方面，极少有基于大样本经验数据的实证探讨（钟鹏等，2021）。作为率先基于大样本经验数据探讨中国企业社会失责行为决定因素和长期经济后果的有益尝试之一，本研究拓展了中国情境下企业社会失责领域的理论基础和经验证据。

第二，本研究率先链接了迄今为止仍相对独立的行业锦标赛激励领域和企业社会失责领域，这不仅有助于产生新的理论洞见，更为防范、治理企业社会失责行为提供了新的经验证据。截至目前，虽然行业锦标赛激励领域和企业社会失责领域的研究都分别取得了长足的发展，并得到了一系列富有建设性的洞见，但总体来看，这两个领域的研究仍相对独立，未能进行对话。本研究率先做出了融合行业锦标赛激励领域和企业社会失责领域的一次有益尝试，从而推动了两个领域研究的进步和发展。

第三，本研究为探讨企业社会失责行为和企业绩效之间的逻辑关系提供了一个新的理论视角。探讨企业社会失责行为和企业绩效两者关系的前期研究主要从工具利益相关者理论（Instrumental Stakeholder Theory）、动态能力理论和声誉理论（Sun 和 Ding，2020）以及前景理论（Chen 等，2018）中寻求理论支撑。与这些研究相区别并构成有益补充，本研究提供了一个全新的理论视角，即信号理论（Bergh 等，2014；Connelly 等，2011；Spence，1973）视角，以更全面地揭示两者之间的关系。

第四，本研究率先将一种新的、估计效率和精度更高的研究方法引入企业社会失责领域。具体地，本研究率先将高维固定效应模型引入企业社会失责领域。传统的固定效应模型不仅不能估计时不变变量的回归系数，而且估计效率很低。与之相对，高维固定效应模型不仅可以实现对时不变变量回归系数的估计，还提高了估计的效率和精度（Correia 等，2020）。

1.5 章节安排

根据本研究的研究问题，将研究内容划分为以下六章，各章的主要内容具体阐述如下。

第一章为绪论。这是本研究的概述性章节，主要阐述了研究的现实背景和理论背景，继而在界定核心概念的基础上，提出了本研究旨在回答的两组重要理论与实践问题。此外，本章指出了本研究的研究意义和研究方法，介绍了本研究的创新之处，以及章节安排和技术路线图等。

第二章为相关文献回顾与述评。本章对与本研究相关的既有研究成果进行了梳理、归纳和总结，主要包括行业锦标赛激励和企业社会失责行为的相关研究与理论基础。本章的核心目的在于明确已有研究中存在的空白，并为本研究的开展奠定坚实的理论基础。

第三章为子研究一，旨在剖析行业锦标赛激励与企业社会失责行为之间的逻辑关系。基于锦标赛理论和委托代理理论，本章从理论上探讨了行业锦标赛激励对企业社会失责行为的直接影响效果、管理短视的中介作用，以及内外部公司治理机制的调节作用。进一步地，利用中国 A 股上市企业的经验数据实证检验理论假设，基于工具变量法解决内生性问题，并从不同的角度论证了实证研究结论的稳健性。

第四章为子研究二，旨在剖析企业社会失责行为与企业长期绩效之间的逻辑关系。基于信号理论，本章从理论上探讨了企业社会失责行为对企业长期绩效的直接影响效果、企业创新绩效的中介作用，以及信号环境（如企业慈善捐献、行业竞争强度、地区市场化程度）的调节作用。进一步地，利用中国 A 股上市企业的经验数据实证检验理论假设，基于工具变量法解决内生性问题，并从不同的角度论证了实证研究结论的稳健性。

第五章为研究结果总结与讨论。本章将从子研究一和子研究二中得到的实证结论与既有文献进行对话，继而明确本研究的结论与既有研究结论之间的异同以及本研究的贡献。

第六章为结论、贡献与展望。本章对本研究的实证结论进行了概括和总结，继而阐释本研究的理论贡献及相应的实践启示，最后指出本研究的不足和未来拓展方向。

1.6　技术路线图

本研究的技术路线图如图 1-2 所示。

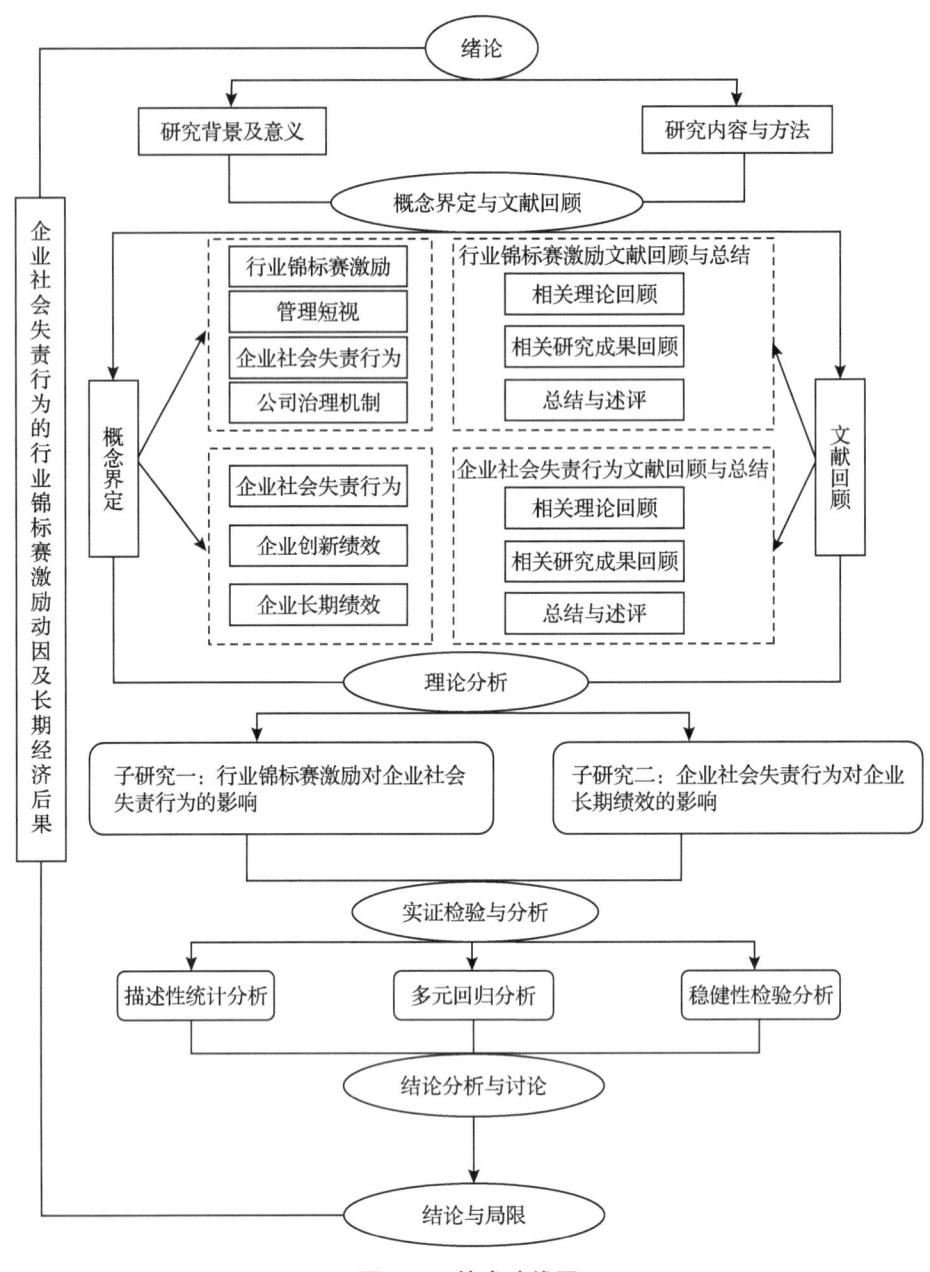

图 1-2 技术路线图

第二章
相关文献回顾与述评

2.1 行业锦标赛激励相关研究回顾与述评

2.1.1 行业锦标赛激励的理论基础

大多数现代企业都在内部建立了一个金字塔式的薪酬结构，CEO 的薪酬最高，非 CEO 高管的薪酬第二高，然后是中层管理人员的薪酬，普通员工的薪酬最低。一系列研究已经表明，企业内部的薪酬差距对企业的多个方面都将产生深远的影响（Brian 等，2016；Ge 和 Kim，2020；黎文靖等，2014），如企业战略性决策和企业绩效（Arend，2019；Banker 等，2016；Zhang 等，2020；李绍龙等，2012）。总体来看，这些研究大多将锦标赛理论（Tournament Theory）（Lazear 和 Rosen，1981）视为它们的理论基础（Lim，2019；Zhang 等，2020）。

锦标赛理论由 Lazear 和 Rosen（1981）提出，该理论的核心思想是：当存在委托代理问题时，若企业股东难以有效监督高管或监督高管的成本较高，则基于产出排序的锦标赛激励相较于以高管边际贡献为依据的激励措施将更加有效。换言之，锦标赛激励以高管边际产出的排序为基础（缪毅和胡奕明，2016），它的核心目标在于降低企业股东对高管的监督成本（Shi 等，2016）。提高高管的工作积极性和努力程度，从而增加激励的边际产出，构成了扩大内部薪酬差距的关键动因。从这个意义上看，如果扩大内部薪酬差距反而阻碍了高管的努力或导致了有损企业股东长远利益的消极努力（Negative Efforts）（Haß等，2015；Ning，2018；Shi等，2016；魏芳和耿修林，2018），那么就意味着扩大内部薪酬差距的初衷被扭曲了。

具体地，锦标赛理论将与晋升相关的工资增长、地位提升等视为激励参与者努力的奖品（Pruijssers等，2020），而无须监督他们的活动（Lazear和Rosen，1981；Shi等，2016）。此外，该理论还假定，在锦标赛中，有一组明确的晋升候选人，有着明确的赢家和输家（Lazear和Rosen，1981），且奖品是根据比赛中的排名而不是绝对成绩来授予的（Arend，2019）。在每一轮竞赛后，获胜者能够获得晋升和巨额奖金，而失败者则一无所获（Haß等，2015；Shi等，2016）。因此，锦标赛理论预测，较大的薪酬差距（意味着丰厚的奖励）会促使竞赛者在比赛中竭尽所能地争取胜利（Ning，2018；Pruijssers等，2020；Zhang等，2020；缪毅和胡奕明，2016）。从相关研究来看，这种竭尽所能的努力不仅包括有助于增加股东长远利益的积极努力（Positive Efforts），也包括牺牲股东长远利益的消极努力（Haß等，2015；Ning，2018；Shi等，2016；魏芳和耿修林，2018）。

锦标赛理论早年被广泛应用于非CEO高管在公司内部劳动力市场进行的内部晋升竞争（Shi等，2016；Zhang等，2020）。在内部锦标赛中，非CEO高管为了晋升为CEO、取得更多的薪酬和更高的社会地位，就必须在绩效竞争中打败其他非CEO高管（Ali等，2020）。高管通常具有高水平的成就导向型（Achievement-Oriented）和地位驱动型（Status-Driven）动机（Fredrickson等，2010），CEO与非CEO高管之间的薪酬差距越大，非CEO高管晋升CEO职位的愿望和动机就会越强烈（Lim，2019）。这是因为，成功晋升不仅意味着物质利益的增加和社会地位的提升（黎文靖等，2014），它还将带来基于社会比较心理的满足感和高水平的自我效能感（Lim，2019）。

Coles等（2018）率先拓展了锦标赛理论的应用范围，他们认为锦标赛理论不仅适用于内部晋升比赛，也适用于CEO的外部劳动力市场竞争（Kubick

和 Lockhart，2016；Kubick 和 Lockhart，2020）。具体地，行业内薪酬较高的 CEO 职位会对薪酬较低的 CEO 产生激励效应（Tan，2020）。其背后的原因在于，如果 CEO 领导的企业取得了较好的绩效，那么该 CEO 获得行业大奖（Industry Prize）的可能性将大幅度提高（Huang 等，2018）。其中，行业大奖包括但不限于行业领先企业中薪酬更高、知名度更高的 CEO 职位（Coles 等，2018；Tan，2020；邓鸣茂等，2020；梅春等，2019）。

2.1.2 行业锦标赛激励对企业决策的影响

行业锦标赛激励（CEO 薪酬与同行业中最高 CEO 薪酬之间的差距）对焦点企业的影响越来越受到学者们的关注。Coles 等（2018）率先从概念和经验上扩展了关于高管激励的文献，继而评估了企业外部的行业锦标赛激励。他们的研究发现，若行业锦标赛激励大，CEO 将被激励：①积极改善企业绩效；②增加企业风险。原因在于，通过投资或金融政策增加企业风险，可能会产生不确定但可能极端的业绩，从而增加有抱负的 CEO 获得晋升的可能性。此外，Coles 等（2018）的研究还发现，当行业、企业和高管特征表明有抱负的高管赢得锦标赛并获得奖金的概率较高时，行业锦标赛激励对企业绩效和风险的影响将更为明显。

Kubick 和 Lockhart（2016）调查了行业锦标赛激励是否会激发企业的税收激进行为（Tax Aggressiveness）。他们的结论显示，行业锦标赛激励会增加企业的税收激进行为。此外，当企业处于异质性较大的行业（意味着企业特定的专业知识更重要）时，行业锦标赛激励与企业税收激进行为之间的关系会减弱；当企业处于同质性较强（意味着一般技能更重要）和竞争激烈的行业时，行业锦标赛激励与企业税收激进行为之间的关系会增强。最后，他们发现，当 CEO 的一般管理能力（General Ability）较强时，行业锦标赛激励与企业税收激进行为之间的关系也会更强。

Huang 等（2018）考察了行业锦标赛激励与公司流动的产品市场收益（Product-Market Benefits of Corporate Liquidity）之间的联系。他们发现，行业锦标赛激励会增加企业的现金持有量和边际价值。此外，行业锦标赛激励还加强了过剩现金与市场份额收益之间的关系，特别是对于那些面临重大竞争威胁的企业而言。最后，对于拥有多余现金的企业来说，行业锦标赛激励会导致研发支出、资本支出、集中收购支出以及股票股利支付率减少。

梅春等（2019）利用中国上市公司数据，实证检验了行业锦标赛激励对企业创新产出的影响。他们的研究表明，行业锦标赛激励越大，企业创新产出（通过企业发明专利申请数量衡量）越多。并且，行业锦标赛激励对企业创新产出的正向影响在CEO预期行业晋升概率较高时更为明显。

Tan（2020）探究了行业锦标赛对CEO的激励是否与审计费用有关。他的研究发现，行业锦标赛激励会显著降低企业的审计费用，他认为，这一结果与基于内部晋升激励能激励非CEO高管更高效地工作的理念一脉相承，行业锦标赛激励协调了CEO和股东之间的利益分歧（具体为减少堑壕效应），从而鼓励CEO采取价值提升政策。换句话说，行业锦标赛激励可以减少代理问题，改善信号环境，降低审计风险。其中，行业锦标赛激励降低审计费用的潜在渠道包括投资效率和堑壕效应（Entrenchment Effect）。此外，Tan（2020）还发现，行业锦标赛激励对审计费用的降低效应在流动性和管理能力较高的企业中更为明显。

Kubick等（2020）剖析了行业锦标赛激励对企业股价崩盘的影响。他们的研究显示，由于负面消息的披露会降低CEO赢得行业锦标赛的概率，因此行业锦标赛激励会驱使CEO保留负面信息，继而显著提高了企业股价崩盘的可能性。此外，他们的研究还发现，行业锦标赛激励对股价崩盘的正向影响在CEO流动性更强的行业和CEO远离退休年龄的企业中更为明显。类似地，邓鸣茂等（2020）基于中国企业样本的研究也发现，行业锦标赛激励会驱使CEO通过操控公司盈余和降低年报可读性的方式隐藏坏消息，最终提高了企业股价崩盘的风险。与之相对，Chowdhury等（2020）发现，行业锦标赛激励与较低的隐瞒坏消息的倾向有关，因而会降低企业股价崩盘的风险。

Ma等（2020）进一步延伸了Coles等（2018）的研究，并提出了本地锦标赛激励（Local Tournament Incentives）的概念，即CEO薪酬与本地类似规模企业的最高CEO薪酬之间的差距，并在实证检验中操作为CEO薪酬与本地类似规模企业的第二高CEO薪酬之间的差距。他们的研究表明，企业从本地招聘外部CEO的可能性是从非本地招聘外部CEO的可能性的5倍。同时，他们的研究还表明，本地锦标赛激励与企业更强的业绩、更大的风险承担和更多的财务误报高度关联。

基于已有研究成果，并将企业战略划分为市场化战略和非市场化战略，本研究绘制了图2-1，以展示前期研究做出的贡献，并列示出目前尚存在的研究缺口。

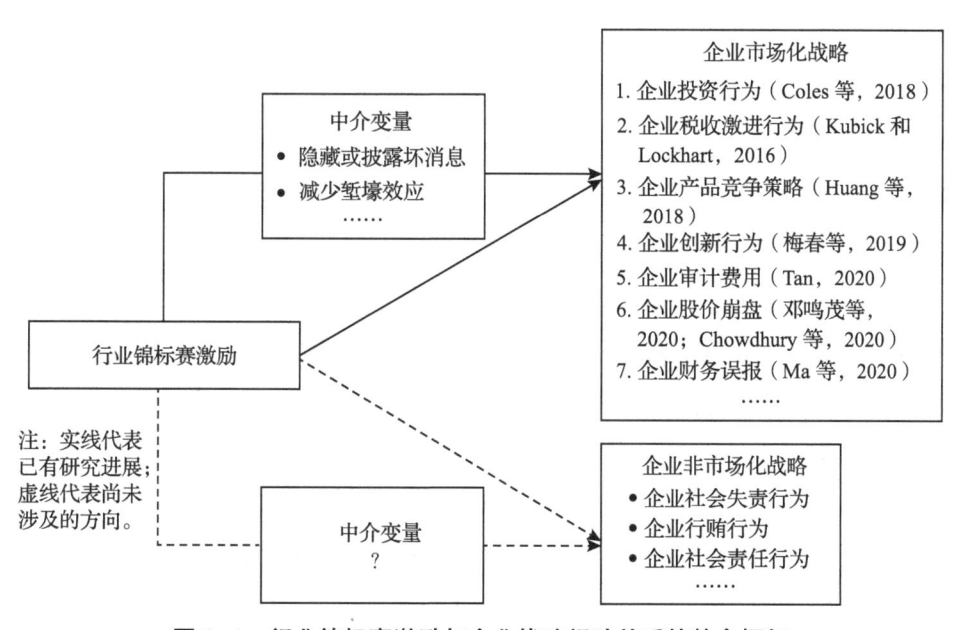

图2-1 行业锦标赛激励与企业战略行动关系的整合框架

2.1.3 行业锦标赛激励文献的总结与述评

总结有关行业锦标赛激励的已有研究成果不难发现，前期相关研究至少存在以下两点不足，从而为本研究提供了探索空间。

第一，虽然行业锦标赛激励逐渐引起了学者们的高度关注，但是相关研究成果仍相对较少，具体到国内，有关行业锦标赛激励的理论建构和实证检验更是少之又少。因此，行业锦标赛激励对中国企业的影响亟须拓展和深化。探讨行业锦标赛激励对企业特别是中国企业将产生怎样的影响既是重要的又是急迫的，原因在于：尽管CEO劳动力市场在供需方面远远不够有效，但近年来，CEO劳动力市场在薪酬透明度方面变得越来越有效（Fong，2010）。例如，负责挑选、评估和补偿CEO的执行董事和连锁董事有助于提高CEO薪酬信息的透明度（Davis和Greve，1997；Seo等，2015）。在中国，界面新闻已经连续多年发布中国A股上市公司CEO薪酬榜。薪酬信息的广泛可用性和可得性使得CEO薪酬在行业中的位置在各个CEO眼中变得高度可见（Bentley等，2019；Seo等，2015；邓鸣茂等，2020）。这样，外部劳动力市场的薪酬差距将不可避免地对CEO产生显著的激励作用，激励他们追求在规模更大的企业获得CEO职位、获得更强的社会影响力和更高的薪酬水平（Coles等，2018；Kubick和Lockhart，2020）。总而言之，忽视行业锦标赛激励的潜在影响将严重制约企业合理设定薪酬结构的努力。

第二，已有的相关研究成果重点考察了行业锦标赛激励对企业市场化战略或企业绩效的影响。但是，到目前为止，已有文献几乎不清楚行业锦标赛激励对企业非市场化战略，特别是企业社会责任/失责决策的影响及内在机制和情境边界。 由于企业同时在市场环境和非市场环境中经营（Baron，1995；Dorobantu等，2017；Xu等，2019），并且市场化战略和非市场化战略对企业的生存、组织绩效以及可持续的竞争优势都有着至关重要的影响（Jeong和Kim，2019；Rudy和Johnson，2016），同时，CEO不仅是企业市场化战略的核心决策者（Seo等，2015；Zhang等，2020），也是企业非市场化战略（如企业社会失责行为）的核心决策制定者（Luo等，2017；Ormiston和Wong，2013；Tang等，2015；Yuan等，2017；Zhang等，2020），因此，仅仅关注企业的市场化战略但忽视非市场化战略不仅难以深刻、全面地认识到CEO针对行业锦标赛激励所采取的响应行为，更限制了行业锦标赛激励理论的进一步发展。在中国背景下更是如此，因为转轨经济的现实条件和文化背景使非市场化战略在中国企业的战略构成中占据比发达经济体企业更为重要的位置（Luo等，2017；谢佩洪等，2010），并且非市场化战略对中国企业的商业实践也产生了独特的预测力和解释力（王砚羽等，2014）。更为深刻的是，尽管近年来企业社会失责行为在中国商业实践中并不鲜见（许罡，2020；杨继生和阳建辉，2016），但相较于企业社会责任和企业行贿等非市场化战略，目前极少有研究对中国企业社会失责行为的动因（如行业锦标赛激励动因）展开深入探讨。

2.2 企业社会失责行为相关研究回顾与述评

2.2.1 企业社会失责行为的定义辨析

企业社会失责行为是一种屡屡出现的客观现象。例如，价格操纵丑闻经常发生，如在洗涤剂市场。同样，腐败问题不断浮出水面，如2013年葛兰素史克（中国）行贿丑闻。进一步的例子包括会计丑闻和大规模的环境灾难，如英国石油公司在墨西哥湾的石油泄漏事件。在前期研究中，学者们针对企业社会失责行为提出了多种定义，本研究在表2-1中列示了几种经典定义。

表2-1 企业社会失责行为的经典定义

作者（年份）	对企业社会失责行为的定义
Armstrong（1977）	涉及一方以整个系统的利益（如社区）为代价获得个人私利
Brammer和Pavelin（2005）	企业社会失责行为被理解为利益相关者认为对社会不负责任的行为
Ferry（1962）	"失责"主要是负责任的反义词。失责行为的特征是不道德和道德上令人厌恶。失责行为的特点是短视、自以为是、虚伪和对公共利益的蔑视
Pearce和Manz（2011）	不顾他人利益的高管不道德行为，其极端表现为高管为了谋取个人利益而牺牲员工、股东和其他组织利益相关者，甚至整个社会的利益

续表

作者（年份）	对企业社会失责行为的定义
Strike 等（2006）；Hawn（2021）	对可识别的社会利益相关者的合法主张产生负面影响的一套企业行为
张爱卿和高应蓓（2020）；钟鹏等（2021）	一种非法的或者合法但不具道德的行为

对人类知觉的研究表明，观察者对消极（不利或威胁）事件的认知加工与他们对积极事件的认知加工之间存在显著的不对称性。比起积极或中性的行为，人们会花更多的时间去思考消极行为，会更广泛地搜索因果信息，从而导致他们的判断、指控和行动更加极端。对企业来说，相较于社会责任行为，对社会失责行为的感知可能会产生更强烈的观察者反应（Price 和 Sun，2017）。因此，虽然把企业社会失责行为和企业社会责任行为视为同一个连续体的两端很诱人，但越来越多的学者认为，两者并非简单的对立面，而是在理论上存在显著差异的两个独立构念（Keig 等，2015；Sun 和 Ding，2020；Kang 等，2016；Kim 等，2021）。与这些看法相一致，在实践中，企业可能会同时参与企业社会失责行为和企业社会责任行为（Keig 等，2015；Kim 等，2021）。例如，特斯拉（Tesla）以设计和制造环保型汽车而闻名。该公司称其使命是致力于通过制造电动汽车和太阳能产品来治愈地球。如果以对环境友好的角度评估公司的社会绩效，那么特斯拉很有可能会成为最具社会责任感的公司之一。但与此同时，特斯拉的员工表示该公司的工作条件差，且每周工作超过70小时（Salaiz 等，2020）。

综合前期研究关于企业社会失责行为的定义，本研究将企业社会失责行为界定如下：企业社会失责行为是一种非法的或者合法但不道德的行为，它忽略了社会总体利益，或选择单个利益相关者的利益而不考虑其他利益相关者的利益（Alcadipani 等，2020；Armstrong，1977；Murphy 和 Schlegelmilch，2013；张爱卿和高应蓓，2020）。典型的企业社会失责行为包括但不限于污染环境、不公平对待员工和供应商、贿赂、"血汗工厂"、向消费者销售劣质产品（Chen 等，2018；Scheidler 和 Edinger-Schons，2020；Sun 和 Ding，2020；Wu，2014）。

2.2.2 企业社会失责行为决定因素研究的理论基础

纵览已有文献不难发现，到目前为止，学者们主要基于委托代理理论、高层梯队理论、企业行为理论以及制度理论探讨企业社会失责行为的决定因素。接下来，本研究将对委托代理理论、高层梯队理论、企业行为理论以及制度理论进行简要的介绍，以确定本研究的切入点。

理论基础一：委托代理理论。委托代理理论分析委托人（雇用另一方从事特定工作的个人或组织）和代理人（从事该工作的人）之间的关系。根据 Berle 和 Means（1932）的开创性研究，委托代理理论常被应用于分析大型公有企业的所有者和高管之间的关系，但它也被应用于分析各种其他代理关系，如供应商与购买者之间的关系（Berle 和 Means，1934；Eisenhardt，1989）。委托代理理论旨在探讨由于委托人和代理人之间的利益冲突或委托人无法有效监督代理人的行为而产生的代理问题，以及如何通过不同的治理机制克服这一代理问题（Jensen 和 Meckling，1976）。关于企业社会责任/失责行为，Friedman（1962）可以说是运用委托代理理论进行研究的早期先驱，他认为企业社会责任/失责行为代表了管理者（代理人）的自我服务行为，他们对社会和环境目标的追求或违反最终会通过产生低水平的利润或破坏企业竞争优势而损害股东（委托人）长远利益的最大化（Jain 和 Zaman，2020）。目前，考虑到 CEO 和董事会在企业社会活动中的关键作用，越来越多的研究专注于调查 CEO 和董事会成员在制定企业社会失责战略中的作用（Davidson 等，2019；Jain 和 Zaman，2020）。但需要注意的是，正如 Eisenhardt（1989，p.71）所说："委托代理理论代表了对世界的部分看法，尽管它是有效的，但也忽略了组织的复杂性。"因此，委托代理理论可能最适合与另一种理论视角结合使用，以提供个人层面现象的整体图景及其与其他分析层面的相互作用。

理论基础二：高层梯队理论。高层梯队理论由 Hambrick 和 Mason（1984）

提出，该理论建立在企业行为理论的基础上，换言之，企业行为理论是高层梯队理论的元理论（Hambrick，2007）。借鉴企业行为理论有关决策者是有限理性的思想，高层梯队理论也认为，决策者的理性和认知能力是有限的（Hambrick，2007），在解读外部环境的过程中，理性和认知能力有限的决策者为降低认知负担，通常会借助自身的认知框架（该框架深深根植于决策者的经历、背景特征等之中）来个性化解读战略形势，继而制定出个性化的战略方案（Hambrick和Mason，1984）。这意味着，针对相同的外部环境，具有不同经历或背景特征的决策者，以及同一决策者在不同的位置或状态下，都可能会产生不同的解读，继而采取迥然不同的战略响应行为（Daboub等，1995；Tang等，2015）。因此，高层梯队理论认为，关键决策者群体或个体的特征是预测企业社会失责行为的关键因素（Yuan等，2017）。例如，Tang等（2015）研究发现，CEO过度自信会诱发企业对社会不负责任的行为。

理论基础三：企业行为理论。企业行为理论被用来解释决策者的决策制定（Cyert和March，1963），它主要建立在以下三个核心基本假定的基础之上。①决策者是有限理性的。有限理性的决策者在决策过程中会基于满意原则（Satisfying）而非利益最大化原则，满意与否取决于企业绩效能否达成渴望目标（Rudy和Johnson，2016）。其中，渴望目标是令决策者感到满意的最低产出。企业通常会设立两个渴望目标：社会渴望目标和历史渴望目标（Cyert和March，1963）。一方面，企业会从过去的经验中学习，并将企业历史绩效表现设立为历史渴望目标。另一方面，根据社会比较理论（Social Comparison Theory），渴望目标还建立在个体对他者观察的基础上。而在组织层面上，企业会基于相同行业或相同群体设定社会渴望目标。②有限理性的决策者缺乏充分解读当前战略形势或预测未来经营环境的信息（Wiengarten等，2019；Xu等，2019）。特别地，决策信息不会自动出现，需要决策者通过搜寻来获取。当出现问题即未达到自己设定的渴望目标的时候，就会触发问题搜寻行为（Greve，2011）。③当环境具有高度不确定性时，决策者做出理性决策几乎是不可能的，也是十分困难的。在此状况下，为规避决策风险，决策者通常会基于简单规则、标准程序、惯例等做出决策（Cyert和March，1963）。

基于企业行为理论（Cyert和March，1963）的前期研究指出，渴望目标这一有意无意中包含决策者偏见的参考点，将企业连续的绩效转化为离散的、便于解释的成功和失败二分指标，从而大幅度降低了决策者的认知负担（Xu等，2019）。一般地，当面临绩效表现低于和高于渴望水平这两种不同的状态时，决策者通常会采取完全不同的决策行为。当企业实际绩效高于渴望目标时，决策者会将当前的期望顺差状态界定为成功、满意，并倾向于保持当前战略不变（Kim等，2015），以便延续当前良好的绩效表现（Greve，2011）。这是因为，决策者会认为既有决策是可行且有效的，在此状况下，相较于改变过去的决策，决策者更倾向于重复安全有效的既有决策（Cyert和March，1963）。与之相对，当企业实际绩效低于渴望目标时，决策者会将当前的期望落差状态界定为失败、不满意，并积极进行问题搜寻来解决绩效问题，且期望落差越大，企业越可能采取风险性的解决方案，甚至是不负责任的行为（Wiengarten等，2019；Xu等，2019）。例如，Xu等（2019）研究发现，期望落差将驱使企业实施行贿这种特定的企业社会失责行为。

理论基础四：制度理论。制度理论认为，企业需要在给定的商业环境中遵守社会规范，因为没有一定程度的外部社会认可，它们就无法生存。企业经常遵守制度，不是因为外部行为者强大，而是因为某些行为"被视为理所当然的"，是"我们做这些事情的方式"。更确切地说，制度是社会中人为设置用以约束人类行为的游戏规则，它包括正式制度和非正式制度，其中正式制度包括法律法规、规章等，非正式制度包括文化、道德约束等（North，1990）。从制度视角看，企业不仅嵌入特定的微观环境和中观环境中，也嵌入在一个由既定正式制度和非正式制度构成的宏观社会环境内（Oliver，1997），故而企业战略行为决策不仅受制于微观层面与中观层面的企业内外部环境，更受到宏观制度环境层面的正式制度约束与非正式制度约束（Oliver，1997；Peng等，2009）。在某种程度上可以说，企业战略行为是其主动响应中微观环境及制度环境因素的行为结果（Fiaschi等，2016）。正因如此，Peng等（2009）认为，制度理论是战略管理领域中除产业基础观和资源基础观之外的第三大支柱。根据制度理论，企业社会失责行为根植于制度环境的不完善和不健全（Cuervo-Cazurra，2016；Keig 等，2015；Soundararajan 等，2016；Walker 等，2019；Wu，2014）。例如，Keig 等（2015）和 Wu（2014）的研究均发现，腐败环境会诱发企业社会失责行为。表 2-2 对前述讨论进行了归纳。

表 2-2 企业社会失责行为决定因素的理论基础及其核心观点

理论基础	核心观点	代表文献
委托代理理论	委托代理理论认为，企业社会失责行为根植于代理人追求自利的机会主义倾向	Jain 和 Zaman（2020）
高层梯队理论	高层梯队理论认为，与其说企业决策是高管的一种技术努力，不如说是高管的一种解释努力，因为高管会基于自身的经历、思维模式对相同的战略形势进行个性化的解读，继而制定出差异性的战略决策。也就是说，高层梯队理论认为，企业在社会失责行为方面的异质性是由企业高管之间的差异所导致的	Tang 等（2015）；Yuan 等（2017）；Sun 和 Govind（2020）
企业行为理论	企业行为理论认为，企业社会失责行为是决策者（如高管）试图将低于渴望水平的实际绩效恢复到渴望水平而做出的"消极"的搜寻努力	Xu 等（2019）
制度理论	制度理论认为，企业社会失责行为受到宏观制度环境层面的正式制度约束与非正式制度约束，如地区腐败环境	Kei 等（2015）

2.2.3 企业社会失责行为的决定因素

在文献中，虽然国内外学者针对企业社会失责行为决定因素的研究已经取得了一定的成果，但这些成果主要是基于发达经济体背景。梳理前期研究成果不难发现，企业社会失责行为的决定因素既包括微观决策者层面的因素、中观企业层面的因素，也包括宏观制度环境层面的因素。接下来，本研究将对这些前期研究进行较为系统性的回顾。

2.2.3.1 决策者层面的决定因素

决策者对企业社会失责行为的影响受到了最多的关注，这些研究背后隐含的假定是，决策者是企业响应或忽视利益相关者利益的决策的核心权力主体（Tang 等，2015）。Pearce 和 Manz（2011）的理论研究指出，CEO 对个性化权力（Personalized Power）的需要越高，企业越可能出现集中领导（Centralized Leadership），最终也越可能出现企业社会失责行为。与之相对，CEO 对社会权力（Socialized Power）的需要越高，企业越可能出现自我领导（Self-Leadership）和共享领导（Shared-Leadership），最终也越不可能出现企业社会失责行为。Tang 等（2015）探讨了 CEO 过度自信对企业社会失责行为的影响。他们的研究表明，由过度自信的 CEO 领导的企业更可能实施企业社会失责行为。这是因为，过度自信的 CEO 很容易被实施社会不负责任活动的预期回报所诱惑，在此过程中，他们也不太关心利益相关者随后的制裁。不过，当企业所处的市场环境高度不确定或行业竞争异常激烈时，CEO 过度自信对企业社会失责行为的正向影响将被削弱。此外，Yuan 等（2017）的研究指出，CEO 的能力越强，他们越不可能担心自身的职业发展，因而越不可能参与企业社会失责行为。

Oh 等（2018）探讨了 CEO 任期与企业社会失责行为之间的逻辑关系。他们的研究指出，CEO 在岗位上的时间越长，他们越将充分利用自己的知识和能力来实现运营目的，这可能会使他们对企业产生强烈的心理主人翁感。心理所有权可以激发 CEO 的亲组织行为，并驱使 CEO 积极规避损害利益相关者利益的不当行为，如企业社会失责行为。因此，CEO 任期越长，企业出现社会失责行为的可能性就越低。Ou 等（2019）探讨了 CEO 谦逊对企业社会失责行为及企业后续行为的影响。他们的研究表明，由谦逊的 CEO 领导的企业不太可能发生企业社会失责事件，特别是与非经济利益相关者群体相关的企业社会失责行为；此外，他们的研究还发现，谦逊的 CEO 更有可能通过技术手段而非印象管理手段来消除企业实施社会失责行为导致的负面影响。Davidson 等（2019）利用 CEO 打高尔夫球的数据，探讨了 CEO 物质主义对企业社会失责行为的影响。他们的研究显示，CEO物质主义倾向越突出，他们越可能推动企业实施对社会不负责任的行为。

Sheikh（2016）对比了CEO权力对企业社会责任行为和企业社会失责行为的差异性影响。他们的研究显示，虽然CEO权力会导致企业减少社会责任行为，但CEO权力对企业社会失责行为不存在统计上的显著性影响。Jeong和Kim（2019）从CEO政治导向（Political Orientation）方面探讨了企业社会失责行为。他们的研究认为，相较于保守主义的CEO，自由主义的CEO往往更加关注减少企业活动的社会危害。这样，企业就不太可能参与对社会不负责任的活动。特别地，当政府具有政治自由主义（Government Political Liberalism）倾向时，CEO自由主义对企业社会失责行为的负向影响将进一步增强。这是因为，当政府具有政治自由主义倾向时，企业社会失责行为将受到更严密的法律和社会监督。同时，实施社会失责行为的企业将遭受更大的声誉和财务损失。

Atay等（2019）基于土耳其矿业的案例研究发现，高管的贪婪和良心的缺乏会提高企业实施社会失责行为的可能性，但经济压力对企业社会失责行为没有影响。此外，Sun和Govind（2020）的研究发现，高管团队中的营销权力（Marketing Power）将抑制企业社会失责行为，特别是当企业具有充足的冗余资源之时。Jain和Zaman（2020）是为数不多从董事会监督视角探讨企业社会失责行为的研究之一。他们的研究表明，董事会独立、董事会的社会责任承诺、董事会的性别多样性以及董事会的积极性对企业社会失责行为的数量、企业社会失责行为带来的财务损失都产生了显著的负向影响。有意思的是，他们的研究发现，董事会规模将负向影响企业社会失责行为的数量，但正向影响企业社会失责行为带来的财务损失。

Zhang等（2020）率先从薪酬差距角度剖析了企业社会失责行为的形成动因。他们的研究表明，高管团队垂直薪酬差距和水平薪酬差距都将促进企业环境失责行为，且高管团队水平薪酬差距对企业环境失责行为的促进作用，要强于高管团队垂直薪酬差距对企业环境失责行为的促进作用。

2.2.3.2 企业层面的决定因素

企业层面的因素对企业社会失责行为的影响同样受到了较多的关注。Ormiston 和 Wong（2013）基于道德许可（Moral Licensing）理论指出，企业最高领导人负责制定决定企业结果的关键性战略决策，而企业社会责任行为会帮助他们积累道德信用。这些道德信用会让高管对管理利益相关者的需求不那么警惕，甚至参与不道德的行为。正因如此，Ormiston 和 Wong（2013）提出并论证了前期的企业社会责任行为对后期的企业社会失责行为的促进作用，特别是在 CEO 具有道德身份象征（Moral Identity Symbolization）的企业之中。

Wu（2014）以 295 家中国企业为期 4 年的原始调查数据考察了多种企业层面的因素对企业不负责任行为的影响，他们的研究发现：①相较于未将社会责任纳入经营战略的企业，将社会责任纳入经营战略的企业更不容易采取对社会或环境不负责任的行为；②相较于不具有研发投资的企业，具有研发投资的企业更不可能采取对社会或环境不负责任的行为；③高成本压力将促使企业实施对社会或环境不负责任的行为。应佩佩和刘斌（2016）从成本角度探讨了企业社会失责行为，他们的研究显示，企业社会失责行为对企业成本的影响系数越低，企业越可能实施对社会不负责任的行为。

Xu 等（2019）研究指出，企业通常不想从事非法或不道德的活动，但不断恶化的业绩可能会给管理人员造成压力，迫使他们采取任何可能有助于实现财务目标的手段。由于行贿通过获取优惠待遇，为企业的积极绩效问题提供了快速、短期的解决方案，因此，企业实际绩效低于渴望目标的程度越大（即业绩期望落差越大），企业采取行贿的可能性越高。此外，他们的研究进一步表明，地区制度环境越完善，业绩期望落差对企业行贿的正向影响越弱，但行业竞争越趋于激烈，业绩期望落差对企业行贿的正向影响越强。相近地，Wiengarten 等（2019）研究发现，业绩期望落差越大，企业越可能采取环境或安全违规行为来促进企业绩效恢复到渴望水平。但是，当企业具有充裕的冗余资源之时，业绩期望落差对企业环境或安全违规行为的正向影响会减弱。钟鹏等（2021）的研究发现，企业社会责任报告信息披露质量越高，企业越不可能参与对社会不负责任的行为。

2.2.3.3 制度层面的决定因素

从制度层面探讨企业社会失责行为决定因素的研究成果目前并不常见，但相关研究成果在逐渐增多。早期研究指出，缺乏法律法规或足够的制裁为企业提供了实施不负责任的行为但不遭受后果的机会，从而导致了企业社会失责行为的出现（Baucus 和 Near，1991；Surroca 等，2013）。李新春和陈斌（2013）研究指出，当政府监管不力时，企业实施社会失责行为的收益会高于实施创新的收益，因而企业更可能实施对社会不负责任的行为。同时，单个企业的社会失责行为将通过逆向选择和模仿扩散形成行业大范围的社会失责行为。Wu（2014）研究发现，地方政府的腐败程度与企业对社会或环境不负责任的行为呈正相关。

Fiaschi 等（2016）探讨了新兴经济体跨国公司通过"不伤害"来克服来源国劣势的可能性，其研究表明，新兴经济体跨国公司在新闻和言论自由国家投资越多，越不可能实施企业社会失责行为，特别是当新兴经济体跨国公司已经采取明确的企业社会责任政策之时。Walker 等（2019）研究指出，相较于自由市场经济（Liberal Market Economies），在协调市场经济（Coordinated Market Economies）中实施企业社会失责行为将面临更高的成本。同时，相较于自由市场经济，在协调市场经济中实施企业社会失责行为的任何潜在利益，如降低成本，都不太可能实现。因此，相较处于自由市场经济中的企业，处于协调市场经济中的企业更不可能参与企业社会失责行为。

Mombeuil 等（2019）研究显示，公众的企业社会责任意识低、利益相关方倡导团体处于弱势或数量有限，以及制度环境不完善都会显著提高企业实施社会失责行为的可能性。但是，他们的研究也显示，地方性腐败对企业社会失责行为没有统计上的显著影响。与之相对，Keig 等（2015）的研究表明，当企业运行在非正式和正式的腐败环境中时，它们更可能实施企业社会失责行为。

表2-3归纳了前面讨论的文献内容。

表 2-3　企业社会失责行为的决定因素纵览

层面	举例
决策者层面	CEO对个性化权力和社会权力的需要（Pearce和Manz，2011）、CEO过度自信（Tang等，2015）、CEO能力（Yuan等，2017）、CEO任期（Oh等，2018）、CEO谦逊（Ou等，2019）、CEO物质主义（Davidson等，2019）、CEO权力（Sheikh，2016）、CEO的政治导向（Jeong和Kim，2019）、高管的贪婪和良心的缺乏（Atay等，2019）、高管团队垂直薪酬差距和水平薪酬差距（Zhang等，2020）等
企业层面	企业社会责任（Ormiston和Wong，2013）、社会责任是否纳入经营战略和高成本压力（Wu，2014）、业绩期望落差（Xu等，2019）、冗余资源（Wiengarten等，2019）、企业社会责任报告信息披露质量（钟鹏等，2021）等
制度层面	政府监管不力（李新春和陈斌，2013）、地方政府的腐败程度（Wu，2014）、正式的腐败环境（Keig等，2015）、新闻和言论自由（Fiaschi等，2016）、市场经济类型（Walker等，2019）、有限的利益相关方倡导团体以及制度环境不健全（Mombeuil等，2019）等

2.2.4　企业社会失责行为与企业绩效

企业社会失责行为对企业财务绩效存在负向影响。一系列研究表明，企业社会失责行为会给企业财务绩效带来严重不利的影响。Walker等（2016）研究发现，企业社会失责行为将对企业资产收益率绩效产生负向影响。Price和Sun（2017）研究发现，企业社会责任行为会增加企业价值、降低企业非系统性风险（Idiosyncratic Risk）；与之相对，企业社会失责行为会降低企业价值、增加企业非系统性风险。并且，企业社会失责行为对企业价值和非系统性风险的影响效果，要强于企业社会责任行为对企业价值和非系统性风险的影响效果。Kölbel等（2017）指出，利益相关者通常会对企业社会失责行为进行制裁，这是由利益相关者希望惩罚不负责任的企业，或阻止企业采取他们认为不负责任的行动的愿望所驱动的。利益相关者的制裁有多种表现形式，从起诉、撤销信任和不合作，到抵制、抗议和破坏。利益相关者制裁往往会对企业的收益产生负面影响，并增加财务风险。例如，由于声誉受损而导致销售额下降，或者由于生产延迟而导致成本增加。

Walker等（2019）研究发现，不管是在自由市场经济还是协调市场经济中，企业社会失责行为都将对企业财务绩效产生负向影响。但是，相较于自由市场经济，在协调市场经济中，企业社会失责行为对企业财务绩效的负向影响要弱。Sun和Huang（2020）发现，企业社会失责行为负向影响企业财务绩效，并且，企业社会责任声誉不仅无法消除企业社会失责行为带来的绩效损害效应，甚至会进一步放大该效应。Ravi等（2020）发现，企业社会失责行为会导致负面股票表现，并进一步发现，具有法律专业知识的董事会能够更好地应对企业社会失责行为并减轻其损害。

Sharpe和Nicole（2021）发现，虽然在企业社会不负责任事件发生的那一年，企业的销售受到了负面影响，但通常会在事件发生的后一年恢复。此外，广告可以缓解企业社会不负责任事件在活动年和活动后一年对销售的负面影响。钟鹏等（2021）以中国企业为研究对象发现，企业社会失责行为越多，企业财务绩效越差。

Sun和Ding（2020）是为数不多的探讨企业社会失责行为对企业长期绩效影响的研究成果之一。该研究表明，企业社会失责行为会负向影响企业长期绩效。具体地，企业社会失责行为对企业长期绩效的负向影响在高动态、高竞争强度、低企业能力等情况下持续存在；与之相对，企业社会失责行为对处于低竞争、高企业能力条件下的企业的长期绩效没有统计上的显著影响。

企业社会失责行为对企业财务绩效无影响。少数研究发现，企业社会失责行为对企业财务绩效不存在统计上的显著影响。例如，Walker等（2016）发现，企业社会失责行为对企业的管理效率和市场估值都没有影响。Niccolò等（2020）发现，企业社会失责行为对企业的净资产收益率和资产回报率都没有影响。

企业社会失责行为对企业财务绩效存在非线性影响。除线性关系之外，少数学者也探讨了企业社会失责行为与企业财务绩效之间的非线性关系。Chung等（2018）认为，实施企业社会失责行为会带来内部惩罚和外部惩罚。其中，内部惩罚是内部利益相关者对企业社会失责行为的抵制。这种阻力可能导致管理混乱和高离职率，从而削弱企业的业绩。外部惩罚是外部利益相关者对企业社会失责行为的谴责，包括罚款、抵制和公众监督（Klein 等，2004）。但是，随着企业社会失责行为的进一步增加，人们可能不再期望他们负责任地行事。同时，更高水平的社会失责行为可能为企业提供了更多节约成本的机会，并可能通过降低价格创造了更多需求。换句话说，更高水平的社会失责行为可以通过提供具有竞争力的价格和令人满意的服务或产品来保护这些企业不被挤出市场。最终，企业社会失责行为将对企业财务绩效产生非线性的 U 型影响（Chen 等，2018）。相近地，国内学者李茜等（2018）基于全球上市企业样本的研究也得出企业社会失责行为与企业财务绩效存在 U 型关系的结论。

表 2-4 归纳了前述文献内容。

表 2-4 企业社会失责行为如何影响企业财务绩效的主要观点

基本观点	代表文献
企业社会失责行为会负向影响企业财务绩效	Walker 等（2016）；Kölbel 等（2017）；Price 和 Sun（2017）；Walker 等（2019）；Sun 和 Ding（2020）；Sun 和 Huang（2020）；Ravi 等（2020）；Sharpe 和 Nicole（2021）；钟鹏等（2021）
企业社会失责行为对企业财务绩效不具有统计上的显著影响	Walker 等（2016）；Niccolò 等（2020）
企业社会失责行为对企业财务绩效存在非线性的影响（如 U 型关系）	Chen 等（2018）；李茜等（2018）

企业社会失责行为对企业非财务绩效的影响。早期研究主要关注企业社会失责行为对企业财务绩效的影响，近年来，学者们逐渐将研究兴趣转向对企业非财务绩效的影响，并探讨了企业社会失责行为对多种非财务绩效的影响。Lin 等（2016）探讨了企业社会失责行为对企业声誉的影响。他们的研究显示，企业环境失责行为将通过感知的企业伦理（Perceived Corporate Ethics）的中介作用对企业声誉产生显著的负向影响。此外，针对环境问题的企业社会责任行为可以减轻企业环境失责行为对企业伦理感知的负面影响，从而缓解企

业环境失责行为对企业声誉的损害。Lee 等（2019）发现，企业社会失责行为会大幅度增加企业股价崩盘的风险，特别是企业 CEO 为非过度自信 CEO 时，因为投资者对具有社会失责行为的过度自信 CEO 的负面消息已经做出了相应的反应。徐莉萍等（2020）指出，企业社会失责行为将降低企业声誉，增加企业违约风险。同时，企业社会失责行为会引起利益相关者的"制裁"，导致高水平的风险溢价。因此，企业社会失责行为最终将大幅度增加企业的债券融资成本。

此外，Wang 和 Li（2019）探讨了母公司企业社会失责行为对海外子公司控制模式的影响。他们的研究表明，母公司参与的企业社会失责行为越多，海外子公司越可能实施基于信息的控制模式，且更不可能实施基于股权的控制模式。Trautwein 和 Lindenmeier（2019）的研究显示，企业社会失责行为将增加消费者对企业产品的抗拒倾向，特别是当消费者具有较强的契约主义精神和道德公平意识时。Corciolani 等（2019）提出，企业社会责任行为报告构成了抵消企业社会失责行为负面影响的一种手段。他们针对企业社会责任行为报告语言的分析结果显示，企业对社会不负责任的行为越多，就越有可能使用叙述性（而非分析性）和欺骗性（而非真实性）语言。此外，他们发现，上述两种趋势在高度国际化的企业中尤为明显。Shea 和 Hawn（2019）的实验研究显示，企业社会失责行为会降低企业市场竞争力。Hawn（2020）的研究发现，媒体对企业社会失责行为的报道越多，企业并购完成的可能性越低、持续时间越长。Min 等（2020）发现，目标企业的社会失责行为可能会导致收购者为目标支付更少的费用，特别是当这种行为被媒体广泛报道时。

2.2.5　企业社会失责行为文献的总结与述评

前期研究拓展了文献对企业社会失责行为决定因素及经济后果的认识，但难以否定的是，以下两组重要的理论和实践问题仍未得到解答。

第一，行业锦标赛激励将对企业社会失责行为这一非市场化战略产生怎样的影响？两者的关系在何种情况下更可能成立？两者关系的传导渠道是什么？

虽然学者们已经从决策者、企业和制度环境等多个层面探讨了企业社会失责行为的决定因素，但到目前为止，仍未有研究对上述问题进行理论分析和实证回答。事实上，对上述问题的解答不仅是重要的，而且是非常迫切的。

一方面，从理论角度来看，行业锦标赛激励被发现会显著影响企业市场化战略（Coles 等，2018；Kubick 和 Lockhart，2016；Kubick 和 Lockhart，2020），在此过程中，高管与股东之间的委托代理问题很可能会进一步恶化。同时，早期研究指出，不适当的激励结构会诱发企业社会失责行为（Brass 等，1998）。新近实证研究的结论更显示，高管薪酬的内部比较在企业环境失责行为中扮演着不可忽视的重要角色（Zhang 等，2020）。因此，明确行业锦标赛激励与企业社会失责行为这一非市场化战略之间的逻辑关系，不仅能促进行业锦标赛激励理论的发展，还有助于更全面地认识高管薪酬结构在促进或抑制企业社会失责行为中发挥的作用。另一方面，从中国管理实践来看，企业社会失责行为并不鲜见（李文茜和刘益，2015；肖红军和阳镇，2018；张婷和周延风，2012）。因此，明确行业锦标赛激励对企业社会失责行为的作用效果，对企业股东或董事会、监督部门更好地防范和治理企业社会失责行为很可能会产生重要的启示。

第二，企业社会失责行为是否及如何影响企业特别是中国企业的长期绩效未得到应有的重视，特别地，探讨企业社会失责行为与企业长期绩效之间传导渠道的研究更是付诸阙如。梳理前期研究成果可知，企业社会失责行为对企业短期财务绩效的影响已经得到了大量的探讨，但这些研究的结论莫衷一是（Price 和 Sun，2017；Salaiz 等，2020；Walker 等，2019；李茜等，2018），且普遍忽视了企业长期绩效（Sun 和 Ding，2020）。填补这一空白至关重要，因为长期绩效是企业最为核心的终极目标，也是衡量企业管理有效性的基本指标之一（Ben-Oz 和 Greve，2015；Wu 等，2019）。此外，从研究对象看，前期研究大多基于发达经济体企业样本，极少有研究关注中国企业社会失责行为的经济后果。

从理论角度看，中国企业与发达经济体企业在组织结构、公司治理模式等多个方面均存在显著差异。因此，基于发达经济体企业得到的研究结论不一定适用于中国企业，十分有必要基于中国企业展开相应的理论分析和实证检验。特别地，企业社会责任作为一种重要的社会现象，它不可能独立于制度背景而存在（Waheed 和 Zhang，2020；Zhang 等，2020）。基于发展经济体（如中国）企业对上述主题展开探讨有助于创建比较研究（Comparative Studies），从而更好地确定趋势、逻辑和实现社会可持续性（Social Sustainability）的有效途径，并提高研究结论的实践相关性（Waheed 和 Zhang，2020）。

2.3 本章小结

基于本研究的研究目标，本章围绕以下几点对前期研究成果进行了较为系统的回顾和总结：①行业锦标赛激励是否及如何影响企业战略决策；②哪些因素会驱动企业社会失责行为；③企业社会失责行为会产生怎样的经济后果。通过梳理已有文献，本研究发现，虽然行业锦标赛激励对企业市场化战略的影响越来越受到学者们的关注，但行业锦标赛激励会对企业非市场化战略特别是企业社会失责行为产生怎样的影响迄今仍未被探讨。此外，目前也尚未有研究能够系统、深入地解答企业社会失责行为是否、如何以及在何种情况下更可能影响中国企业的长期绩效这一重要的理论和实践问题。鉴于此，在接下来的第三章和第四章，本研究将展开相对独立但逻辑上依次递进的两项子研究，以期填补前期文献的不足，推动行业锦标赛激励领域和企业社会失责领域的融合和发展，并为中国企业实现可持续发展提供基于经验证据的理论指导。

第三章
行业锦标赛激励对企业社会失责行为的影响

3.1 引言

企业社会责任行为是指企业实施的、超越企业直接利益和法律义务但对社会有益的行为（McWilliams 和 Siegel，2000），典型的例子包括慈善捐赠、公平对待员工。与之相对，企业社会失责行为是指企业实施的非法或者合法但不道德的行为（Armstrong，1977；杨继生和阳建辉，2016），它涉及一方以整个系统的损失为代价获得利益（Alcadipani 等，2020；Armstrong，1977），典型的例子包括污染环境、"血汗工厂"以及向消费者提供不准确的产品信息（Chen 等，2018；Lin-Hi 和 Müller，2013；Sun 和 Ding，2020；Wu，2014）。不实施企业社会失责行为被视为企业履行社会责任的底线（Bottom Line）（Lin-Hi 和 Müller，2013），但企业社会失责行为普遍存在于管理实践之中，并对多种企业结果（Various Firm Performance Outcomes）产生了严重的不利影响，如企业绩效（Price 和 Sun，2017；Sun 和 Ding，2020）、企业声誉（Lin 等，2016；Nardella 等，2019）、企业并购（Hawn，2020）。与此同时，越来越多的文献认识到企业社会失责行为并非企业社会责任行为的简单对立面（Keig 等，2015；Sun 和 Ding，2020）。更确切地说，企业社会失责行为和企业社会责任行为在理论概念（Theoretical Construct）上存在显著差异（Strike 等，2006），受制于不同的动态（Dynamics）（Tang 等，2015），对企业绩效和风险也产生了非对称

（Asymmetric）的影响效应（Price 和 Sun，2017）。

然而，需要注意的是，虽然学术界已经在理解企业社会责任行为的前因因素（Antecedents）方面取得了显著的进步（Remarkable Progress），但相对而言，到目前为止，企业社会失责行为的决定因素仍旧属于一个相对较少被探讨的领域（Jain 和 Zaman，2020；Lin-Hi 和 Müller，2013；李新春和陈斌，2013）。缩小这一研究缺口是重要且急迫（Imperative）的，原因在于：只有准确识别企业社会失责行为的前因因素及影响效果，才能规避企业社会失责行为带来的消极产出，最终减少乃至消除企业社会失责行为。的确，Sun 和 Govind（2020）针对企业社会责任行为表达了相近的看法，他们指出，只有正确识别企业社会责任行为的前因因素，明确影响效果，才能确保企业获得社会责任带来的理想企业产出（Desired Firm Outcomes）。

在过去近50年中，学者们对企业薪酬结构的设计给予了极大的关注，他们认为薪酬结构是激励CEO致力于追求股东利益最大化的一种关键手段（Jensen 和 Meckling，1976）。而随着学者们对企业薪酬结构的认识不断深化，越来越多的学者认识到，相较于绝对薪酬，薪酬比较（包括内部和外部薪酬比较）引致的CEO的认知和行为反应更可能对企业决策或企业治理产生深远的影响（Coles 等，2018；Fong，2010；Kubick 和 Lockhart，2020；Seo 等，2015）。由于几乎在每一个现代企业中，CEO都是最有影响力的决策者（Bentley 等，2019），他们决定企业选择回应还是忽视利益相关者的利益（Deckop 等，2006；Tang 等，2015；Zhang 等，2020），并且经常将自身的价值取向、思维模式和行为偏好注入企业战略决策的制定过程之中（Ali 等，2020；Hambrick 和 Mason，1984；Luo 等，2017），因此，明确CEO对薪酬比较的认知和行为反应最终将对企业社会失责行为产生何种影响显得特别重要（Bentley 等，2019；Zhang 等，2020）。新近研究已经表明，CEO与非CEO高管之间的薪酬比较（即内部锦标赛激励）会诱发企业环境失责行为（Corporate Environmental Irresponsibility）（Zhang 等，2020）和不道德的欺诈行为（Haß 等，2015；Shi 等，2016）。同时，行业锦标赛激励文献指出，CEO薪酬与行业中最高CEO薪酬之间的差距（即行业锦标赛激励）在企业产品竞争策略（Huang 等，2018）、企业税收行为（Kubick 和 Lockhart，2016）、企业投资行为（Coles 等，2018）等企业决策中均扮演着不可忽视的角色（邓鸣茂等，2020；梅春等，2019）。因此，行业锦标赛激励与企业社会失责行为之间很可能也存在着深刻的关联（Profound Connections）。尽管如此，目前尚未有研究对行业锦标赛激励与企业社会失责行为之间的逻辑关系进行理论分析和实证探讨。

子研究一拟将行业锦标赛激励和企业社会失责行为这两个重要概念联系起来，进而做出填补上述理论和实证缺口的一次有益尝试。具体来说，子研究一基于锦标赛理论（Connelly 等，2014；Lazear 和 Rosen，1981）和委托代理理论（Jensen 和 Meckling，1976）建立了行业锦标赛激励与企业社会失责行为之间的理论关联。首先，子研究一认为，行业锦标赛激励将诱发企业社会失责行为，这是因为企业社会失责行为能通过快速改善 CEO 所领导企业的财务绩效，继而大幅度提高 CEO 赢得具有丰厚奖励的行业锦标赛的可能性。其次，相关研究指出，行业锦标赛激励会导致 CEO 关注短期绩效（Coles 等，2018；Kubick 和 Lockhart，2016），忽视企业长期价值（Kubick 和 Lockhart，2020）。也就是说，前期研究暗示行业锦标赛激励很可能会诱发管理短视。进一步地，在管理短视的指引下，CEO 的精力和注意力将被引向有助于快速提高企业短期绩效的短期主义行为（Ridge 等，2014；Schuster 等，2018），如企业社会失责行为。鉴于此，子研究一进一步检验了管理短视的中介作用，以便明确行业锦标赛激励作用于企业社会失责行为的传导渠道。最后，委托代理理论（Jensen 和 Meckling，1976）认为，有效的公司治理机制能有效减少 CEO 罔顾股东利益的委托代理问题（Sajko 等，2020；Schuster 等，2018）。鉴于此，子研究一引入了多种内外部公司治理因素的调节作用，以期揭示行业锦标赛激励作用于企业社会失责行为的边界条件。具体地，子研究一认为，有效的内部激励机制（如 CEO 创始人身份）和强有力的内外部监督机制（如控股股东性质、多个大股东、卖空压力、地区市场化程度以及地区社会信任）都将削弱行业锦标赛激励对企业社会失责行为的正向影响。以 2003—2019 年中国 A 股上市企业为研究对象，子研究一实证探讨了上述理论观点。

3.2 理论分析与假设提出

3.2.1 锦标赛激励与高管消极努力

委托代理理论认为，高管追求有助于自身利益或效用最大化的目标，而不是追求有助于股东长期价值最大化的目标（Jensen 和 Meckling，1976）。设计一个基于企业绩效的最优高管薪酬方案（Optimum Executive Compensation Scheme）有可能激励企业高管追求后一个目标（Haß 等，2015），即有助于股东长期价值最大化的目标。然而，高管的薪酬并不总是与企业业绩相关（Sun 等，2019）。虽然严格的监督可以克服堑壕（Entrenchment）问题和委托代理问题，但委托人以绝对业绩来评估管理业绩的成本过高，并且管理行为不能事先完全约定（Sun 等，2019）。在此背景下，一种替代形式的薪酬安排，即基于晋升的薪酬或锦标赛激励（Promotion-Based Compensation or Tournament Incentives）在实践中得到了广泛应用（Ali 等，2020；Lazear 和 Rosen，1981；Nguyen 等，2020）。具体地，锦标赛激励结构背后的理论逻辑在于：与晋升相关的工资增长、地位提升和声誉提高构成了激励参与者努力的奖励，从而无须监控他们的活动（Ning，2018；Shi 等，2016；牛建波等，2019）。

大量研究表明，锦标赛激励会带来高管的积极努力（Ali 等，2020；Nguyen 等，2020），从而激发企业创新行为（牛建波等，2019），改善企业绩效（李绍龙等，2012），并促进股东长期价值的提升（Kale 等，2009；Shen 和 Zhang，2018；李绍龙等，2012）。与之相对，另外的大量研究表明，锦标赛激励会诱使高管采取以损害股东长远利益为代价的消极努力（Shi 等，2016）。例如，锦标赛激励诱发了办公室政治（Harbring 和 Irlenbusch，2011）、财务欺诈行为（Haß 等，2015；Shi 等，2016；魏芳和耿修林，2018），以及企业环境失责行为（Zhang 等，2020）。这里需要指出的是，前期研究集中于探讨内部锦标赛激励对高管消极努力的影响，但较少关注行业锦标赛激励。特别地，行业锦标赛激励对企业社会失责行为的影响尚未受到应有的关注。

更重要的是，尽管董事会可以设计CEO和管理层的内部激励机制，但他们对行业锦标赛和CEO行业薪酬差距的设定几乎没有控制权（Coles等，2018；Huang等，2018）。换言之，相较于内部锦标赛激励，行业锦标赛激励是相对外生的，这使得相应的实证检验更少受到内生性问题的不利影响（Coles等，2018；Kubick和Lockhart，2016）。因此，以企业社会失责行为为切入点，探索行业锦标赛激励是否会诱发高管的消极努力有望产生更有效和更准确的新见解。

3.2.2 行业锦标赛激励与企业社会失责行为

前期研究认为，为了过滤外生冲击（如行业内的冲击）的影响，应该在一个比较的基础上评估CEO的能力并确定相应的薪酬（Kubick和Lockhart，2016）。对薪酬同行群体的研究亦表明，行业或相同企业规模是同行群体构成的重要决定因素（Albuquerque等，2013；Faulkender和Yang，2010b）。此外，相对于仅具有特定技能的CEO，市场对具有通用技能的CEO的需求日益增长，并给予了这些CEO更高的薪酬溢价（Datta和Datta，2014；Gudell，2011）。Gudell（2011）研究发现，相较于不具有CEO经验的求职者，有过CEO任职经验的求职者所能获得的总薪酬更高，未来的薪酬与以前的表现呈正相关，且每次变动后的薪酬几乎翻倍。因此，在行业锦标赛激励的驱动下，CEO有动机去其他企业任职，以提高其通用技能、薪酬和知名度（Coles等，2018；Huang等，2018）。在此过程中，CEO甚至以牺牲股东的长远利益为代价（Jensen和Meckling，1976；Kubick和Lockhart，2016）。

为了获得行业锦标赛中的奖品（如更高的薪酬、行业地位和知名度），行业内薪酬较低的CEO有动机使其领导的企业实现突出的绩效，原因在于以下几个方面。首先，在外部劳动力市场中，信息不对称严重限制了其他企业的董事会对CEO真实能力的直接观察（Kubick和Lockhart，2016）。考虑到企业绩效是CEO经营能力最直接的体现形式（Fee和Hadlock；He和Zhu，2020），作为一种替代，行业中其他企业的董事会往往会选择企业绩效作为评估CEO经营能力的核心指标（Coles等，2018；Huang等，2018；Hubbard等，2017）。CEO所领导企业的绩效越好，行业中其他企业的董事会对CEO经营能力的评价就越高（Ma等，2020），CEO的薪酬及其在劳动力市场中的价值也将随之提高（Huang等，2018；Kubick和Lockhart，2016），他们越可能在行业锦标赛中获得胜利。其次，即使CEO不选择离职，他们也可以获得部分行业锦标赛奖金，至少是以增加薪酬的形式出现的部分（Coles等，2018；梅春等，2019）。潜在的外部就业机会将增加CEO的薪酬，在这种情况下，CEO不需要直接从外部就业机会中获取利益。这种间接的获益机制包括但不限于：①同行基准（Albuquerque和Franco等，2013；Faulkender和Yang，2010b），即当CEO领导的企业实现突出的绩效时，企业董事会将根据参照企业CEO的薪酬标准调整CEO当前的薪酬水平；②董事会对CEO的实际或预期外部要约的反要约（Coles等，2018）。

已有的相关研究指出，企业社会失责行为能快速改善企业短期业绩。具体地，企业社会失责行为（如"血汗工厂"、低劣的产品质量和材料）为企业提供了大量节省成本的机会（Jain和Zaman，2020；Sun和Ding，2020；刘柏和卢家锐，2018），并通过帮助企业向市场提供更具竞争力的价格（Competitive Prices）和令人满意的服务或产品创造了更多的市场需求（Chen等，2018；Price和Sun，2017），从而帮助企业实现高水平的财务绩效。例如，尽管美国苹果公司的供应链曾被曝出存在使用童工以及工作环境恶劣等问题，但苹果公司仍凭借优质的产品获得了比其他手机制造商更高水平的财务绩效（Chen等，2018）。因此，在行业锦标赛激励下，行业内薪酬较低的CEO有动机推动企业实施社会失责行为，以便使其领导的企业在不远的未来取得特别突出的绩效，从而帮助他们赢得行业锦标赛中的奖品（如更高的薪酬、行业地位和知名度）。其他学者可能会争辩，企业社会失责行为被曝光之后可能会给CEO带来严重的负面后果，如市场声誉受损、遭受企业解雇（Chiu和Sharfman，2018），这会抑制行业内薪酬较低的CEO实施企业社会失责行为的动机。但需要注意的是，行业锦标赛激励具有类似看涨期权的凸型（Convexity）收益结构（Kubick和Lockhart，2016；梅春等，2019），它将促使行业内薪酬较低的CEO承担更高水平的风险（Kubick和Lockhart，2020）。例如，Kubick和Lockhart（2016）的研究表明，行业锦标赛激励将驱使行业内薪酬较低的CEO积极推动企业实施税收激进行为。因此，当行业内薪酬较低的CEO权衡企业社会失责行为的潜在收益和成本时，他们将从企业社会失责行为中感知到更多的潜在收益，这最终促使他们更积极地推动企业实施社会失责行为来增加自己赢得行业锦标赛的概率。

综合以上讨论，子研究一提出以下假设。

假设3-1：行业锦标赛激励与企业社会失责行为存在显著的正相关关系。

3.2.3 管理短视的中介作用

如果行业锦标赛激励会正向促进企业社会失责行为，那么，行业锦标赛激励将通过何种中介机制（Mediation Mechanisms）影响企业社会失责行为成为一个同样值得回答的重要理论和实践问题。因为这样做有助于弥补当前行业锦标赛激励文献普遍忽视作用路径的不足。在管理实践中，跨期选择问题是一个固有困境，即高管难以同时兼顾"成就当下"和"远大前景"（The Larger Picture）（Ridge等，2014）。根据Levinthal和March（1983，p.110）的经典研究，管理短视反映了高管"牺牲长期利益换取短期利益"的行为倾向（Kraft等，2018；Levinthal和March，1983），它普遍存在于管理实践之中（Brochet等，2015）。在会计和金融领域中，众多研究指出，管理激励是助长管理短视的重要因素之一（Brochet等，2015；Edmans等，2013；Gopalan等，2014）。特别地，锦标赛激励文献进一步指出，内部锦标赛激励也会诱发管理短视（Haß等，2015；Park，2017；Shi等，2016）。在行业锦标赛激励背景下，行业锦标赛激励会促使行业内薪酬较低的CEO积极关注短期绩效（Coles等，2018；Kubick和Lockhart，2016），因为突出的财务绩效能显著提高行业内薪酬较低的CEO赢得外部劳动力市场竞争的概率。在此过程中，行业内薪酬较低的CEO甚至不惜牺牲企业股东的长期价值（Kubick和Lockhart，2020）。由此而论，我们有充分的理由相信，行业锦标赛激励也将助长CEO的管理短视（以研发投入低于行业平均研发投入衡量）（Chen等，2015；Schuster等，2018）。

进一步地，在管理短视的指引下，CEO的精力和注意力将被引向有助于快速改善企业短期绩效的短期主义行为（Ridge等，2014；Schuster等，2018）。由于企业社会失责行为具有快速改善短期财务绩效的重大潜力（Chen等，2018；Jain和Zaman，2020；Sun和Ding，2020），因此，在管理短视的指引下，CEO推动企业实施社会失责行为的动机将显著提高。与这一观点相呼应，前期相关研究发现，研发投入少的企业不大可能实施企业社会责任行为（Fu等，2020；Padgett和Galan，2009；Yu等，2020），反而更可能实施对社会不负责任的行为（Wu，2014）。总结以上讨论可知，行业锦标赛激励会助长CEO的管理短视，而管理短视会提高CEO推动企业实施社会失责行为的倾向。据此，子研究一提出以下假设。

假设3-2：管理短视（以研发投入低于行业平均研发投入衡量）在行业锦标赛激励与企业社会失责行为之间发挥了中介作用。

3.2.4 公司治理机制的调节作用

前文指出行业锦标赛激励会驱使CEO积极推动企业实施不利于股东长期利益最大化的企业社会失责行为，但子研究一还进一步认为，行业锦标赛激励与企业社会失责行为之间的关系并非同质的。的确，委托代理理论指出，有效的内外部公司治理机制能够有效缓解委托代理问题，从而保证股东长期利益的最大化（Jensen和Meckling，1976）。与之相呼应，子研究一进一步引入了一系列内外部公司治理机制的调节作用，以便明确行业锦标赛激励作用于企业社会失责行为的边界条件。

3.2.4.1 内部公司治理机制的调节作用

CEO创始人身份的调节作用。由创始人领导（即创始人担任CEO）的企业普遍存在于商业世界中（Abernethy 等，2019；瞿旭等，2012）。例如，Abernethy 等（2019）的研究显示，24.7% 的澳大利亚企业由创始人 CEO 领导；夏立军等（2012）研究发现，在中国民营企业中，创始人担任董事长或 CEO 的比例高达 82.2%。一般认为，人们对一个组织产生强烈认同感的首要方式是创建它（Wasserman，2006）。创始人作为企业的主要设计师，投入大量时间和精力创造出企业的关键要素，如企业的目标、战略重点以及资本结构（Abernethy 等，2019）。同时，在创建企业的过程中，创始人还会将自身的价值观、信念纳入到对"我们是谁"和"我们创建怎样的企业"等关键问题的回答之中（Lee 等，2020；Whetten 和 Mackey，2002）。因此，创始人往往会将企业视为自身的延伸（Lee 等，2020），并更坚定地服务企业、认同企业（Chittoor 等，2019；Peterson 等，2012）。这意味着，相较于非创始人 CEO，创始人 CEO 将对企业表现出更高水平的组织认同（Abernethy 等，2019；Peterson 等，2012）。

在人力资源管理领域，已有大量研究证实组织认同将降低员工的离职倾向（Mishra 和 Bhatnagar，2010）。类似地，战略管理领域的研究也强调，由于创始人对企业有着强烈的情感依恋和心理联系（Psychological Bond）（Lee 等，2020；Peterson 等，2012），他们缺乏从 CEO 职位（CEO Positions）上辞职的意愿（Brune 等，2019），更倾向于留在自己创建的企业（Mullins 和 Frank，2018；Schuster 等，2018）。同时，创始人也不太容易受到来自外部的新工作邀请的影响（Fahlenbrach，2009；Schuster 等，2018）。对此，Lee 等（2020）提供了实证证据，他们的研究发现，创始人 CEO 的组织认同水平越高，越不可能离开企业。由此而论，相较于非创始人 CEO，创始人 CEO 响应行业锦标赛激励的动机会相对较低。这也降低了创始人 CEO 借助企业社会失责行为来增加自己赢得外部晋升竞争之概率的动机。

此外，创始人身份带来的组织认同还充当了一种非货币形式（Non-Monetary）的激励（Lee 等，2020；Schuster 等，2018），继而发挥着"反代理成本"（Anti-Agency Cost）的作用（Boivie 等，2011）。更确切地说，相较于非创始人 CEO，创始人 CEO 不大可能利用信息不对称来谋取个人私利（Schuster

等，2018），也不大可能实施导致企业负面形象的行为（Boivie 等，2011）。其背后的原因在于：其他人看待企业的方式会显著影响组织认同水平较高的个体对自己的看法（Boivie 等，2011）。由于负面的企业形象会导致个体的消极自我，并威胁到个体的自尊，同时人类具有维持或增强个人自尊的基本动机（Leary，2007；Vignoles 等，2006），因此，已经将组织的身份内化为个体身份的创始人 CEO 会积极维护和加强企业形象来维持或增强自己的自尊（Boivie 等，2011）。鉴于大量的前期研究表明企业社会失责行为会严重损害企业的正面形象和市场声誉（Lin 等，2016；Nardella 等，2019），因此，延伸上述理论逻辑不难推测，即便创始人 CEO 产生了响应行业锦标赛激励的动机，他们也不大可能借助企业社会失责行为这种有损个人自尊并可能导致消极自我的手段。

综合以上理论分析，子研究一提出以下假设。

假设 3-3a：相较于非创始人 CEO 领导的企业，在创始人 CEO 领导的企业中，行业锦标赛激励对企业社会失责行为的促进作用将减弱。

多个大股东的调节作用。多个大股东并存的股权结构在发达经济体（Casado 等，2015；Maury 和 Pajuste，2005）和发展经济体（如中国）（Jiang 等，2018；Yuanli 等，2018；姜付秀等，2017）中均普遍存在。例如，Jiang 等（2018）统计中国 A 股上市公司 2000—2014 年的数据后发现，34.9% 的中国企业存在两个或两个以上的大股东。多个大股东并存的股权结构带来的治理效应已经得到了大量研究的关注和探讨（Maury 和 Pajuste，2005；Yuanli 等，2018），基于这些富有建设性的前期文献，子研究一推测，相较于只有一个大股东的企业，在多个大股东并存的企业中，CEO 借助企业社会失责行为来响应行业锦标赛激励的倾向将减弱。具体原因如下。

首先，多个大股东并存的股权结构增强了企业对 CEO 机会主义行为的监督动机。当股权结构为"一股独大"时，控股股东可能会与 CEO 形成合谋，以谋求各自的私有收益，从而减弱了企业对 CEO 机会主义行为的监督动机。与这一观点相呼应，前期研究发现，当企业只存在一个大股东或控股股东时，这些企业出现"掏空"行为（Tunneling Behavior）的可能性将大幅度提高

(Bennedsen 和 Wolfenzon，2000；Du，2014；Jiang 等，2010）。而随着第二大股东所有权份额的增加，代理成本会降低（Pagano 和 Roell，1998；罗宏和黄婉，2020）。对比之下，当企业存在多个大股东时，多个大股东之间的相互监督和权力制衡（Jiang 等，2018）将严格约束控股股东或第一大股东与 CEO 之间的合谋行为（Cao 等，2019）。作为更可行的替代选择，控股股东或第一大股东通过监督 CEO 的机会主义行为来提升自身利益的动机将增强。同时，为了保护自身利益，持股比例较大的次要大股东也将产生强烈的监督 CEO 机会主义行为的动机（Jiang 等，2020）。延续上述理论逻辑不难推测，相较于只有一个大股东的企业，多个大股东并存的企业对 CEO 借助企业社会失责行为来响应行业锦标赛激励的机会主义倾向有更强的监督动机。这将压缩 CEO 借助企业社会失责行为来响应行业锦标赛激励的行动空间，从而削弱了行业锦标赛激励对企业社会失责行为的促进作用。

其次，多个大股东并存的股权结构增强了企业对 CEO 机会主义行为的监督能力。当企业存在多个大股东时，相同的 CEO 经营决策过程将得到更多监督者的关注和审视，因而企业发现 CEO 机会主义行为的可能性将提高。此外，当企业具有多个大股东时，这些大股东往往掌握着更多有关行业和企业发展前景的信息和知识，具有更加多样性的专业能力，因而更容易识别出 CEO 机会主义行为，从而对 CEO 产生更强有力的威慑作用（Lin 等，2016）。类似地，前期研究发现，董事会规模的扩大将提高董事会结构的多样性，从而增强企业对高管的监督能力（Buse 等，2016）。延续上述理论逻辑不难推测，相较于只有一个大股东的企业，多个大股东并存的企业更可能发现 CEO 借助企业社会失责行为来响应行业锦标赛激励的机会主义行为，因而也对 CEO 产生了更强的威慑力，最终使行业锦标赛激励仅对企业社会失责行为产生了较弱的影响。

综合以上理论分析，子研究一提出以下假设。

假设 3-3b：多个大股东削弱了行业锦标赛激励对企业社会失责行为的促进作用。

控股股东性质的调节作用。控股股东的身份是股权结构的另一个关键维度（Wu 等，2010），一种重要的所有者类型（Type of Owner）是政府部门，其控制的企业被称为国有企业。国有企业（State-Owned Enterprises）普遍存在于世界各国（Inoue，2019），特别是新兴经济体之中（Zhou 等，2016）。例如，在中国，改革开放以来，虽然非国有经济成分不断提高，但国有经济在整体经济中仍占据着主导位置（Conyon 和 He，2016）。特别地，国有企业和非国有企业在公司治理、决策逻辑、目标设置等多个方面存在显著差异（Conyon 和 He，2016；Inoue，2019；Li 和 Tang，2010），这使得区分国有企业和非国有企业成为准确理解新兴经济体（如中国）企业经营决策的重要前提（Apriliyanti 和 Randoy，2019；Gao 和 Yang，2019；Zhou 等，2016）。基于辨析国有企业和非国有企业公司治理差异的前期研究成果（Conyon 和 He，2016；Ding 等，2007），子研究一推测，相较于非国有企业，国有企业的 CEO 借助企业社会失责行为来响应行业锦标赛激励的倾向会更为明显，具体原因如下。

公司治理领域的一些研究认为，国有企业存在着所有者缺位的问题。例如，Li 等（2019）认为，虽然国有企业的股份在名义上属于全体公民共同拥有，但在实际运行过程中普通公民并不能行使股东应有的权利。作为一种替代，在实际运行过程中，通常由国有资产监督管理委员会或地方财政局等机构充当国有企业"代理股东"的角色，但这些机构没有从他们所持有的股票中获得对应的现金流动权（Conyon 和 He，2016）。Ali 等（2020）、Shaheer 等（2017）认为，上述机构中的管理者是通过政治程序挑选出来的，通常在监督国有企业 CEO 机会主义行为、保障股东利益最大化方面仅有较弱的动机。同时，专业知识和技能的不足导致这些政府机构中的管理者缺乏有效监督国有企业 CEO 机会主义行为的能力（Conyon 和 He，2011；Li 等，2019）。这为国有企业 CEO 借助企业社会失责行为来响应行业锦标赛激励提供了充足的操作空间。对比之下，非国有企业具有清晰和明确的所有者，这些所有者有强烈的动机设置有效的监督体系来密切监控 CEO 的机会主义行为，从而保障自身利益最大化。因此，在非国有企业中，CEO 借助企业社会失责行为来响应行业锦标赛激励的操作空间将受到严格限制，从而弱化了行业锦标赛激励对企业社会失责行为的促进作用。

据此，子研究一提出以下假设。

假设3-3c：相较于非国有企业，在国有企业中，行业锦标赛激励对企业社会失责行为的促进作用更强。

3.2.4.2 外部公司治理机制的调节作用

卖空压力的调节作用。卖空，又称为融券、做空，它是指资本市场中投资者卖出其借入的股票，并期望在不远的未来以更低的价格买入股票，返还其先前借入的股票，从而赚取股票差价的行为（陈淼鑫和郑振龙，2008）。卖空制度之前主要存在于发达经济体中（Brockman等，2020；Karpoff和Lou，2010）。2010年3月31日，上海证券交易所和深圳证券交易所正式接受券商的融资融券交易申报，标志着卖空制度被正式引入中国（Feng和Chan，2016；Hou等，2019）。先前的研究表明，被卖空的压力（下文简称卖空压力）对企业信息披露策略（Chen等，2020；顾琪和陆蓉，2016）、企业支付政策（Chen等，2019）、企业融资决策（Gong，2020）、企业违规行为（Karpoff和Lou，2010）和企业盈余管理活动（Fang等，2016）均会产生不同程度的影响。子研究一认为，卖空压力会影响行业锦标赛激励与企业社会失责行为之间的关系。更确切地说，子研究一推测，卖空压力的增加会降低CEO借助企业社会失责行为来响应行业锦标赛激励的倾向，具体原因如下。

卖空者具有积极挖掘利空信息（如CEO代理问题）的强烈动机（Hou等，2019；Meng等，2017）；同时，专业的信息渠道和分析能力（Brockman等，2020；Chang等，2019）使得卖空者能更有效地行使监督职能。在此状况下，卖空者往往能够在公开披露之前识别出企业中的管理不当行为（Chang等，2019），从而在一定程度上对企业发挥着外部治理的作用（Fang等，2016；Massa等，2015）。与这一观点相呼应，Karpoff和Lou（2010）指出，卖空者降低了企业实施欺诈行为的可能性；Massa等（2015）的研究发现，卖空者将通过提高企业盈余管理活动被资本市场发现的可能性和速度，减少企业高管操纵盈余的动机；Chang等（2019）的研究表明，卖空者通过对破坏价值的收购迅速发表负面评价，最终减少了企业高管在并购活动中的自利行为。

虽然CEO具有借助企业社会失责行为来使自己赢得行业锦标赛的动机，但是倘若CEO领导的企业面临较大的卖空压力，上述动机将减弱。这是因为：卖空压力显著提高了CEO借助企业社会失责行为谋取个人私利被资本市场发现的概率和速度。在此状况下，行业中其他企业的董事会将对CEO形成负面评价，从而降低了CEO赢得行业锦标赛的可能性。此外，作为具有信息优势的知情交易者（Informed Traders）（Brockman等，2020），卖空者会借助利空信息（例如，企业实施了对社会不负责任的行为这一信息）卖空股票，这会导致企业股价的大幅下跌。这意味着，企业社会失责行为不仅未能美化财务绩效，反而恶化了企业绩效，并最终降低了CEO赢得行业锦标赛的可能性。

据此，子研究一提出以下假设。

假设3-4a：卖空压力削弱了行业锦标赛激励对企业社会失责行为的促进作用。

地区市场化程度的调节作用。20世纪90年代以来，中国经历了由计划经济向市场经济的重大转变（Cordeiro等，2013），这种转变强调创建私营企业、发展商品和要素市场、改善金融中介和推进法律制度，以及提供产权保障（Conyon和He，2016；Cordeiro等，2013）。但需要注意的是，中国各地区的市场发展进程并不相同（Gao和Yang，2019；Shi等，2012；樊纲等，2018），东部沿海地区通常比中部或西部地区更发达（Hu和Sun，2019）。例如，世界银行（2006）的报告显示，中国东南部地区的人均GDP平均比东北地区高出50%以上，比中部和西南部地区高出150%（Conyon和He，2016）。虽然市场化程度对企业管理行为的影响较为隐秘，但不容忽视（Dai和Liao，2019；姜付秀和黄继承，2011）。例如，前期研究发现，市场化程度显著影响了企业国际化行为（Sun等，2017；Xie，2017）、企业社会（环境）责任行为（Liu等，2020；Wong等，2016）、企业违法行为（Gao和Yang，2019）和企业欺诈行为（Conyon和He，2016）。子研究一认为，市场化程度也会影响行业锦标赛激励与企业社会失责行为之间的关系。具体地，子研究一推测，地区市场化程度的提高会降低 CEO 借助企业社会失责行为来响应行业锦标赛激励的倾向，具体原因如下。

相较于市场化程度较低的地区，市场化程度较高地区的政府干预少（Cordeiro 等，2013），法治建设更完善（Gao 和 Yang，2019），更加强调可持续发展（Yang 等，2020）。同时，相较于市场化程度较低的地区，在市场化程度较高的地区，媒体机构能够充分竞争，信息基础设施状况良好，这使得媒体对企业发挥了更有效的公开监督作用（Liu 等，2020），并提高了企业的信息透明度。例如，中国几乎所有的知名媒体都位于市场化程度较高的地区。故而，相比处于市场化程度较低地区的企业，处于市场化程度较高地区的企业，其 CEO 的管理行为将受到外部更有效的监控和审视（Conyon 和 He，2016），这将提高企业社会失责行为被曝光的可能性。在这种情况下，行业中其他企业的董事会很可能对 CEO 形成负面评价。同时，市场化程度较高的地区有更完善的法治建设，更加强调可持续发展的理念（Gao 和 Yang，2019；Hu 和 Sun，2019），这将大幅度提高 CEO 因推动企业实施社会失责行为而受到政府行政和市场声誉惩罚的可能性。总而言之，企业所在地区的市场化程度越高，CEO 借助企业社会失责行为来响应行业锦标赛激励的做法越可能起到反作用，从而减弱了行业锦标赛激励对企业社会失责行为的正向影响。

据此，子研究一提出以下假设。

假设 3-4b：地区市场化程度削弱了行业锦标赛激励对企业社会失责行为的促进作用。

地区社会信任的调节作用。让群体、组织和社会有效运作的主要心理结构之一是信任。只有当个人相信其他人更有可能帮助他们而不是伤害他们时，互惠互利的互动和交易才会发生。根据信任的经典定义，它是"一个人对潜在对手采取至少不会对其造成伤害的行动的事件所赋予的主观概率"（Brockman 等，2018；Gambetta，1988）。社会信任是当地社会规范和价值观的体现，作为一种重要的非正式制度（Kanagaretnam 等，2018），它捕捉到了一个人对一群人信心的主观态度（Ho 等，2019）。社会信任是文化和社会资本的关键元素，也是社会经济交易的基础，更是经济繁荣的源泉（Fukuyama，1997；Guan 等，2020）。前期大量研究表明，社会信任显著影响着宏观经济的增长和效率（Ahlerup 等，2009；Gur 和 Bjørnskov，2017；吕朝凤等，2019）。例如，Arrow（1972）便指出"世界经济的落后在很大程度上可以归因于缺乏相互信任"。Audi（2008，p.97）进一步声称"没有信任，我们所知道的生意是不可能的"。随着社会信任研究的不断深入，学者们逐渐将研究的注意力更多地转向社会信任对微观企业行为的影响（Brockman 等，2018；Chen 和 Wan，2020；Dudley 和 Zhang，2016）。例如，Chen 和 Wan（2020）的研究发现，社会信任水平的提高会诱发企业社会责任行为。此外，还有研究发现，社会信任水平的提高会抑制企业欺诈行为（Dong 等，2018），降低股价崩盘风险（Li 等，2017）。具体到企业社会失责行为这一研究话题，子研究一推测，地区社会信任水平的提高会降低 CEO 借助企业社会失责行为来响应行业锦标赛激励的倾向，具体原因如下。

首先，正如制度可以促进和约束行为一样，社会规范也可以引导或限制人们的行为（Griffin 和 Sun，2018）。社会信任作为一种基本的社会规范（Guan 等，2020），同样会引导人们遵循被大多数人认可的行为规范（Chen 和 Wan，2020）。社会信任度越高，利益相关者对企业社会责任的期望就越高（Chen 和 Wan，2020）。在这样的环境中，个体很难违背群体的期望行事，否则个体将受到社会舆论的强烈谴责和制裁（Sanctions）（Dong 等，2018）。因此，在社会信任水平较高的地区，强大的社会规范压力会迫使 CEO 的管理行为更合乎道德和负责任（Chen 等，2019；Chen 和 Wan，2020），从而减少了 CEO 借助企业社会失责行为来响应行业锦标赛激励的倾向。与之相呼应，前期研究发现，地区社会信任水平越高，CEO 越不可能在损害委托人（股东）利益的情况下实施机会主义行为（Chen 等，2019；Dong 等，2018；Guan 等，2020；Qiu 等，2020）。

其次，相较于社会信任水平较低的地区，社会信任水平较高的地区更加强调诚信经营（Chen 和 Wan，2020），其社会公众对企业不当行为或不道德行为的看法也会更加负面（Dong 等，2018）。因此，相较于社会信任水平较低的地区，在社会信任水平较高的地区，企业社会失责行为更可能严重损害企业和 CEO 的市场声誉，并引致消费者对企业产品的抵制以及媒体的大量负面报道。这意味着，CEO 推动企业实施社会失责行为很可能会恶化而不是改善企业短期绩效。同时，行业中其他企业的董事会更可能因此对 CEO 形成特别负面的评价。在此状况下，CEO 赢得行业锦标赛的概率反而进一步降低。因此，相较于社会信任水平较低的地区，在社会信任水平较高的地区，CEO 缺乏借助企业社会失责行为来响应行业锦标赛激励的动机。

据此，子研究一提出以下假设。

假设 3-4c：地区社会信任削弱了行业锦标赛激励对企业社会失责行为的促进作用。

综合前文假设，笔者绘制了图 3-1 来展示子研究一的理论框架。

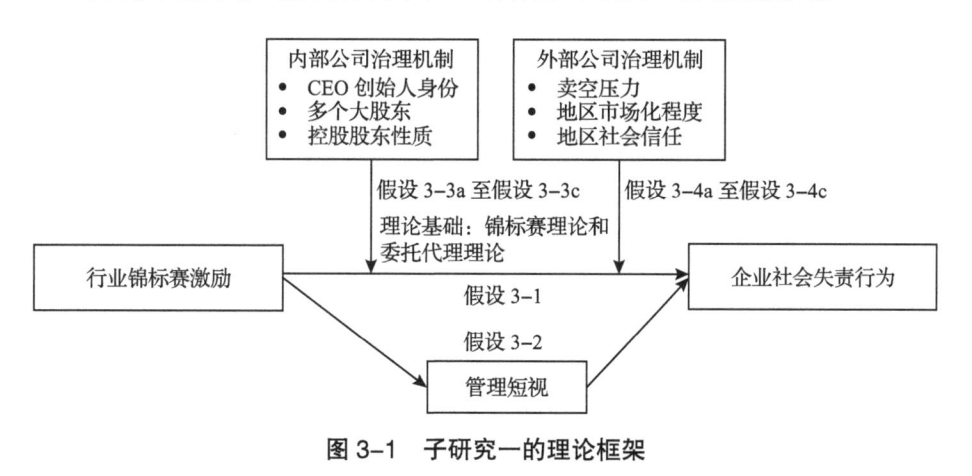

图 3-1　子研究一的理论框架

3.3　研究设计

3.3.1　样本选取

子研究一以 2003—2019 年中国 A 股上市企业作为研究对象。为了缓解互为因果的内生性问题，子研究一将所有解释变量滞后于被解释变量一期，因此，样本的基期是 2003—2018 年。遵循前期研究的做法，子研究一对初始样本进行如下筛选：第一，由于金融行业财务报表的特殊性，子研究一剔除了金融类行业的上市企业；第二，子研究一剔除了数据存在缺失的企业样本。最终，子研究一在样本期间内获取了 3013 个上市企业的 26638 个观测样本。子研究一样本在各个行业的详细分布情况如表 3-1 所示。

表 3-1 样本在各个行业的分布情况

行业代号	行业名称	观测数量	样本占比 /%
A	农、林、牧、渔业	485	1.82
B	采矿业	655	2.46
C	制造业	17026	63.92
D	电力、热力、燃气及水生产和供应业	921	3.46
E	建筑业	668	2.51
F	批发和零售业	1543	5.79
G	交通运输、仓储和邮政业	900	3.38
H	住宿和餐饮业	127	0.48
I	信息传输、软件和信息技术服务业	1414	5.31
K	房地产业	1349	5.06
L	租赁和商务服务业	300	1.13
M	科学研究和技术服务业	141	0.53
N	水利、环境和公共设施管理业	242	0.91
O	居民服务、修理和其他服务业	48	0.18
P	教育	9	0.03
Q	卫生和社会工作	38	0.14
R	文化、体育和娱乐业	244	0.92
S	综合	528	1.98
—	合计	26638	100.00

子研究一的数据来源如下。第一，衡量企业社会失责行为的诉讼数据来自中国证券市场与会计研究数据库（CSMAR）的子库——诉讼仲裁研究数据库（Litigation and Arbitration Research Database）。第二，公司高管的薪酬数据来自CSMAR的子库——人物特征研究数据库（Figure Characteristic Series）。第三，衡量管理短视的企业研发费用数据来自上市公司年度报告。第四，衡量地区市场化程度的原始数据来自樊纲等（2011，2018）建立的市场化指数。第五，构建社会信任水平的原始数据来自中国综合社会调查（Chinese General Social Survey，CGSS）。第六，其他企业基本特征、财务数据以及管理者信息也均来自CSMAR。为了保证数据的准确性，子研究一通过查阅年度报告和公司网站对关键数据进行了核对。最后，子研究一检查了原始数据的数值分布情况。为了避免极端值的影响，子研究一对主要连续变量进行了1%和99%分位点的缩尾处理。

3.3.2　指标选择与变量定义

被解释变量。被解释变量是企业社会失责行为（CSI）。以往的研究开发了多种衡量企业社会失责行为的方式（Aouadi和Marsat，2016；Cho和Lee，2019；Jain和Zaman，2020），例如：①基于法律诉讼的发生情况来衡量；②基于企业自我报告的CSR关注（CSR Concerns）或薄弱环节来衡量；③基于报纸、非政府组织报告的相关内容来衡量。由于CSR关注或薄弱环节由企业自愿报告，因此不受严格的审计（Leung等，2015），存在较严重的披露偏误。此外，并不是所有不负责任的行为都得到了必要的媒体报道，所以带来了报道不足的问题。因此，参考Jain和Zaman（2020）的做法，子研究一采用基于法律诉讼事件的方式来反映企业对社会不负责任的行为[1]。同时，为了提高编码方式的可靠性，参考Jain和Zaman（2020）的研究，子研究一采用争议的总货币价值[2]

---

[1] 在稳健性检验中，本研究测试了基于企业社会责任关注度的衡量方法，得到了一致的结果。
[2] 指对多个利益相关者不负责任行为的实际和估计惩罚，包括输掉的法庭案件与和解和/或尚未解决的案件的罚款。

（*CSI Value*）和企业所涉及的不负责任事件的总数（*CSI Number*）两个维度分别刻画企业对社会不负责任的行为。具体地，*CSI Value* 采用经"年度－行业"均值调整后的企业涉案总金额加 1 后的自然对数衡量，*CSI Number* 采用经"年度－行业"均值调整后的企业涉案总件数加 1 后的自然对数衡量。需要特别指出的是，诉讼争议不等于企业已经违法，这取决于最终的法院判定。换言之，诉讼争议最终既可能被法院认定为企业违法，也可能被法院认定为企业不违法。

解释变量。解释变量是行业锦标赛激励（*INDGAP*）。参考 Coles 等（2018）的做法，子研究一将行业锦标赛激励定义为：企业 CEO 与同行业中薪酬第二高的 CEO 之间的薪酬差距（单位：百万元）。子研究一采用同行业中薪酬第二高而非最高的 CEO 的薪酬，可以避免极端薪酬的影响，这有助于消除潜在异常值的影响（Chowdhury 等，2020；Kubick 和 Lockhart，2016）。因为一个行业内某一年的极端薪酬可能是由一个不寻常的、过渡性的事件造成的（Huang 等，2018）。特别地，对于同行业中薪酬最高和第二高的 CEO，行业锦标赛激励均取值为 0。

中介变量。中介变量是管理短视（*MYOPIA*）。子研究一采用研发投资数据来刻画管理短视，因为研发投资反映了企业对未来发展的关注与投入（Chen 等，2015；Schuster 等，2018）。具体地，子研究一采用企业研发强度低于行业研发强度均值的程度来衡量管理短视。其中，研发强度采用研发费用与销售收入的比值衡量。因此，当企业研发强度高于行业研发强度均值时，*MYOPIA* 设置为 0；当企业研发强度低于行业研发强度均值时，*MYOPIA* 设置为行业研发强度均值减去企业研发强度。

调节变量。调节变量包括三个内部公司治理变量和三个外部公司治理变量。其中，内部公司治理变量包括创始人 CEO（*FOUNDER*）、多个大股东（*NMS*）、国有企业性质（*SOE*）；外部公司治理变量包括卖空压力（*SSP*）、市场化程度（*MD*）、地区社会信任（*TRUST*）。各个变量的测量具体如下。

创始人 CEO（*FOUNDER*）。若企业的创始人同时担任企业的 CEO，则

FOUNDER 取值为1，否则为0。

多个大股东（*NMS*）。以往的研究通常将多个大股东作为虚拟变量处理。例如，当企业有两个或两个以上的大股东时，该值为1，否则为0（Jiang 等，2020；Jiang 等，2018）。但是，这种方法不能准确地抓住大股东数量增加带来的影响。因此，对于多个大股东，子研究一采用持股比例不低于10%的股东的数量加1后的自然对数衡量。

国有企业性质（*SOE*）。若企业是国有控股的企业，则 *SOE* 取值为1，否则为0。

卖空压力（*SSP*）。如果企业所对应的股票在样本期间被纳入融资融券标的证券名单，则 *SSP* 取值为1，否则为0（孟庆斌等，2019）。

市场化程度（*MD*）。市场化程度采用樊纲等（2011，2018）建立的市场化总指数衡量。

地区社会信任（*TRUST*）。地区社会信任数据来自中国综合社会调查（刘笑霞和李明辉，2019）。子研究一采用如下题项进行统计："总的来说，您同不同意在这个社会上，绝大多数人都是可以信任的？"在调查中，对上述题项采用了五点评分法，子研究一将原始的调查数据逐年在省份层面上取平均值，然后取企业总部所在地区的社会信任数值来衡量 *TRUST*。该题项出现在2010年、2011年、2012年、2013年、2015年的调研之中。参考前期研究的做法（Dong 等，2018），对于缺失的数据，子研究一利用最近年份的数据替代。例如，2003—2009年的数据用2010年的数据替代；2014年的数据取2013年和2015年数据的平均值；2015年之后的数据采用2015年的数据。由于信任是一种相对稳定的文化特征，因此，子研究一对缺失数据的处理方法是较为合理和可靠的。

控制变量。为了更准确地捕捉行业锦标赛激励对企业社会失责行为的影响，参考前期研究成果，子研究一控制了一系列可能影响企业社会失责行为的变量（Jain 和 Zaman，2020；Oh 等，2018；Tang 等，2015；Yuan 等，2017）。第一，子研究一控制了企业的基本特征，包括企业规模（*Firm Size*）和企业年龄（*Firm Age*），分别采用企业资产总额的自然对数和企业成立至统计日期的年限长度衡量。第二，子研究一控制了企业资源及其获取资源的能力，包括冗余资源（*Slack*）和政治关联（*Political Ties*）。其中，冗余资源采用流动比率（*Current Ratio*）、营运资本比率（*Working Capital Ratio*）和资产负债比率（*Equity Debt Ratio*）三个指标标准化后的和衡量（Chen，2008）。此外，若CEO或者董事长现在或曾经在政府部门、人大以及政协等党政机关任职，则政治关联取值为1，否则为0。第三，子研究一控制了高管与董事会的特征，包括CEO性别（*CEO Gender*）、CEO两职兼任（*CEO Duality*）、董事会规模（*Board Size*）和董事会独立性（*Board Independent*）。若CEO是男性，则CEO性别取值为1，否则为0。如果CEO同时担任董事长，则CEO两职兼任的取值为1，否则为0。董事会规模采用董事会人数的自然对数表示。董事会独立性采用独立董事占董事会总人数的比值表示。第四，子研究一控制了行业竞争强度（*Competition*），其采用行业集中度来衡量，即行业内各企业销售收入的Herfindahl-Hirschman指数（Xu等，2019）。子研究一对该指数进行了反向编码，使得分越高表示行业的竞争水平越高。

3.3.3　实证方法

针对面板数据的特性，子研究一采用高维固定效应模型进行理论假设的检验（Correia等，2020）。原因在于：回归模型涉及多个固定效应，传统的固定效应模型不仅不能估计时不变变量的回归系数，而且估计效率很低。与之相对，使用高维固定效应模型进行假设检验（Correia等，2020），既可以实现对时不变变量回归系数的估计，又可以提高估计的效率和精度。此外，为了缓解潜在的内生性问题，子研究一采取了以下几项措施。第一，将所有解释变量滞后于被解释变量一期，以缓解解释变量与被解释变量互为因果的内生性问题（Tang等，2015）。第二，控制了企业、管理者、董事会、行业等层面的一系列控制变量（Davidson等，2019；Jain和Zaman，2020；Tang等，2015；Yuan等，2017）。第三，在模型中进一步引入公司（*firm*）、年份（*year*）和行业（industry）固定效应，以控制组内随时间的变化，并借此缓解遗漏变量引致的内生性问题（Tang 等，2015）。

3.4 实证检验与结果

3.4.1 描述性统计与相关系数

表 3-2a 和表 3-2b 分别列示了描述性统计与相关系数。由表 3-2b 可知，行业锦标赛激励与企业社会失责行为之间的系数为正但不显著（r=0.01，p＞0.1；r=0.01，p＞0.1）；行业锦标赛激励与管理短视之间的系数显著为正（r=0.20，p＜0.01）；管理短视与企业社会失责行为之间的系数显著为正（r=0.06，p＜0.01；r=0.06，p＜0.01）。这些结果初步支持了基准假设。此外，由表 3-2b 可知，解释变量之间的相关性均低于 0.5，表明不存在严重的多重共线性问题。进一步地，方差膨胀因子检验的结果表明，解释变量的 VIF 值在 1.02 至 1.78 之间，远低于多重共线性的阈值 10。因此，变量设定较为合理，多重共线性问题不会对研究结论产生不利影响。

表 3-2a 描述性统计

变量	N	Mean	SD	Min	P25	P50	P75	Max
CSI Value	26638	0.10	6.11	−7.73	−3.26	−1.55	−0.62	17.15
CSI Number	26638	0.01	0.57	−0.74	−0.27	−0.12	−0.03	2.48
INDGAP	26638	2.05	1.83	0.00	0.64	1.47	3.00	9.39
MYOPIA	26638	0.82	1.32	0.00	0.00	0.19	1.14	6.92
FOUNDER	26638	0.17	0.37	0.00	0.00	0.00	0.00	1.00
NMS	26638	0.86	0.27	0.00	0.69	0.69	1.10	1.95
SOE	26638	0.44	0.50	0.00	0.00	0.00	1.00	1.00
SSP	26638	0.18	0.38	0.00	0.00	0.00	0.00	1.00
MD	26638	7.77	1.86	−0.23	6.50	7.88	9.30	11.71

续表

变量	N	Mean	SD	Min	P25	P50	P75	Max
TRUST	26638	3.42	0.16	2.73	3.31	3.42	3.49	4.04
Firm Size	26638	21.85	1.29	18.95	20.94	21.71	22.59	25.70
Firm Age	26638	15.16	5.54	1.21	11.13	15.01	18.94	30.02
Slack	26638	0.09	2.72	−5.01	−1.45	−0.71	0.66	11.76
Political Ties	26638	0.35	0.48	0.00	0.00	0.00	1.00	1.00
CEO Gender	26638	0.94	0.24	0.00	1.00	1.00	1.00	1.00
CEO Duality	26638	0.23	0.42	0.00	0.00	0.00	0.00	1.00
Board Size	26638	8.83	1.79	5.00	8.00	9.00	9.00	15.00
Board Independent	26638	0.37	0.05	0.08	0.33	0.33	0.40	0.57
Competition	26638	0.89	0.13	0.09	0.86	0.93	0.96	0.98

3.4.2 回归分析与结果

表3-3和表3-4列示了行业锦标赛激励对企业社会失责行为影响的检验结果。其中，表3-3使用企业社会失责金额（*CSI Value*）衡量企业社会失责行为；表3-4使用企业社会失责数量（*CSI Number*）衡量企业社会失责行为。假设3-1提出，行业锦标赛激励与企业社会失责行为存在显著的正相关关系。表3-3和表3-4的模型（1）分别汇报了行业锦标赛激励（*INDGAP*）对企业社会失责金额（*CSI Value*）和企业社会失责数量（*CSI Number*）的影响。由表3-3的模型（1）可知，行业锦标赛激励（*INDGAP*）与企业社会失责金额（*CSI Value*）之间是显著的正相关关系（beta=0.078，$p<0.10$）。由表3-4的模型（1）可知，行业锦标赛激励（*INDGAP*）与企业社会失责数量（*CSI Number*）之间也是显著的正相关关系（beta=0.010，$p<0.01$）。上述检验结果表明，随着行业锦标赛激励的加大，企业越可能实施对社会不负责任的行为。因此，假设3-1得到了支持。

假设3-3a提出，相较于非创始人CEO领导的企业，在创始人CEO领导

表 3-2b 相关系数

	变量	1	2	3	4	5	6	7	8	9	10	11	12	13	14	15	16	17	18	19
1	CSI Value	1.00																		
2	CSI Number	0.83	1.00																	
3	INDGAP	0.01	0.01	1.00																
4	MYOPIA	0.06	0.06	0.20	1.00															
5	FOUNDER	-0.04	-0.05	0.13	0.00	1.00														
6	NMS	0.00	-0.01	-0.01	-0.03	0.12	1.00													
7	SOE	0.00	0.00	-0.21	-0.05	-0.39	-0.11	1.00												
8	SSP	-0.01	-0.01	0.09	0.07	-0.10	-0.06	0.11	1.00											
9	MD	-0.01	-0.02	0.13	0.00	0.16	0.06	-0.17	0.05	1.00										
10	TRUST	-0.04	-0.04	-0.05	-0.04	-0.09	-0.03	0.08	-0.07	-0.19	1.00									
11	Firm Size	0.00	0.00	0.00	-0.02	-0.18	-0.02	0.29	0.48	0.03	-0.02	1.00								
12	Firm Age	0.06	0.07	0.22	0.13	-0.17	-0.11	0.07	0.22	0.05	-0.06	0.17	1.00							
13	Slack	-0.06	-0.07	0.16	-0.03	0.26	0.13	-0.27	-0.06	0.08	-0.07	-0.26	-0.11	1.00						
14	Political Ties	-0.01	-0.01	0.03	-0.03	0.05	0.03	-0.08	0.05	-0.03	-0.05	0.08	0.01	0.03	1.00					
15	CEO Gender	0.00	0.00	-0.01	0.02	-0.03	-0.01	0.08	0.01	-0.01	0.02	0.04	-0.02	-0.03	-0.03	1.00				
16	CEO Duality	-0.01	-0.01	0.10	0.02	0.55	0.03	-0.28	-0.05	0.10	-0.06	-0.14	-0.06	0.15	-0.01	0.02	1.00			
17	Board Size	0.00	0.00	-0.19	-0.07	-0.16	0.02	0.28	0.08	-0.08	0.06	0.25	-0.04	-0.15	0.01	0.07	-0.17	1.00		
18	Board Independent	0.00	0.00	0.09	0.05	0.11	0.01	-0.09	0.06	0.03	-0.06	0.03	0.02	0.05	0.02	-0.04	0.11	-0.42	1.00	
19	Competition	0.00	0.00	0.35	0.10	0.05	0.02	-0.07	0.01	0.07	0.01	-0.03	0.07	0.03	-0.03	0.00	0.05	-0.05	0.01	1.00

注：N=26638；相关系数的绝对值不小于 0.02 时，它在 0.01 的水平上显著。

的企业中，行业锦标赛激励对企业社会失责行为的促进作用将减弱。表 3-3 和表 3-4 的模型（2）检验了上述假设。由表 3-3 的模型（2）可知，CEO 创始人身份与行业锦标赛激励的交互项（*FOUNDER×INDGAP*）与企业社会失责金额（*CSI Value*）之间是显著的负相关关系（beta=−0.157，$p<0.05$）。由表 3-4 的模型（2）可知，CEO 创始人身份与行业锦标赛激励的交互项（*FOUNDER×INDGAP*）与企业社会失责数量（*CSI Number*）之间也是显著的负相关关系（beta=−0.018，$p<0.01$）。上述检验结果说明，CEO 创始人身份削弱了行业锦标赛激励对企业社会失责行为的正向影响。因此，假设 3-3a 得到了支持。根据回归结果，子研究一绘制了如图 3-2（a）和图 3-2（b）所示的 CEO 创始人身份调节示意图。

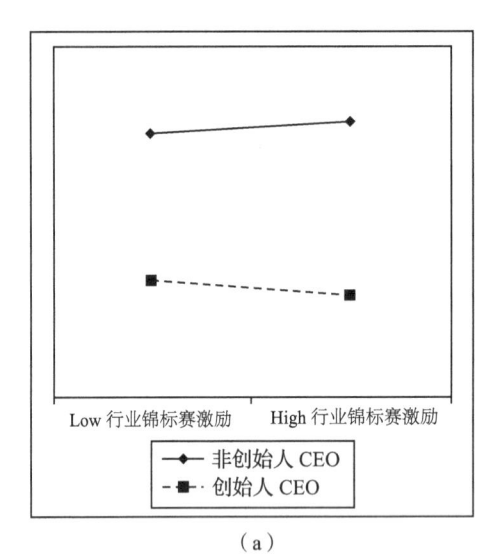

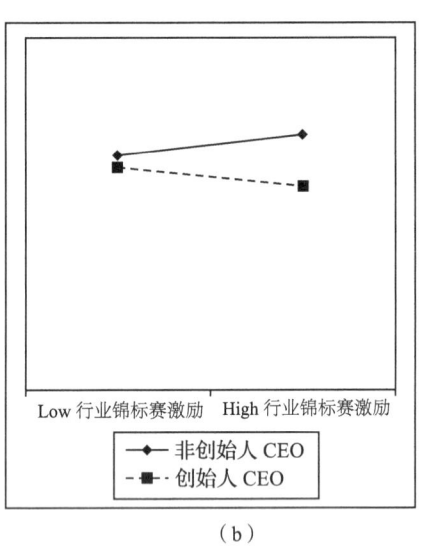

图 3-2　CEO 创始人身份的调节示意图

假设 3-3b 提出，多个大股东削弱了行业锦标赛激励对企业社会失责行为的促进作用。表 3-3 和表 3-4 的模型（3）检验了上述假设。由表 3-3 的模型（3）可知，多个大股东与行业锦标赛激励的交互项（*NMS×INDGAP*）与企业社会失责金额（*CSI Value*）之间是负相关关系，但没有达到统计上的最低显著性水平（beta=−0.102，$p>0.10$）。由表 3-4 的模型（3）可知，多个大股东与行业锦标赛激励的交互项（*NMS×INDGAP*）与企业社会失责数量（*CSI Number*）之间是显著的负相关关系（beta=-0.017，$p<0.05$）。上述检验结果表明，多个大股东削弱了行业锦标赛激励对企业社会失责数量（*CSI Number*）的正向影响，因此，假设3-3b仅得到部分支持。根据回归结果，子研究一绘制了如图3-3所示的多个大股东调节示意图。

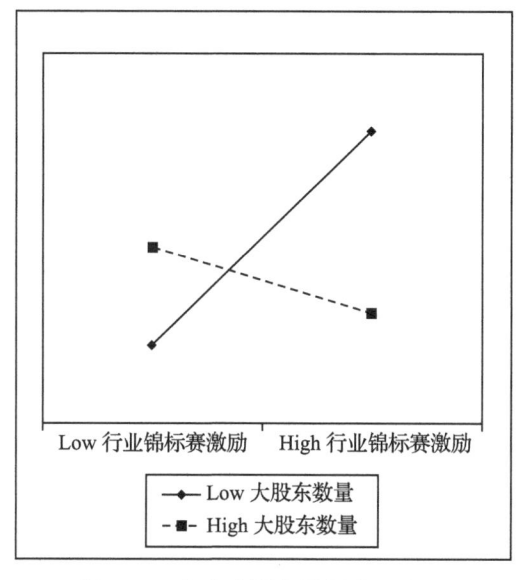

图 3-3　多个大股东的调节示意图

假设3-3c提出，相较于非国有企业，在国有企业中，行业锦标赛激励对企业社会失责行为的促进作用更强。表3-3和表3-4的模型（4）检验了上述假设。由表3-3的模型（4）可知，国有企业性质与行业锦标赛激励的交互项（*SOE×INDGAP*）与企业社会失责金额（*CSI Value*）之间为负相关关系，但没有达到统计上的最低显著性水平（beta=-0.036，$p>0.10$）。由表3-4的模型（4）可知，国有企业性质与行业锦标赛激励的交互项（*SOE×INDGAP*）与企业社会失责数量（*CSI Number*）之间也是负相关关系，但仍不显著（beta=-0.007，$p>0.10$）。上述检验结果表明，国有企业性质无法调节行业锦标赛激励对企业社会失责行为的正向影响，因此，假设3-3c没有得到支持。

假设 3-4a 提出，卖空压力削弱了行业锦标赛激励对企业社会失责行为的促进作用。表 3-3 和表 3-4 的模型（5）检验了上述假设。由表 3-3 的模型（5）可知，卖空压力与行业锦标赛激励的交互项（$SSP \times INDGAP$）与企业社会失责金额（$CSI\ Value$）之间是显著的负相关关系（beta=-0.137，p<0.05）。由表 3-4 的模型（5）可知，卖空压力与行业锦标赛激励的交互项（$SSP \times INDGAP$）与企业社会失责数量（$CSI\ Number$）之间也是显著的负相关关系（beta=-0.010，p<0.05）。上述检验结果表明，卖空压力削弱了行业锦标赛激励对企业社会失责行为的正向影响，因此，假设 3-4a 得到支持。根据回归结果，子研究一绘制了如图 3-4（a）和图 3-4（b）所示的卖空压力调节示意图。

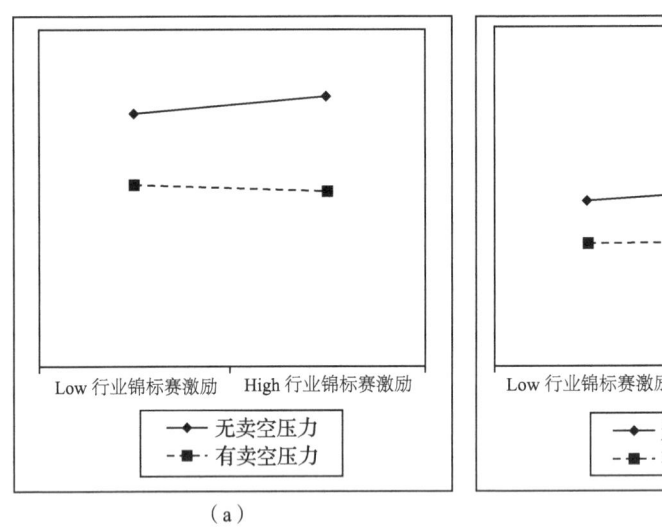

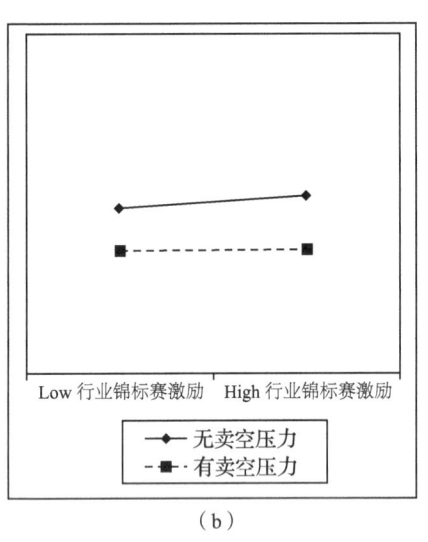

图 3-4　卖空压力的调节示意图

假设 3-4b 提出，地区市场化程度削弱了行业锦标赛激励对企业社会失责行为的促进作用。表 3-3 和表 3-4 的模型（6）检验了上述假设。由表 3-3 的模型（6）可知，地区市场化程度与行业锦标赛激励的交互项（$MD \times INDGAP$）与企业社会失责金额（$CSI\ Value$）之间是显著的负相关关系（beta=-0.076，p<0.01）。由表 3-4 的模型（6）可知，地区市场化程度与行业锦标赛激励的

交互项（*MD×INDGAP*）与企业社会失责数量（*CSI Number*）之间也是显著的负相关关系（beta=-0.007，p<0.01）。上述检验结果表明，地区市场化程度削弱了行业锦标赛激励对企业社会失责行为的正向影响，因此，假设3-4b得到支持。根据回归结果，子研究一绘制了如图3-5（a）和图3-5（b）所示的地区市场化程度调节示意图。

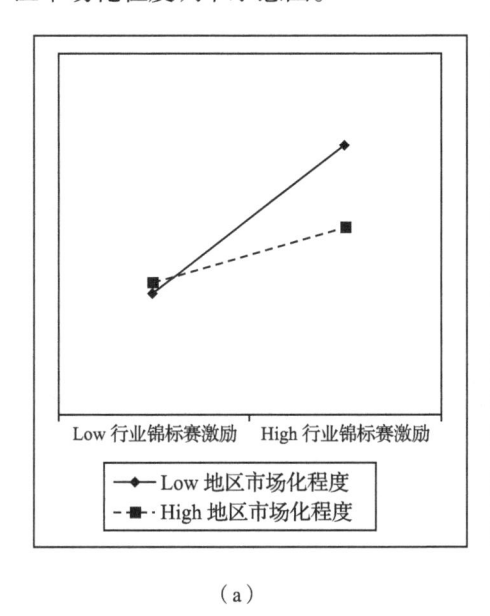

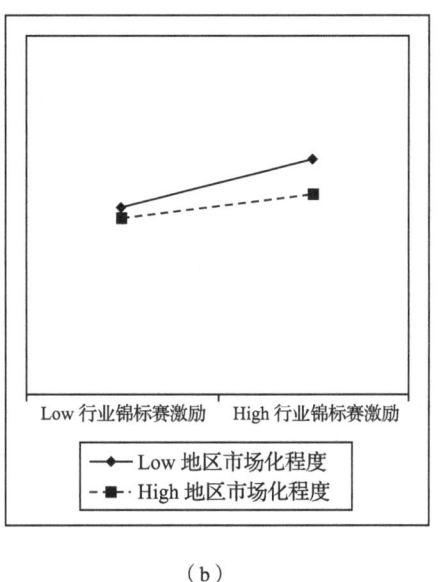

(a)   (b)

图3-5 地区市场化程度的调节示意图

假设3-4c提出，地区社会信任削弱了行业锦标赛激励对企业社会失责行为的促进作用。表3-3和表3-4的模型（7）检验了上述假设。由表3-3的模型（7）可知，地区社会信任与行业锦标赛激励的交互项（*TRUST×INDGAP*）与企业社会失责金额（*CSI Value*）之间是正相关关系，但没有达到统计上的最低显著水平（beta=0.032，p>0.10）。由表3-4的模型（7）可知，地区社会信任与行业锦标赛激励的交互项（*TRUST×INDGAP*）与企业社会失责数量（*CSI Number*）之间是负相关关系，但仍不显著（beta=-0.009，p>0.10）。上述检验结果表明，地区社会信任无法调节行业锦标赛激励对企业社会失责行为的正向影响，因此，假设3-4c没有得到支持。

表 3-3　行业锦标赛激励对企业社会失责金额（*CSI Value*）的检验结果

	模型（1）	模型（2）	模型（3）	模型（4）	模型（5）	模型（6）	模型（7）	模型（8）
INDGAP	0.078*	0.071*	0.075*	0.076*	0.102**	0.123***	0.079**	0.129***
	（1.93）	（1.76）	（1.85）	（1.89）	（2.42）	（2.99）	（1.96）	（3.00）
FOUNDER		−0.832***						−0.811***
		（−3.76）						（−3.65）
FOUNDER × *INDGAP*		−0.157**						−0.148*
		（−2.14）						（−1.95）
NMS			0.104					0.115
			（0.52）					（0.57）
NMS × *INDGAP*			−0.102					−0.113
			（−1.14）					（−1.27）
SOE				0.075				0.147
				（0.35）				（0.68）
SOE × *INDGAP*				−0.036				−0.047
				（−0.67）				（−0.85）
SSP					−0.424***			−0.418***
					（−3.31）			（−3.26）
SSP × *INDGAP*					−0.137**			−0.120**
					（−2.56）			（−2.22）
MD						0.009		0.019
						（0.12）		（0.25）
MD × *INDGAP*						−0.076***		−0.073***
						（−5.33）		（−4.96）
TRUST							−0.314	−0.065
							（−0.87）	（−0.18）
TRUST × *INDGAP*							0.032	−0.066
							（0.20）	（−0.43）

续表

	模型(1)	模型(2)	模型(3)	模型(4)	模型(5)	模型(6)	模型(7)	模型(8)
Firm Size	0.004	0.005	0.006	0.001	0.043	0.014	0.004	0.047
	(0.06)	(0.08)	(0.08)	(0.01)	(0.63)	(0.20)	(0.06)	(0.68)
Firm Age	−0.042	−0.041	−0.040	−0.047	−0.030	−0.109	−0.047	−0.095
	(−0.23)	(−0.22)	(−0.21)	(−0.25)	(−0.16)	(−0.59)	(−0.25)	(−0.51)
Slack	−0.050**	−0.050**	−0.051**	−0.049**	−0.048**	−0.056***	−0.051**	−0.053***
	(−2.48)	(−2.46)	(−2.53)	(−2.43)	(−2.40)	(−2.75)	(−2.51)	(−2.60)
Political Ties	0.047	0.064	0.047	0.047	0.054	0.045	0.048	0.066
	(0.44)	(0.59)	(0.44)	(0.44)	(0.50)	(0.42)	(0.45)	(0.61)
CEO Gender	0.274	0.265	0.275	0.271	0.265	0.262	0.276	0.239
	(1.33)	(1.28)	(1.33)	(1.31)	(1.28)	(1.27)	(1.34)	(1.16)
CEO Duality	0.057	0.294**	0.062	0.058	0.060	0.053	0.057	0.293**
	(0.49)	(2.22)	(0.53)	(0.49)	(0.50)	(0.45)	(0.48)	(2.22)
Board Size	0.022	0.028	0.021	0.022	0.024	0.024	0.022	0.029
	(0.58)	(0.74)	(0.55)	(0.57)	(0.62)	(0.63)	(0.58)	(0.76)
Board Independent	−0.993	−0.975	−1.003	−0.982	−0.936	−1.082	−0.993	−1.004
	(−0.99)	(−0.97)	(−1.00)	(−0.98)	(−0.93)	(−1.08)	(−0.99)	(−1.00)
Competition	−0.036	−0.051	−0.026	−0.043	−0.087	−0.128	−0.040	−0.182
	(−0.05)	(−0.07)	(−0.04)	(−0.06)	(−0.13)	(−0.19)	(−0.06)	(−0.26)
Constant	0.397	0.429	0.252	0.531	−0.575	1.200	1.550	0.364
	(0.12)	(0.13)	(0.08)	(0.16)	(−0.17)	(0.35)	(0.44)	(0.10)
R^2	0.408	0.408	0.408	0.408	0.408	0.408	0.408	0.409
F	1.447***	2.913***	1.340***	1.256***	2.958***	3.580***	1.282***	3.824***
N	26638	26638	26638	26638	26638	26638	26638	26638

注：*$p<0.10$，**$p<0.05$，***$p<0.01$；括号内为标准误差；双尾检验；公司、年份和行业效应得到了控制。

表 3-4　行业锦标赛激励对企业社会失责数量（*CSI Number*）的检验结果

	模型（1）	模型（2）	模型（3）	模型（4）	模型（5）	模型（6）	模型（7）	模型（8）
INDGAP	0.010***	0.009**	0.009**	0.009**	0.011***	0.014***	0.010***	0.013***
	(2.64)	(2.44)	(2.45)	(2.55)	(2.96)	(3.75)	(2.66)	(3.37)
FOUNDER		−0.078***						−0.074***
		(−3.86)						(−3.66)
FOUNDER×INDGAP		−0.018***						−0.018***
		(−2.71)						(−2.63)
NMS			−0.005					−0.004
			(−0.26)					(−0.22)
NMS×INDGAP			−0.017**					−0.018**
			(−2.14)					(−2.23)
SOE				−0.026				−0.020
				(−1.33)				(−1.02)
SOE×INDGAP				−0.007				−0.009*
				(−1.50)				(−1.85)
SSP					−0.036***			−0.035***
					(−3.10)			(−2.98)
SSP×INDGAP					−0.010**			−0.008*
					(−1.99)			(−1.69)
MD						−0.003		−0.002
						(−0.38)		(−0.26)
MD×INDGAP						−0.007***		−0.007***
						(−5.62)		(−5.14)
TRUST							−0.069**	−0.045
							(−2.08)	(−1.34)
TRUST×INDGAP							−0.009	−0.019
							(−0.66)	(−1.31)
Firm Size	−0.015**	−0.014**	−0.014**	−0.015**	−0.011*	−0.014**	−0.014**	−0.010
	(−2.33)	(−2.30)	(−2.19)	(−2.35)	(−1.81)	(−2.18)	(−2.32)	(−1.58)

续表

	模型(1)	模型(2)	模型(3)	模型(4)	模型(5)	模型(6)	模型(7)	模型(8)
Firm Age	−0.007	−0.007	−0.007	−0.008	−0.006	−0.014	−0.007	−0.013
	(−0.41)	(−0.40)	(−0.42)	(−0.48)	(−0.36)	(−0.80)	(−0.42)	(−0.77)
Slack	−0.006***	−0.006***	−0.006***	−0.006***	−0.006***	−0.006***	−0.006***	−0.006***
	(−3.12)	(−3.14)	(−3.10)	(−3.09)	(−3.05)	(−3.41)	(−3.17)	(−3.28)
Political Ties	0.000	0.002	0.000	0.001	0.001	0.000	0.001	0.002
	(0.05)	(0.20)	(0.04)	(0.05)	(0.10)	(0.01)	(0.06)	(0.21)
CEO Gender	0.028	0.027	0.028	0.028	0.027	0.027	0.029	0.025
	(1.50)	(1.44)	(1.48)	(1.51)	(1.46)	(1.44)	(1.52)	(1.34)
CEO Duality	−0.002	0.020*	−0.002	−0.003	−0.002	−0.003	−0.002	0.019
	(−0.23)	(1.66)	(−0.16)	(−0.31)	(−0.21)	(−0.25)	(−0.21)	(1.58)
Board Size	−0.002	−0.001	−0.002	−0.002	−0.002	−0.002	−0.002	−0.001
	(−0.54)	(−0.39)	(−0.54)	(−0.50)	(−0.51)	(−0.50)	(−0.54)	(−0.28)
Board Independent	−0.064	−0.063	−0.065	−0.065	−0.059	−0.072	−0.066	−0.069
	(−0.70)	(−0.69)	(−0.71)	(−0.71)	(−0.64)	(−0.78)	(−0.72)	(−0.76)
Competition	0.033	0.033	0.034	0.032	0.030	0.025	0.032	0.021
	(0.53)	(0.52)	(0.54)	(0.50)	(0.47)	(0.39)	(0.51)	(0.33)
Constant	0.396	0.395	0.386	0.429	0.317	0.502	0.632*	0.585*
	(1.31)	(1.30)	(1.27)	(1.41)	(1.04)	(1.63)	(1.95)	(1.77)
R^2	0.424	0.425	0.424	0.424	0.424	0.425	0.424	0.426
F	2.491***	4.114***	2.461***	2.396***	3.423***	4.719***	2.441***	4.803***
N	26638	26638	26638	26638	26638	26638	26638	26638

注：*p<0.10，**p<0.05，***p<0.01；括号内为标准误差；双尾检验；公司、年份和行业效应得到了控制。

假设3-2提出，管理短视在行业锦标赛激励与企业社会失责行为之间发挥了中介作用。表3-5列示了管理短视是否在行业锦标赛激励与企业社会失责行为之间发挥中介作用的检验结果。由表3-5的模型（1）可知，行业锦标赛激励（*INDGAP*）与管理短视（*MYOPIA*）之间是显著的正相关关系（beta=0.035，p<0.01）。对比表3-5的模型（2）和模型（3）可知，在控制了管理

短视（MYOPIA）之后，行业锦标赛激励（INDGAP）对企业社会失责金额（CSI Value）的影响系数变小了（由 0.078 减少至 0.073）。对比表 3-5 的模型（4）和模型（5）可知，在控制了管理短视（MYOPIA）之后，行业锦标赛激励（INDGAP）对企业社会失责数量（CSI Number）的影响系数也变小了（由 0.010 减少至 0.009）。综合上述检验结果可知，管理短视在行业锦标赛激励与企业社会失责行为之间发挥了部分中介作用，因此，假设 3-2 得到了支持。

表 3-5 管理短视中介作用的检验结果

Dependent variable	模型（1）*MYOPIA*	模型（2）*CSI Value*	模型（3）*CSI Value*	模型（4）*CSI Number*	模型（5）*CSI Number*
INDGAP	0.035***	0.078*	0.073*	0.010***	0.009**
	(5.33)	(1.93)	(1.81)	(2.64)	(2.50)
MYOPIA			0.136***		0.015***
			(3.44)		(4.03)
Firm Size	−0.017	0.004	0.007	−0.015**	−0.014**
	(−1.48)	(0.06)	(0.10)	(−2.33)	(−2.29)
Firm Age	−0.076**	−0.042	−0.032	−0.007	−0.006
	(−2.47)	(−0.23)	(−0.17)	(−0.41)	(−0.35)
Slack	−0.005	−0.050**	−0.050**	−0.006***	−0.006***
	(−1.40)	(−2.48)	(−2.45)	(−3.12)	(−3.09)
Political Ties	−0.040**	0.047	0.053	0.000	0.001
	(−2.28)	(0.44)	(0.49)	(0.05)	(0.11)
CEO Gender	0.059*	0.274	0.266	0.028	0.027
	(1.73)	(1.33)	(1.29)	(1.50)	(1.45)
CEO Duality	−0.012	0.057	0.059	−0.002	−0.002
	(−0.61)	(0.49)	(0.50)	(−0.23)	(−0.21)
Board Size	−0.014**	0.022	0.024	−0.002	−0.002
	(−2.20)	(0.58)	(0.63)	(−0.54)	(−0.48)
Board Independent	0.275*	−0.993	−1.030	−0.064	−0.068
	(1.66)	(−0.99)	(−1.02)	(−0.70)	(−0.74)

续表

Dependent variable	模型（1） *MYOPIA*	模型（2） *CSI Value*	模型（3） *CSI Value*	模型（4） *CSI Number*	模型（5） *CSI Number*
Competition	−0.300***	−0.036	0.004	0.033	0.037
	(−2.65)	(−0.05)	(0.01)	(0.53)	(0.60)
Constant	2.509***	0.397	0.056	0.396	0.360
	(4.58)	(0.12)	(0.02)	(1.31)	(1.19)
R^2	0.658	0.408	0.408	0.424	0.424
F	7.098***	1.447***	2.391***	2.491***	3.739***
N	26638	26638	26638	26638	26638

注：*p<0.10，**p<0.05，***p<0.01；括号内为标准误差；双尾检验；公司、年份和行业效应得到了控制。

3.4.3 内生性问题的解决与鲁棒性检验

3.4.3.1 内生性问题的解决

虽然子研究一已经通过将解释变量进行滞后处理，引入多层次控制变量，以及加入公司、年份、行业虚拟变量等方式，在一定程度上缓解了内生性问题对子研究一结论的不利影响，但子研究一仍然无法排除内生性问题的潜在不利影响。鉴于此，子研究一进一步采用 Heckman 两阶段模型（Heckman Two-Stage Model）、剂量 - 响应函数法（Dose-Response Function，DRF），以及工具变量法（Instrumental Variable Approach）三种方法进行内生性问题的处理。

（1）Heckman 两阶段模型（Heckman Two-Stage Model）。子研究一采用上市公司的法律诉讼情况刻画企业社会失责行为。虽然中国证券监督管理委员会对年报中披露法律诉讼情况有相关的规定，但仍可能存在企业选择性地不披露所有的法律诉讼信息的情况。例如，子研究一观察到一些企业由于信息披露不完善而受到批评或者处罚。因此，采用上市公司的法律诉讼情况刻画企业社会失责行为仍然存在一定的披露缺失问题，可能导致企业社会失责行为的样本选择偏误（Heckman，1979）。

针对上述问题，子研究一采用 Heckman 两阶段模型来控制样本选择偏误。在第一阶段，子研究一将被解释变量设置为企业是否披露法律诉讼信息。具体地，针对不同的因变量，即 *CSI Value* 和 *CSI Number*，子研究一分别生成 *Disclose CSI Value* 和 *Disclose CSI Number* 两个虚拟变量。

参考前期相关研究成果（Certo 等，2016；Wolfolds 和 Siegel，2019），并结合实际情况，子研究一使用以下两个排他性约束变量（Exclusion Restrictions）。第一个排他性约束变量是主板上市（*Main Board Listing*），即企业是否在主板上市。第二个排他性约束变量是行业诉讼信息披露率（*Industry CSI Disclosure*），即同行企业中该年报告公司法律诉讼情况的企业占比。针对不同的因变量，即 *CSI Value* 和 *CSI Number*，子研究一分别生成 *Industry CSI Value Disclosure* 和 *Industry CSI Number Disclosure*。

由于子研究一采用 Heckman 两阶段模型来控制样本选择偏误，因此所选择的排他性约束变量需要满足与第一阶段方程的被解释变量相关，而与第二阶段方程的被解释变量不相关的条件（Certo 等，2016；Wolfolds 和 Siegel，2019）。这个条件背后的逻辑是：与第一阶段方程的被解释变量相关，保证了约束变量能有效影响特定观测值是否进入样本的选择过程，从而使基于这个变量算出的逆米尔斯比率（Inverse Mills Ratio）能够检测和控制选择偏差；而与第二阶段方程的被解释变量不相关，则使得约束变量只能通过逆米尔斯比率对第二阶段的被解释变量产生间接影响，从而保证估计的无偏性。

子研究一所选择的两个排他性约束变量符合上述要求。一方面，主板上市企业受到更为严格的监管，更有可能在年报中披露法律诉讼信息。但是主板上市与否并不直接影响企业社会失责行为。另一方面，同行业内报告法律诉讼信息的行为惯例会影响该行业内企业对法律诉讼信息的主动披露程度，但也与企业社会失责行为不直接相关。

在此基础上，遵照 Wooldridge（2016）的建议，子研究一将主要回归方程中的所有解释变量全部加入 Heckman 两阶段模型中进行控制。表 3-6 和表 3-7 分别列示了基于 Heckman 两阶段模型修正后的检验结果。由表 3-6 和表

3-7 的结果可知，*Main Board Listing* 和 *Industry CSI Disclosure* 均在 1% 的水平上显著，表明排他性约束变量具有有效性。最终，在控制了潜在的样本选择偏误后，研究结论未发生实质性改变。

表 3-6　行业锦标赛激励对企业社会失责金额（*CSI Value*）的检验结果
（Heckman 两阶段模型）

	模型（1）	模型（2）	模型（3）	模型（4）	模型（5）	模型（6）	模型（7）	模型（8）	模型（9）
Dependent variable	*Disclose CSI Value*	*CSI Value*							
Regression stage	First stage	Second stage							
Main Board Listing	0.096*** （3.27）								
Industry CSI Value Disclosure	4.325*** （20.22）								
INDGAP	0.008 （0.77）	0.081** （1.99）	0.075* （1.84）	0.078* （1.92）	0.079* （1.94）	0.103** （2.45）	0.127*** （3.05）	0.082** （2.02）	0.132*** （3.06）
FOUNDER			−0.828*** （−3.74）						−0.807*** （−3.63）
FOUNDER × *INDGAP*			−0.157** （−2.15）						−0.148* （−1.95）
NMS				0.103 （0.51）					0.116 （0.57）
NMS × *INDGAP*				−0.101 （−1.14）					−0.113 （−1.26）
SOE					0.075 （0.35）				0.147 （0.68）
SOE × *INDGAP*					−0.036 （−0.68）				−0.047 （−0.86）
SSP						−0.421*** （−3.28）			−0.416*** （−3.23）

续表

	模型(1)	模型(2)	模型(3)	模型(4)	模型(5)	模型(6)	模型(7)	模型(8)	模型(9)
Dependent variable	*Disclose CSI Value*	CSI Value							
Regression stage	First stage	Second stage							
SSP × INDGAP						−0.136**			−0.120**
						(−2.55)			(−2.21)
MD							0.011		0.021
							(0.15)		(0.28)
MD × INDGAP							−0.076***		−0.072***
							(−5.32)		(−4.95)
TRUST								−0.311	−0.062
								(−0.86)	(−0.17)
TRUST × INDGAP								0.030	−0.067
								(0.19)	(−0.43)
Firm Size	−0.056***	0.010	0.011	0.011	0.006	0.048	0.018	0.009	0.050
	(−5.77)	(0.15)	(0.16)	(0.16)	(0.09)	(0.68)	(0.26)	(0.14)	(0.71)
Firm Age	0.019***	−0.043	−0.042	−0.041	−0.049	−0.031	−0.110	−0.048	−0.095
	(7.70)	(−0.23)	(−0.23)	(−0.22)	(−0.26)	(−0.17)	(−0.59)	(−0.26)	(−0.51)
Slack	−0.036***	−0.047**	−0.047**	−0.048**	−0.046**	−0.046**	−0.053**	−0.048**	−0.051**
	(−7.70)	(−2.24)	(−2.22)	(−2.29)	(−2.19)	(−2.19)	(−2.54)	(−2.27)	(−2.43)
Political Ties	−0.019	0.049	0.066	0.049	0.049	0.055	0.047	0.050	0.067
	(−0.84)	(0.46)	(0.61)	(0.46)	(0.46)	(0.52)	(0.44)	(0.47)	(0.62)
CEO Gender	0.026	0.272	0.263	0.273	0.268	0.263	0.260	0.274	0.238
	(0.59)	(1.32)	(1.27)	(1.32)	(1.30)	(1.28)	(1.26)	(1.33)	(1.15)
CEO Duality	0.018	0.056	0.291**	0.061	0.056	0.058	0.052	0.055	0.292**
	(0.72)	(0.47)	(2.21)	(0.51)	(0.47)	(0.49)	(0.44)	(0.47)	(2.21)
Board Size	−0.009	0.024	0.030	0.022	0.023	0.025	0.025	0.023	0.030
	(−1.27)	(0.62)	(0.77)	(0.59)	(0.61)	(0.65)	(0.65)	(0.62)	(0.78)

续表

	模型（1）	模型（2）	模型（3）	模型（4）	模型（5）	模型（6）	模型（7）	模型（8）	模型（9）
Dependent variable	*Disclose CSI Value*	\multicolumn{8}{c}{*CSI Value*}
Regression stage	First stage	\multicolumn{8}{c}{Second stage}
Board Independent	−0.003	−0.988	−0.971	−0.999	−0.978	−0.932	−1.079	−0.989	−1.002
	（−0.01）	（−0.98）	（−0.97）	（−0.99）	（−0.97）	（−0.93）	（−1.07）	（−0.98）	（−1.00）
Competition	0.061	−0.038	−0.052	−0.027	−0.045	−0.088	−0.129	−0.041	−0.182
	（0.27）	（−0.06）	（−0.08）	（−0.04）	（−0.07）	（−0.13）	（−0.19）	（−0.06）	（−0.27）
Inverse Mills Ratio		−0.113	−0.112	−0.108	−0.116	−0.089	−0.082	−0.108	−0.058
		（−0.57）	（−0.56）	（−0.54）	（−0.58）	（−0.45）	（−0.41）	（−0.54）	（−0.29）
Constant	−1.623***	0.469	0.497	0.321	0.607	−0.516	1.228	1.604	0.369
	（−2.68）	（0.14）	（0.15）	（0.10）	（0.18）	（−0.15）	（0.36）	（0.45）	（0.10）
R^2	0.116	0.408	0.408	0.408	0.408	0.408	0.408	0.408	0.409
F	—	1.345***	2.713***	1.259***	1.185***	2.745***	3.318***	1.205***	3.661***
N	26638	26638	26638	26638	26638	26638	26638	26638	26638

注：*$p<0.10$，**$p<0.05$，***$p<0.01$；括号内为标准误差；双尾检验；公司、年份和行业效应得到了控制。

表3-7 行业锦标赛激励对企业社会失责数量（*CSI Number*）的检验结果
（Heckman 两阶段模型）

	模型（1）	模型（2）	模型（3）	模型（4）	模型（5）	模型（6）	模型（7）	模型（8）	模型（9）
Dependent variable	*Disclose CSI Number*	\multicolumn{8}{c}{*CSI Number*}
Regression stage	First stage	\multicolumn{8}{c}{Second stage}
Main Board Listing	0.181***								
	（6.43）								

续表

	模型（1）	模型（2）	模型（3）	模型（4）	模型（5）	模型（6）	模型（7）	模型（8）	模型（9）
Dependent variable	*Disclose CSI Number*	*CSI Number*							
Regression stage	First stage	Second stage							
Industry CSI Number Disclosure	4.070*** (21.95)								
INDGAP	0.016 (1.51)	0.010*** (2.66)	0.009** (2.49)	0.009** (2.49)	0.010** (2.56)	0.011*** (2.96)	0.014*** (3.77)	0.010*** (2.67)	0.013*** (3.41)
FOUNDER			−0.078*** (−3.84)						−0.074*** (−3.64)
FOUNDER × INDGAP			−0.018*** (−2.71)						−0.018*** (−2.63)
NMS				−0.005 (−0.26)					−0.004 (−0.21)
NMS × INDGAP				−0.017** (−2.14)					−0.018** (−2.23)
SOE					−0.026 (−1.33)				−0.020 (−1.02)
SOE × INDGAP					−0.007 (−1.50)				−0.009* (−1.86)
SSP						−0.036*** (−3.08)			−0.035*** (−2.97)
SSP × INDGAP						−0.010** (−1.98)			−0.008* (−1.68)
MD							−0.002 (−0.35)		−0.002 (−0.24)

续表

	模型(1)	模型(2)	模型(3)	模型(4)	模型(5)	模型(6)	模型(7)	模型(8)	模型(9)
Dependent variable	*Disclose CSI Number*	\multicolumn{8}{l	}{*CSI Number*}
Regression stage	First stage	\multicolumn{8}{l	}{Second stage}
MD × INDGAP							−0.007*** (−5.61)		−0.007*** (−5.13)
TRUST								−0.068** (−2.07)	−0.044 (−1.33)
TRUST × INDGAP								−0.009 (−0.66)	−0.019 (−1.31)
Firm Size	−0.065*** (−6.90)	−0.014** (−2.24)	−0.014** (−2.21)	−0.013** (−2.10)	−0.014** (−2.26)	−0.011* (−1.74)	−0.013** (−2.13)	−0.014** (−2.24)	−0.010 (−1.54)
Firm Age	0.021*** (8.95)	−0.007 (−0.42)	−0.007 (−0.41)	−0.007 (−0.43)	−0.008 (−0.49)	−0.006 (−0.36)	−0.014 (−0.81)	−0.007 (−0.42)	−0.013 (−0.77)
Slack	−0.031*** (−7.02)	−0.006*** (−2.97)	−0.006*** (−2.98)	−0.006*** (−2.94)	−0.006*** (−2.93)	−0.006*** (−2.91)	−0.006*** (−3.29)	−0.006*** (−3.03)	−0.006*** (−3.17)
Political Ties	−0.007 (−0.32)	0.001 (0.05)	0.002 (0.21)	0.000 (0.04)	0.001 (0.06)	0.001 (0.10)	0.000 (0.02)	0.001 (0.07)	0.002 (0.21)
CEO Gender	0.025 (0.59)	0.028 (1.49)	0.027 (1.43)	0.028 (1.47)	0.028 (1.50)	0.027 (1.45)	0.027 (1.43)	0.029 (1.51)	0.025 (1.34)
CEO Duality	0.031 (1.26)	−0.003 (−0.24)	0.020* (1.65)	−0.002 (−0.18)	−0.004 (−0.32)	−0.002 (−0.22)	−0.003 (−0.26)	−0.002 (−0.22)	0.019 (1.57)
Board Size	−0.006 (−0.90)	−0.002 (−0.53)	−0.001 (−0.37)	−0.002 (−0.52)	−0.002 (−0.48)	−0.002 (−0.49)	−0.002 (−0.49)	−0.002 (−0.52)	−0.001 (−0.27)
Board Independent	0.030 (0.14)	−0.064 (−0.70)	−0.063 (−0.69)	−0.065 (−0.71)	−0.065 (−0.71)	−0.059 (−0.64)	−0.072 (−0.78)	−0.066 (−0.72)	−0.069 (−0.76)
Competition	0.046 (0.21)	0.034 (0.54)	0.033 (0.53)	0.035 (0.55)	0.032 (0.52)	0.030 (0.48)	0.025 (0.40)	0.033 (0.53)	0.021 (0.33)

续表

	模型（1）	模型（2）	模型（3）	模型（4）	模型（5）	模型（6）	模型（7）	模型（8）	模型（9）
Dependent variable	*Disclose CSI Number*	\multicolumn{8}{c}{*CSI Number*}
Regression stage	First stage	\multicolumn{8}{c}{Second stage}
Inverse Mills Ratio		−0.006	−0.007	−0.006	−0.007	−0.005	−0.003	−0.006	−0.002
		(−0.35)	(−0.37)	(−0.34)	(−0.37)	(−0.27)	(−0.17)	(−0.31)	(−0.13)
Constant	−1.615***	0.399	0.397	0.388	0.432	0.319	0.502	0.633*	0.583*
	(−2.71)	(1.31)	(1.31)	(1.28)	(1.42)	(1.05)	(1.62)	(1.95)	(1.76)
R^2	0.118	0.424	0.425	0.424	0.424	0.424	0.425	0.424	0.426
F	—	2.275***	3.807***	2.280***	2.223**	3.165**	4.358**	2.261**	4.594**
N	26638	26638	26638	26638	26638	26638	26638	26638	26638

注：*p<0.10，**p<0.05，***p<0.01；括号内为标准误差；双尾检验；公司、年份和行业效应得到了控制。

（2）剂量-响应函数法（Dose-Response Function，DRF）。子研究一采用一种新开发的方法，即剂量-响应函数法（Bia 和 Mattei，2018），来评估行业锦标赛激励与企业社会失责行为之间的因果影响。DRF 方法通常与广义倾向评分（Generalized Propensity Score，GPS）方法一起使用。不同于倾向得分匹配专注于二值变量的处理效应分析，GPS 方法可以处理由连续变量构成的处理变量。

GPS 方法的实现包括以下三个步骤。第一步，估计在给定协变量的条件下处理变量的分布情况。第二步，估计结果的条件期望作为两个标量变量（Scalar Variables）的函数，即处理水平和 GPS。第三步，使用 DRF 估计处理变量的平均处理效果（ATE），这有助于子研究一了解行业锦标赛激励如何影响企业社会失责行为。子研究一使用 Stata 软件的 gpscore 程序来估计模型（Bia 和 Mattei，2018）。表 3-8 和表 3-9 列示了经 DRF 方法调整权重后的回归结果。由表 3-8 和表 3-9 的结果可知，在经 DRF 方法调整权重后，研究结论未发生实质性改变。

表 3-8 行业锦标赛激励对企业社会失责金额（*CSI Value*）的检验结果（剂量-响应函数法）

	模型（1）	模型（2）	模型（3）	模型（4）	模型（5）	模型（6）	模型（7）	模型（8）
INDGAP	0.071*	0.067*	0.066*	0.068*	0.092**	0.117***	0.073*	0.120***
	（1.80）	（1.69）	（1.66）	（1.71）	（2.22）	（2.87）	（1.83）	（2.82）
FOUNDER		-1.065***						-1.050***
		（-4.82）						（-4.71）
FOUNDER × *INDGAP*		-0.088						-0.072
		（-1.25）						（-0.99）
NMS			0.066					0.097
			（0.32）					（0.46）
NMS × *INDGAP*			-0.146*					-0.154*
			（-1.68）					（-1.77）
SOE				0.311				0.386*
				（1.39）				（1.72）
SOE × *INDGAP*				-0.034				-0.033
				（-0.65）				（-0.61）
SSP					-0.343**			-0.339**
					（-2.50）			（-2.47）
SSP × *INDGAP*					-0.111**			-0.093*
					（-2.11）			（-1.75）
MD						0.069		0.076
						（0.86）		（0.96）
MD × *INDGAP*						-0.069***		-0.068***
						（-4.93）		（-4.71）
TRUST							-0.238	0.097
							（-0.59）	（0.24）
TRUST × *INDGAP*							0.096	-0.003
							（0.63）	（-0.02）

续表

	模型(1)	模型(2)	模型(3)	模型(4)	模型(5)	模型(6)	模型(7)	模型(8)
Firm Size	0.049	0.047	0.056	0.043	0.084	0.057	0.048	0.086
	(0.70)	(0.66)	(0.79)	(0.61)	(1.19)	(0.81)	(0.68)	(1.20)
Firm Age	−0.147	−0.147	−0.145	−0.151	−0.133	−0.205	−0.154	−0.192
	(−0.99)	(−0.99)	(−0.97)	(−1.01)	(−0.89)	(−1.37)	(−1.03)	(−1.28)
Slack	−0.041**	−0.038*	−0.041**	−0.039**	−0.039**	−0.046**	−0.041**	−0.040**
	(−2.12)	(−1.94)	(−2.13)	(−2.03)	(−2.02)	(−2.39)	(−2.14)	(−2.02)
Political Ties	0.236**	0.263**	0.233**	0.235**	0.246**	0.234**	0.237**	0.266**
	(2.14)	(2.38)	(2.11)	(2.13)	(2.23)	(2.12)	(2.14)	(2.41)
CEO Gender	0.045	0.033	0.043	0.038	0.034	0.029	0.046	−0.005
	(0.22)	(0.16)	(0.20)	(0.18)	(0.16)	(0.14)	(0.22)	(−0.02)
CEO Duality	0.060	0.363***	0.067	0.066	0.061	0.056	0.059	0.370***
	(0.51)	(2.76)	(0.57)	(0.56)	(0.52)	(0.48)	(0.50)	(2.81)
Board Size	0.015	0.023	0.015	0.014	0.017	0.017	0.015	0.025
	(0.37)	(0.56)	(0.36)	(0.33)	(0.42)	(0.41)	(0.37)	(0.59)
Board Independent	−0.245	−0.200	−0.251	−0.208	−0.184	−0.304	−0.230	−0.160
	(−0.24)	(−0.19)	(−0.24)	(−0.20)	(−0.18)	(−0.29)	(−0.22)	(−0.15)
Competition	−0.213	−0.331	−0.196	−0.210	−0.288	−0.351	−0.208	−0.508
	(−0.15)	(−0.24)	(−0.14)	(−0.15)	(−0.21)	(−0.25)	(−0.15)	(−0.36)
Constant	1.281	1.503	1.050	1.354	0.348	1.599	2.209	0.334
	(0.40)	(0.47)	(0.33)	(0.42)	(0.11)	(0.49)	(0.63)	(0.09)
R^2	0.432	0.432	0.432	0.432	0.432	0.432	0.432	0.433
F	1.512***	3.591***	1.496***	1.452***	2.552***	3.310***	1.326***	3.937***
N	26638	26638	26638	26638	26638	26638	26638	26638

注：*$p<0.10$，**$p<0.05$，***$p<0.01$；括号内为标准误差；双尾检验；公司、年份和行业效应得到了控制。

表 3-9 行业锦标赛激励对企业社会失责数量（*CSI Number*）的检验结果
（剂量 – 响应函数法）

	模型（1）	模型（2）	模型（3）	模型（4）	模型（5）	模型（6）	模型（7）	模型（8）
INDGAP	0.007*	0.006*	0.006	0.006*	0.008**	0.011***	0.007*	0.009**
	（1.89）	（1.76）	（1.64）	（1.72）	（2.13）	（2.89）	（1.88）	（2.41）
FOUNDER		−0.084***						−0.079***
		（−4.17）						（−3.87）
FOUNDER × *INDGAP*		−0.015**						−0.016**
		（−2.32）						（−2.33）
NMS			0.011					0.014
			（0.59）					（0.72）
NMS × *INDGAP*			−0.024***					−0.025***
			（−3.07）					（−3.20）
SOE				0.001				0.008
				（0.06）				（0.41）
SOE × *INDGAP*				−0.009*				−0.011**
				（−1.84）				（−2.20）
SSP					−0.036***			−0.035***
					（−2.88）			（−2.81）
SSP × *INDGAP*					−0.007			−0.006
					（−1.52）			（−1.28）
MD						0.002		0.002
						（0.22）		（0.31）
MD × *INDGAP*						−0.006***		−0.006***
						（−4.66）		（−4.33）
TRUST							−0.057	−0.027
							（−1.55）	（−0.72）
TRUST × *INDGAP*							−0.010	−0.018
							（−0.69）	（−1.29）
Firm Size	−0.010	−0.010	−0.009	−0.011	−0.007	−0.009	−0.010	−0.006
	（−1.52）	（−1.52）	（−1.35）	（−1.64）	（−1.02）	（−1.43）	（−1.51）	（−0.90）

续表

	模型（1）	模型（2）	模型（3）	模型（4）	模型（5）	模型（6）	模型（7）	模型（8）
Firm Age	−0.022	−0.022	−0.022	−0.024*	−0.021	−0.027**	−0.022	−0.026*
	（−1.63）	（−1.61）	（−1.60）	（−1.74）	（−1.54）	（−2.01）	（−1.61）	（−1.92）
Slack	−0.004**	−0.004**	−0.005**	−0.004**	−0.004**	−0.005***	−0.005***	−0.005***
	（−2.55）	（−2.50）	（−2.58）	（−2.43）	（−2.45）	（−2.81）	（−2.58）	（−2.59）
Political Ties	0.016	0.019*	0.016	0.016	0.017*	0.016	0.016	0.018*
	（1.62）	（1.84）	（1.58）	（1.62）	（1.71）	（1.60）	（1.63）	（1.83）
CEO Gender	0.009	0.007	0.008	0.008	0.007	0.007	0.009	0.004
	（0.45）	（0.38）	（0.43）	（0.43）	（0.39）	（0.38）	（0.46）	（0.20）
CEO Duality	−0.000	0.025**	0.001	−0.000	0.000	−0.000	0.000	0.025**
	（−0.01）	（2.11）	（0.10）	（−0.03）	（0.01）	（−0.03）	（0.01）	（2.09）
Board Size	−0.002	−0.001	−0.002	−0.002	−0.002	−0.002	−0.002	−0.001
	（−0.54）	（−0.39）	（−0.56）	（−0.54）	（−0.48）	（−0.50）	（−0.53）	（−0.31）
Board Independent	0.007	0.009	0.006	0.008	0.014	0.002	0.006	0.009
	（0.07）	（0.10）	（0.06）	（0.08）	（0.14）	（0.02）	（0.06）	（0.10）
Competition	0.163	0.157	0.166	0.157	0.157	0.153	0.161	0.135
	（1.28）	（1.23）	（1.30）	（1.23）	（1.23）	（1.20）	（1.26）	（1.06）
Constant	0.417	0.423	0.378	0.463	0.334	0.481	0.608*	0.489
	（1.42）	（1.44）	（1.28）	（1.57）	（1.13）	（1.60）	（1.89）	（1.49）
R^2	0.452	0.453	0.452	0.452	0.452	0.452	0.452	0.454
F	1.990***	3.935***	2.449***	1.940***	2.892***	3.469***	1.887***	4.422***
N	26638	26638	26638	26638	26638	26638	26638	26638

注：*$p<0.10$，**$p<0.05$，***$p<0.01$；括号内为标准误差；双尾检验；公司、年份和行业效应得到了控制。

（3）工具变量法（Instrumental Variable Approach）。理想的工具变量应该对行业锦标赛激励有影响，但对企业社会失责行为具有外生性。子研究一采用以下两个工具变量——行业薪酬总额、省份 CEO 薪酬均值，分别被记为 *Log*（*Ind CEO Comp*）、*Log*（*Prov CEO Mean*）。它们已被证明可能满足必要的相关性和排他性条件（Kubick 和 Lockhart，2016）。第一个工具变量 *Log*（*Ind CEO Comp*）是同行业 CEO（除前两名外）总薪酬的自然对数。这个变量反映了整个行业对 CEO 的"支付能力"（Ability to Pay）。第二个工具变量 *Log（Prov CEO Mean）*是同省份其他行业企业 CEO 薪酬均值的自然对数。当地员工的竞争对员工的报酬水平和方式有影响，这表明了 *Log（Prov CEO Mean）* 的合理性（Kubick 和 Lockhart，2016）。子研究一在 *Log（Prov CEO Mean）* 的计算中剔除了同一行业的企业，这样做有助于消除行业锦标赛激励（*INDGAP*）与 *Log（Prov CEO Mean）* 之间的机械关系（Mechanical Relation）（Kubick 和 Lockhart，2016）。

表 3-10 列示了采用二阶段工具变量法的回归结果。首先，子研究一检查了工具变量的相关性。由表 3-10 的模型（1）可知，在第一阶段的回归分析中，*Log（Ind CEO Comp）* 与行业锦标赛激励（*INDGAP*）之间是显著的正相关关系（beta=1.341，p<0.01），*Log（Prov CEO Mean）* 与行业锦标赛激励（*INDGAP*）之间是显著的负相关关系（beta=-0.054，p<0.05）。此外，Weak Identification Test 的结果显示，Cragg-Donald Wald F Statistic 是 2093.523，远高于 10% 水平的临界值 19.93。因此，子研究一所选择的工具变量满足相关性的要求。然后，子研究一检查了工具变量的外生性。工具变量的个数多于内生变量的个数，因此可以进行过度识别检验。Sargan 检验结果显示，表 3-10 中的模型（2）和模型（3）对应的 Sargan 统计量分别为 0.928 和 1.501，在 5% 的显著性水平下未拒绝原假设，这表明所使用的工具变量满足外生性条件。最后，表 3-10 的模型（2）和模型（3）列示了采用工具变量法修正后的回归结果，该结果仍然支持行业锦标赛激励与企业社会失责行为之间显著正相关的结论。

表 3-10 行业锦标赛激励对企业社会失责行为的检验结果（工具变量法）

	模型（1）	模型（2）	模型（3）
Regression stage	First stage	\multicolumn{2}{c}{Second stage}
Dependent variable	*INDGAP*	*CSI Value*	*CSI Number*
Log（Ind CEO Comp）	1.341***		
	（64.55）		

续表

	模型（1）	模型（2）	模型（3）
Regression stage	First stage	\multicolumn{2}{c	}{Second stage}
Dependent variable	***INDGAP***	***CSI Value***	***CSI Number***
Log（Prov CEO Mean）	−0.054**		
	(−2.49)		
INDGAP		0.172*	0.025***
		(1.66)	(2.67)
Firm Size	−0.083***	0.007	−0.014**
	(−8.08)	(0.11)	(−2.25)
Firm Age	−0.094***	−0.031	−0.005
	(−3.39)	(−0.17)	(−0.31)
Slack	−0.002	−0.049**	−0.006***
	(−0.77)	(−2.44)	(−3.04)
Political Ties	0.004	0.047	0.000
	(0.23)	(0.44)	(0.05)
CEO Gender	0.026	0.272	0.028
	(0.83)	(1.32)	(1.48)
CEO Duality	−0.029*	0.061	−0.002
	(−1.65)	(0.51)	(−0.17)
Board Size	−0.007	0.023	−0.002
	(−1.17)	(0.59)	(−0.52)
Board Independent	0.288*	−1.019	−0.069
	(1.92)	(−1.01)	(−0.75)
Competition	−2.978***	0.063	0.049
	(−27.98)	(0.09)	(0.78)
Constant	−10.950***	1.203	0.438*
	(−23.63)	(0.48)	(1.92)

续表

Regression stage	模型（1）	模型（2）	模型（3）
	First stage	Second stage	
Dependent variable	*INDGAP*	*CSI Value*	*CSI Number*
R^2	0.647	0.014	0.018
F	439.770***	3.382***	4.508***
N	26638	26638	26638

注：*p<0.10，**p<0.05，***p<0.01；括号内为标准误差；双尾检验；公司、年份和行业效应得到了控制。

3.4.3.2 鲁棒性检验

在鲁棒性检验中，子研究一将采用随机效应模型重新进行估计，更换关键变量的测量方法，以及排除特殊的金融危机时期的影响，以探讨结论的可靠性。表3-11和表3-12列示了采用随机效应模型进行估计的回归结果。由于子研究一使用的是面板数据，将同一组织的重复观测集中起来的做法违反了观测独立性的假设，因而导致残差中的自相关。为了克服这一局限性，并纠正误差项的自相关，子研究一使用了具有稳健标准误差的随机效应（GLS）面板数据模型。由表3-11和表3-12可知，采用随机效应模型的估计得到了与前文相同的结论。

表3-11　行业锦标赛激励对企业社会失责金额（*CSI Value*）的检验结果（GLS）

	模型（1）	模型（2）	模型（3）	模型（4）	模型（5）	模型（6）	模型（7）	模型（8）
INDGAP	0.080**	0.080*	0.077**	0.078*	0.100**	0.124***	0.083**	0.133***
	（2.21）	（2.10）	（2.21）	（2.11）	（2.16）	（3.55）	（2.55）	（3.00）
FOUNDER		−0.809**						−0.823**
		（−2.48）						（−2.97）
FOUNDER× *INDGAP*		−0.178**						−0.175***
		（−2.93）						（−3.86）
NMS			0.170					0.190
			（1.07）					（1.12）

续表

	模型(1)	模型(2)	模型(3)	模型(4)	模型(5)	模型(6)	模型(7)	模型(8)
NMS × INDGAP			−0.166					−0.165
			(−1.74)					(−1.63)
SOE				0.074				0.011
				(0.35)				(0.06)
SOE × INDGAP				−0.016				−0.051
				(−0.25)				(−0.96)
SSP					−0.311			−0.333*
					(−1.71)			(−1.87)
SSP × INDGAP					−0.135**			−0.137*
					(−2.65)			(−2.10)
MD						−0.039		−0.034
						(−0.37)		(−0.35)
MD × INDGAP						−0.067***		−0.060***
						(−5.81)		(−4.52)
TRUST							−0.955**	−0.872*
							(−2.21)	(−2.11)
TRUST × INDGAP							−0.058	−0.185
							(−0.35)	(−1.22)
Firm Size	0.065	0.041	0.066	0.060	0.108	0.068	0.066	0.088
	(1.03)	(0.64)	(1.07)	(0.85)	(1.26)	(1.03)	(1.02)	(0.97)
Firm Age	0.073**	0.060*	0.074**	0.072**	0.076**	0.071**	0.072**	0.062*
	(2.21)	(1.84)	(2.24)	(2.27)	(2.34)	(2.18)	(2.21)	(2.06)
Slack	−0.089	−0.084	−0.091	−0.088	−0.088	−0.092	−0.091	−0.088
	(−1.55)	(−1.49)	(−1.56)	(−1.56)	(−1.53)	(−1.63)	(−1.57)	(−1.57)
Political Ties	−0.034	−0.009	−0.035	−0.032	−0.033	−0.035	−0.033	−0.009
	(−0.36)	(−0.11)	(−0.38)	(−0.35)	(−0.35)	(−0.37)	(−0.35)	(−0.11)

续表

	模型(1)	模型(2)	模型(3)	模型(4)	模型(5)	模型(6)	模型(7)	模型(8)
CEO Gender	0.249*	0.208	0.247*	0.244*	0.248*	0.237*	0.257*	0.200
	(1.92)	(1.47)	(1.90)	(1.84)	(1.89)	(1.80)	(2.02)	(1.40)
CEO Duality	0.002	0.308	0.008	0.007	−0.001	0.008	−0.001	0.317*
	(0.03)	(1.76)	(0.12)	(0.09)	(−0.02)	(0.10)	(−0.01)	(1.76)
Board Size	−0.002	0.001	−0.004	−0.004	−0.001	−0.003	−0.001	−0.000
	(−0.08)	(0.02)	(−0.15)	(−0.13)	(−0.05)	(−0.09)	(−0.04)	(−0.01)
Board Independent	−0.774	−0.692	−0.799	−0.777	−0.740	−0.862	−0.800	−0.784
	(−1.53)	(−1.33)	(−1.56)	(−1.53)	(−1.60)	(−1.71)	(−1.55)	(−1.67)
Competition	−0.075	−0.055	−0.072	−0.077	−0.141	−0.162	−0.095	−0.224
	(−0.21)	(−0.16)	(−0.20)	(−0.21)	(−0.40)	(−0.51)	(−0.25)	(−0.67)
Constant	−1.845	−1.236	−1.982*	−1.755	−2.675*	−1.083	1.570	1.506
	(−1.73)	(−1.06)	(−1.86)	(−1.48)	(−1.83)	(−0.87)	(0.86)	(0.81)
R^2	0.004	0.006	0.005	0.004	0.005	0.005	0.005	0.009
Chi^2	20332.979	26336.855	21296.261	18384.306	20867.63	20728.28	20321.59	5475.70
N	26638	26638	26638	26638	26638	26638	26638	26638

注：*$p<0.10$，**$p<0.05$，***$p<0.01$；括号内为标准误差；双尾检验；公司、年份和行业效应得到了控制。

表 3-12　行业锦标赛激励对企业社会失责数量（*CSI Number*）的检验结果（GLS）

	模型(1)	模型(2)	模型(3)	模型(4)	模型(5)	模型(6)	模型(7)	模型(8)
INDGAP	0.010***	0.010***	0.009***	0.009***	0.011**	0.014***	0.010***	0.013***
	(3.34)	(3.09)	(3.31)	(3.41)	(2.94)	(4.81)	(3.55)	(3.66)
FOUNDER		−0.080**						−0.082***
		(−2.86)						(−3.30)
FOUNDER×INDGAP		−0.019***						−0.020***
		(−5.72)						(−7.04)

续表

	模型(1)	模型(2)	模型(3)	模型(4)	模型(5)	模型(6)	模型(7)	模型(8)
NMS			0.001					0.003
			(0.09)					(0.21)
NMS × INDGAP			−0.022*					−0.021*
			(−1.92)					(−1.92)
SOE				−0.006				−0.014
				(−0.26)				(−0.69)
SOE × INDGAP				−0.004				−0.008*
				(−0.75)				(−1.81)
SSP					−0.024			−0.026
					(−0.90)			(−0.99)
SSP × INDGAP					−0.009*			−0.010*
					(−2.09)			(−1.81)
MD						−0.006		−0.006
						(−0.54)		(−0.59)
MD × INDGAP						−0.006***		−0.005***
						(−3.75)		(−3.30)
TRUST							−0.112**	−0.106**
							(−2.22)	(−2.18)
TRUST × INDGAP							−0.018	−0.029*
							(−0.96)	(−1.79)
Firm Size	−0.000	−0.003	−0.000	−0.000	0.003	−0.000	−0.000	0.002
	(−0.06)	(−0.37)	(−0.02)	(−0.02)	(0.28)	(−0.02)	(−0.04)	(0.18)
Firm Age	0.008**	0.006**	0.007**	0.008***	0.008**	0.007**	0.007**	0.007**
	(2.82)	(2.48)	(2.83)	(3.04)	(2.89)	(2.80)	(2.83)	(2.81)
Slack	−0.010	−0.009	−0.010	−0.010	−0.010	−0.010	−0.010	−0.009
	(−1.68)	(−1.63)	(−1.68)	(−1.71)	(−1.67)	(−1.75)	(−1.71)	(−1.70)

续表

	模型(1)	模型(2)	模型(3)	模型(4)	模型(5)	模型(6)	模型(7)	模型(8)
Political Ties	−0.006	−0.004	−0.006	−0.006	−0.006	−0.006	−0.006	−0.004
	(−0.56)	(−0.36)	(−0.57)	(−0.58)	(−0.55)	(−0.57)	(−0.56)	(−0.39)
CEO Gender	0.024*	0.020	0.024*	0.025*	0.024*	0.023*	0.025**	0.020
	(2.11)	(1.59)	(1.98)	(2.03)	(2.08)	(1.94)	(2.23)	(1.48)
CEO Duality	−0.007	0.023	−0.006	−0.008	−0.007	−0.006	−0.007	0.023
	(−1.00)	(1.68)	(−0.87)	(−0.95)	(−1.03)	(−0.90)	(−1.04)	(1.70)
Board Size	−0.002	−0.002	−0.002	−0.002	−0.002	−0.002	−0.002	−0.002
	(−0.66)	(−0.59)	(−0.70)	(−0.61)	(−0.65)	(−0.64)	(−0.61)	(−0.50)
Board Independent	−0.060*	−0.052	−0.062*	−0.059*	−0.057*	−0.068*	−0.064*	−0.062*
	(−1.80)	(−1.63)	(−1.87)	(−1.82)	(−1.82)	(−1.98)	(−1.80)	(−1.93)
Competition	0.014	0.017	0.015	0.013	0.010	0.007	0.012	0.002
	(0.69)	(0.83)	(0.68)	(0.64)	(0.50)	(0.37)	(0.54)	(0.11)
Constant	−0.026	0.035	−0.031	−0.030	−0.089	0.053	0.369	0.393
	(−0.21)	(0.27)	(−0.25)	(−0.22)	(−0.55)	(0.40)	(1.50)	(1.75)
R^2	0.005	0.007	0.006	0.005	0.006	0.006	0.007	0.011
Chi^2	44370.949	46568.734	42646.110	33965.347	45636.862	47195.623	42619.98	31538.16
N	26638	26638	26638	26638	26638	26638	26638	26638

注：*$p<0.10$，**$p<0.05$，***$p<0.01$；括号内为标准误差；双尾检验；公司、年份和行业效应得到了控制。

表3-13列示了其他鲁棒性检验结果。具体地，表3-13的模型（1）列示了更换被解释变量测量方法后的回归结果。参考Chiu和Sharfman（2018）的研究，子研究一将企业的社会责任关注度得分进行加总，记为*CSR Concerns*，以重新衡量企业社会失责行为。企业社会责任关注的数据来源于中国研究数据服务平台（Chinese Research Data Services Platform，CNRDS）的子库——中国企业社会责任数据库（Chinese Corporate Social Responsibilities Database，

CCSR)[①]。企业社会责任关注涉及以下六个维度："慈善、志愿者活动以及社会争议""公司治理""多样化""雇员关系""环境"和"产品"。为了确保数据的可比性，子研究一对每个维度的原始得分进行了标准化处理。最终，子研究一将标准化处理后的六个维度的得分取均值，以衡量企业社会失责行为（CSR Concerns）。由表3-13的模型（1）可知，在更换被解释变量的测量方法后，INDGAP与CSR Concerns之间是显著的正相关关系（beta=0.014，$p<0.05$）。

表3-13的模型（2）和模型（3）列示了更换自变量测量方法后的回归结果。参考Kubick和Lockhart（2016）的研究，子研究一将行业锦标赛激励（INDGAP）重新定义为：企业CEO与同行业、同规模企业中薪酬第二高的CEO之间的薪酬差距（单位：百万元）。在这一定义中，子研究一额外控制了规模的影响。与Kubick和Lockhart（2016）的研究保持一致，规模的划分标准是行业销售收入的中位数。由表3-12的模型（2）和模型（3）可知，在更换自变量的测量方法后，研究结论未发生实质性改变。

表3-13的模型（4）和模型（5）列示了排除金融危机时期影响后的回归结果。子研究一排除了2008年的企业样本，重新进行回归分析后，得到了与先前一致的研究结论。

综上所述，研究结论具有较高的稳健性。

表3-13 行业锦标赛激励对企业社会失责行为的其他鲁棒性检验结果

Test Method	模型（1） Replacement measurement of dependent variable	模型（2） Replacement measurement of independent variable	模型（3） Replacement measurement of independent variable	模型（4） Remove financial crisis period sample	模型（5） Remove financial crisis period sample
Dependent variable	*CSR Concerns*	*CSI Value*	*CSI Number*	*CSI Value*	*CSI Number*
INDGAP	0.014**	0.141***	0.015***	0.074*	0.010***
	（2.55）	（3.79）	（4.35）	（1.80）	（2.60）

---

① 该数据库从"慈善、志愿者活动以及社会争议""公司治理""多样化""雇员关系""环境""产品"六个方面，基于"优势"和"关注"两个角度，用58个细分指标对企业社会责任进行了衡量。

续表

Test Method	模型（1） Replacement measurement of dependent variable	模型（2） Replacement measurement of independent variable	模型（3） Replacement measurement of independent variable	模型（4） Remove financial crisis period sample	模型（5） Remove financial crisis period sample
Dependent variable	*CSR Concerns*	*CSI Value*	*CSI Number*	*CSI Value*	*CSI Number*
Firm Size	0.013	−0.047	−0.020***	−0.014	−0.014**
	（0.94）	（−0.68）	（−3.15）	（−0.20）	（−2.14）
Firm Age	0.017	−0.032	−0.006	−0.031	−0.007
	（0.58）	（−0.17）	（−0.36）	（−0.16）	（−0.39）
Slack	−0.004	−0.048**	−0.006***	−0.052**	−0.006***
	（−1.11）	（−2.39）	（−3.02）	（−2.50）	（−2.99）
Political Ties	−0.006	0.047	0.000	−0.001	−0.005
	（−0.42）	（0.44）	（0.05）	（−0.01）	（−0.50）
CEO Gender	−0.034	0.268	0.028	0.256	0.024
	（−1.02）	（1.30）	（1.47）	（1.19）	（1.23）
CEO Duality	0.062***	0.057	−0.003	0.082	0.001
	（3.09）	（0.48）	（−0.24）	（0.67）	（0.10）
Board Size	−0.004	0.021	−0.002	0.023	−0.002
	（−0.70）	（0.55）	（−0.59）	（0.58）	（−0.48）
Board Independent	0.197	−0.972	−0.062	−0.849	−0.048
	（1.36）	（−0.97）	（−0.67）	（−0.80）	（−0.49）
Competition	−0.098	0.013	0.037	0.054	0.044
	（−0.95）	（0.02）	（0.59）	（0.07）	（0.66）
Constant	−0.509	1.306	0.500*	0.531	0.373
	（−0.87）	（0.39）	（1.65）	（0.15）	（1.17）
R^2	0.388	0.408	0.424	0.414	0.430
F	2.551***	2.510***	3.687***	1.301***	2.255***
N	6360	26638	26638	25173	25173

注：*$p<0.10$，**$p<0.05$，***$p<0.01$；括号内为标准误差；双尾检验；公司、年份和行业效应得到了控制。

3.5 本章小结

本章首先基于锦标赛理论和委托代理理论，针对行业锦标赛激励如何影响企业社会失责行为，管理短视是否会在行业锦标赛激励与企业社会失责行为之间发挥中介作用，以及内外部公司治理机制如何调节行业锦标赛激励与企业社会失责行为两者的关系，提出了3组共计8个研究假设。其次，以中国A股上市企业展开实证探讨之后发现，有6个研究假设得到了经验证据的支持。具体地，行业锦标赛激励显著提高了企业实施社会失责行为的可能性，同时，管理短视在行业锦标赛激励与企业社会失责行为之间发挥了部分中介作用。此外，CEO创始人身份、多个大股东、卖空压力和地区市场化程度都削弱了行业锦标赛激励对企业社会失责行为的促进作用。但是，有2个研究假设未得到经验证据的支持，即国有企业性质和地区社会信任未能削弱行业锦标赛激励对企业社会失责行为的促进作用。最后，解决内生性问题和进行鲁棒性检验后发现，结论未受到内生性问题的不利影响，多方面的鲁棒性检验结果也显示结论较为稳健。

第四章
企业社会失责行为对企业长期绩效的影响

4.1 引言

在过去的几十年里,企业社会责任行为在影响企业绩效结果(Firm Performance Outcomes)方面的作用受到了学术研究者和商业从业者广泛而持续的关注(Aguinis 和 Glavas,2012;Jain 和 Zaman,2020;Wang 等,2016)。这些学者倾向于认为,积极履行企业社会责任作为一项长期导向的企业投资,可以帮助企业与利益相关者建立有价值的复杂关系网络(Price 和 Sun,2017)、产生企业的"道德资本"(Sun 和 Ding,2020),从而为企业竞争地位的维持或增强提供一种"保险式"的保护(Colbert,2004;Kang 等,2016;Wang 等,2016)。企业社会失责行为在早期被定义为以损害其他当事人或整个系统为代价寻求利益的企业决策(Armstrong,1977),后来在概念化中进一步纳入了对相关或不相关实体产生有害影响的企业行为(Lin-Hi 和 Müller,2013;Sun 和 Ding,2020)。从商业实践看,一些企业努力履行社会责任;另一些企业很少或不履行社会责任,甚至参与了对社会不负责任的行为(Chen 等,2018;Jain 和 Zaman,2020)。此外,还有一些企业同时参与了企业社会责任行为和社会失责行为(Jain 和 Zaman,2020;Salaiz 等,2020;Tang 等,2015)。

尽管如此,学术研究者和商业从业者对企业社会失责行为经济后果的理解却严重欠缺(Sun 和 Ding,2020)。特别地,为数不多探讨企业社会失责行为经济后果的已有文献也主要关注短期的绩效指标（如销售收入、资产回报率），且所得到的研究结论存在严重分歧。例如，有研究发现，企业社会失责行为越多，企业短期绩效越可能受到严重损害（Short-Term Performance）（Walker 等，2016；Walker 等，2019）。与之相对，有研究指出，企业社会失责行为往往是企业为了追求某些自身利益目标，如增加销售额、节约成本，或使用不道德的方式实现竞争优势的结果（Jain 和 Zaman，2020）。在这个意义上，企业社会失责行为不仅不会损害反而会在一定程度上提高企业的短期绩效（Chen 等，2018）。

理论研究早已指出，利益相关者具有要求企业对其不负责任的行为承担责任的持久心理特性（Enduring Psychological Nature）（Price 和 Sun，2017），因而企业社会失责行为对企业关系（Firm's Relationships）、声誉和绩效的影响往往是持久而深远的（Lange 和 Washburn，2015）。此外，在企业社会责任文献中，越来越多的学者强烈主张从纵向或长期视角探讨企业社会活动的经济后果（Ahn 和 Park，2018；Jamali 和 Mirshak，2007；Price 和 Sun，2017；Sun 和 Ding，2020；Xu 等，2020）。然而，到目前为止，极少有研究实证探讨企业（Sun 和 Ding，2020），特别是发展经济体企业的社会失责行为对企业长期绩效（Long-Term Performance）的影响，更遑论明确两者关系的影响渠道和作用边界了。填补这些研究缺口是至关重要且迫切的，具体原因如下。

首先，企业长期绩效是衡量管理有效性最为核心的指标之一（Garcia-Garcia 等，2016；Zhou 和 Park，2020）；同时，高水平的长期绩效也是企业实现持续发展的关键前提。因此，仅仅关注短期绩效但忽视长期绩效将严重限制文献对企业社会失责行为的经济后果形成全面、深刻的认识，企业社会活动的经济后果需要较长时期才能实现的本质属性则进一步增强了上述限制（Price 和 Sun，2017；Xu 等，2020）。其次，相较于发达经济体，发展经济体中存在着一定的制度缺陷（Institutional Voids），这使得企业社会失责行为更为普遍（Wu，2014；Zhang 等，2020）。同时，企业社会活动作为一种重要的社会现象，不可能独立于制度背景而存在（Waheed 和 Zhang，2020；Zhang

等，2020）。因此，有必要基于发达经济体企业和发展经济体企业分别展开理论分析和实证探讨，从而更好地确定趋势、逻辑和实现社会可持续性（Social Sustainability）的有效途径，并提高研究结论的实践相关性（Waheed 和 Zhang，2020）。

鉴于此，为填补过去研究的不足，子研究二在率先引入信号理论的基础上（Bergh 等，2014；Connelly 等，2011；Spence，1973），构建了一个有关企业社会失责行为是否、如何以及在何种情况下更可能影响企业长期绩效的理论框架。具体来说，首先，理论框架认为，企业社会失责行为作为一种典型的、企业无意中释放的负面信号，将降低关键利益相关者（如投资者、政府、消费者和员工）对企业的认可和支持，从而降低企业的竞争优势、损害企业的长期绩效。其次，Aguinis 和 Glavas（2012）在他们的综述研究中指出，现有文献对企业履行社会责任的原因、企业履行社会责任会产生什么结果，以及在什么条件下这些结果更可能出现均已经进行了较为充分的研究。但是，现有文献对企业社会活动导致特定结果的过程和潜在机制研究甚少。前期研究表明，企业社会活动会显著影响企业创新绩效（Ahn 和 Park，2018；Martinez-Conesa 等，2017）；同时，相关研究也指出，企业创新构成了决定企业长期绩效的关键因素之一（Mishra，2017）。因此，理论框架进一步认为，企业创新绩效将在企业社会失责行为与企业长期绩效之间发挥传导渠道的作用。最后，信号理论指出，信号接收者感知、接收和解读信号并做出行为反馈（Connelly 等，2011），但在此过程中，信号环境会影响信号接收者对信号的感知、接收和解读（Bergh 等，2014；Connelly 等，2011；Shou 等，2020）。例如，排名标志着大学的教育质量，但是准大学生会根据同龄人（也就是其他信号接收者）的意见来校准排名（Connelly 等，2011）。因此，理论框架还认为，信号环境（如企业慈善捐赠、行业竞争强度和地区市场化程度）将通过影响关键利益相关者对企业社会失责行为这一负面信号的感知、接收和诠释，最终抑制或促进企业社会失责行为对企业长期绩效的负向影响。以 2003—2019 年中国 A 股上市企业为研究对象，子研究二实证探讨了上述理论观点。

4.2 理论分析与假设提出

4.2.1 信号理论

信号理论（Signal Theory）适用于两方（信号发送者和信号接收者）之间传输信息的情况（Bergh 等，2014），其中一方的某些特征是另一方无法直接观察到的（Spence，1973）。信号理论的基础是双方之间存在信息不对称（Su 等，2016；石军伟等，2009；郑莹等，2016）。这一理论主要基于四个关键概念：发送者、信号、信号环境和接收者（Connelly 等，2011）。发送者是内部人（如高管或企业），他们获得了外部人无法获得的关于个人（Spence，1973）、产品（Kirmani 和 Rao，2000）或企业（Shou 等，2020）的信息；信号是某市场主体的特征或活动，它通过特定设计的事件或偶然事件改变市场中其他主体的信念或向其传递信息（Spence，1973）；信号环境是信号传递的介质，它影响着接收者对信号的感知、接收和解读（Shou 等，2020；Wei 等，2017）；接收者是信号的感知、接收和诠释方，如消费者、投资者和企业所有者（Marquis 和 Qian，2014；Wei 等，2017）。

一般来说，内部人会获得正面和负面的私人信息，他们必须决定是否将这些信息传达给外部人士（Connelly 等，2011）。当高质量的企业发出正面信号时，他们会收到 A 的回报，当他们没有发出正面信号时，他们会收到 B 的回报；相应地，当低质量的企业发出正面信号时，他们会收到 C 的回报，当他们没有发出正面信号时，他们会收到 D 的回报。倘若 A 大于 B，且 C 小于 D，那么，低质量企业的内部人将缺乏发送正面信号的动机，而高质量企业的内部人将产生发送正面信号的强烈动机（Kirmani 和 Rao，2000；Utgard，2018）。此外，需要特别指出的是，由于发送负面信号往往会带来严重的消极后果，因此许多负面信号往往是内部人无意中发送的（Nam 等，2014）。这是因为，虽然负面信号对接收者是有价值的（Connelly 等，2011），但对内部人而言，在接收者没有接收到负面信号的状况下，内部人会过得更好（Bergh 等，2014；Connelly 等，2011；Nam 等，2014）。

信号理论已经被广泛应用到企业社会责任领域的研究之中。例如，Wei 等（2017）研究发现，企业环境社会责任信号会显著提高企业的政治合法性（Political Legitimacy）和商业合法性（Business Legitimacy）。Utgard（2018）研究发现，采取低价格策略的零售连锁企业不大可能发送高成本的企业社会责任信号。Shou 等（2020）研究发现，社会责任绩效信号对企业的贸易信用（Trade Credit）同时具有积极和消极的作用，只有当社会责任绩效信号超过某阈值时，利益相关者才会认为企业的社会追求是可信的，最终帮助企业从供应商处获得高水平的贸易信用。梳理前期文献不难发现，目前信号理论主要用于诠释企业或其高管如何利用企业社会责任行为这一正面信号，来影响关键利益相关者（如政府、供应商和消费者等）对企业的认可程度和支持力度（Shou 等，2020；Wei 等，2017）。但极少有研究将信号理论应用于诠释关键利益相关者（如政府、供应商和消费者等）如何基于企业社会失责行为这一负面信号，来调整自身对企业的认可程度和支持力度。子研究二做出了拓展信号理论应用范围的一次有益尝试。具体地，子研究二拟基于信号理论，深刻揭示企业社会失责行为对企业长期绩效的影响。

4.2.2　企业社会失责行为与企业长期绩效

从短期来看，企业社会失责行为可能会对企业产生严重的负面影响，但是，企业社会失责行为也可能带来重要的竞争优势，因为企业社会失责行为可能会增加企业的短期利润。污染、废物排放、贿赂、雇佣童工和会计造假都是企业不负责任行为的典型例子，它们都构成了帮助企业降低成本和增加利润的重要手段（Chen 等，2018；Jain 和 Zaman，2020）。鉴于企业社会失责行为对企业短期绩效具有复杂影响（Complicated Implications），有学者主张从长期视角探讨企业社会失责行为的经济后果（Sun 和 Ding，2020）。子研究二直接响应了这一研究主张。具体地，基于信号理论，子研究二提出，企业社会失责行为这一负面信号最终将对企业长期绩效产生严重的负面影响。具体原因至少有以下四点。

第一，企业社会失责信号作为一种典型的负面信号会降低政府对企业的认可和支持，从而损害企业长期绩效。西方企业可能将客户和投资者作为其最重要的支持者，但在中国，政府位于企业利益相关者金字塔的顶端（Marquis 和 Qian，2014）。这是因为，中国政府控制着塑造企业竞争环境和地位的关键资源（Gao 和 Yang，2019）。目前，中国的国家政策已经从较为注重经济增长的政策，转向兼顾经济增长与解决紧迫的社会和环境问题的政策（Marquis 和 Qian，2014）。与之相呼应，上海证券交易所和深圳证券交易所发布了关于报告企业社会和环境活动的指导方针和建议，以引导履行企业社会责任行为（Lin，2010）。企业社会失责行为（如污染环境、雇佣童工）意味着企业违背政府政策和监管规则，忽视政府呼吁。当政府部门接收到企业社会失责信号时，其不仅会对这些企业做出惩罚，如罚款、对企业提起诉讼和关闭工厂（Lin 等，2016），还将严重质疑这些企业的存在理由和道德基础，即企业在政府眼中的合法性（Suchman，1995）很可能因实施社会失责行为而丧失。在中国等发展经济体中，政府有权分配关键资源（Gao 和 Yang，2019）。政治合法性不仅有助于企业获取具有稀缺性的价值资源，如进入许可、政府资助和土地使用（Ahlstrom 等，2008），还能帮助企业避免政府干预，获得制度保护（Wei 等，2017）。与之相对，在发展经济体中，丧失政治合法性的企业往往会在竞争中处于劣势（Marquis 和 Qian，2014），自然而然，企业长期绩效会随之降低。

第二，企业社会失责信号会降低已有员工和潜在求职者对企业的认可和支持，从而损害企业长期绩效。大量的心理学研究支持了这样一种观点：人类有维持或增强个人自尊的基本动机（Leary，2007；Vignoles 等，2006）。避免进入声誉欠佳的组织一直被认为是维持或增强个人自尊的一种有效方式。由于社会失责行为会严重损害企业的声誉（Lin 等，2016；Nardella 等，2019），因此，当接收到企业社会失责信号时，员工会因企业的自私和虚伪而感到羞耻（Onkila，2015），甚至会出于保护自尊的目的而选择离开企业（Price 和 Sun，2017）。特别地，员工可能构成了企业社会失责行为的直接受害者（Chen 等，2018；Price 和 Sun，2017）。根据社会交换理论的负互惠原则（Negative Reciprocity Principle），作为对企业不公正或负面对待自己的惩罚，员工会降低自己的工作效率和工作投入（Erica 等，2012），甚至会实施使企业遭受财务损失的行为来进行报复（Griep 和 Vantilborgh，2018）。此外，发出社会失责信号的企业对潜在求职者的吸引力会显著降低（Antonetti 等，2020），因为潜在求职者会将社会失责行为归因于企业无能力（Incompetence）和缺乏诚信（Lack Integrity）（Kim 等，2004）。同时，加入这类企业会导致潜在求职者的自尊受损（Jones 等，2014；Price 和 Sun，2017）。总而言之，发出社会失责信号的企业对内部人力资源的利用效率将降低，也难以吸引和利用外部人力资源。这将削弱企业的竞争优势，并损害企业长期绩效。

第三，企业社会失责信号会降低消费者对企业的认可和支持，从而损害企业长期绩效。当消费者接收到企业发出的社会失责信号时，他们的忠诚度会随之降低（Grimmer 和 Bingham，2013；Sun 和 Ding，2020），对企业的看法会变得消极（Price 和 Sun，2017）。同时，消费者对企业社会失责的负面认知往往会延伸到企业的其他领域（Lin 等，2016）。例如，负面影响消费者对企业产品或服务质量的判断。在此状况下，企业对消费者的议价能力将降低，消费者也会选择减少对企业产品或服务的购买（Carvalho 等，2015；Wagner 等，2008）。例如，Grimmer 和 Bingham（2013）发现，消费者会减少购买环境不友好企业产品的意愿。同时，企业在消费者心中的品牌形象也将因企业实际行为与企业宣传活动中的表现相冲突（Conflict）而受到严重损害（Du 等，2010；Sweetin 等，2013）。作为一种后果，企业竞争优势将被削弱（Lin 等，2016），企业长期绩效会随之降低。

第四，企业社会失责信号会降低资本市场对企业的认可和支持，从而损害企业长期绩效。社会失责信号会诱发资本市场对企业财务报表真实性的质疑，降低资本市场对企业经营能力的感知（Antonetti 等，2020；Shea 和 Hawn，

2019），并上调对企业的风险评估（Kanuri 等，2020）。在此状况下，企业将难以筹集或需要付出更高的代价来筹集支撑其发展所需的资金（Price 和 Sun，2017）。例如，社会失责行为会显著增加企业股权资本（Equity Capital）成本（Dhaliwal 等，2011）和债务成本（Goss 和 Roberts，2011）；共同基金也会避免投资于那些实施有争议社会活动的企业（Barnett 和 Salomon，2006）。上述状况将削弱企业竞争优势（Price 和 Sun，2017），并导致企业长期绩效受损。此外，社会失责信号还会招致其他利益相关者对企业的批评和惩罚（Kölbel 等，2017；杨继生和阳建辉，2016），继而导致欠佳的企业长期绩效。例如，渠道成员可能会停止与社会失责企业之间的合作（Sun 和 Ding，2020）；环保组织和社区会抵制社会失责企业（Kölbel 等，2017）。

综合以上理论分析，子研究二提出以下假设。

假设 4-1：企业社会失责行为会对企业长期绩效产生显著的负向影响。

4.2.3 企业创新绩效的中介作用

倘若企业社会失责行为会显著影响企业长期绩效，那么，进一步需要回答的重要理论与实践问题是：企业社会失责行为将通过何种渠道或者说中介路径影响企业长期绩效。的确，Aguinis 和 Glavas（2012）的综述性研究已经明确呼吁：未来研究需要重视企业社会活动导致特定结果的过程和潜在机制（Aguinis 和 Glavas，2012；Bocquet 等，2017）。针对企业社会责任行为与企业绩效之间关系相互矛盾的实证结果，众多学者指出，无形资源（如创新）可能是解释矛盾的实证结果的关键环节（Bocquet 等，2013；Bocquet 等，2017；McWilliams 和 Siegel，2001；Surroca 等，2010）。例如，McWilliams 和 Siegel（2001）指出，企业社会责任行为与企业绩效之间关系方面共识的缺乏可能反映了模型规范（Model Specification）问题，如研发支出的遗漏。又如，Surroca 等（2010）发现，企业社会责任行为对企业绩效没有统计上的直接影响，但它会通过无形资源（如创新、人力资本）的中介作用对企业绩效产生显著的间接影响。延续并拓展企业社会责任行为通过促进创新进而改善企业绩效

(Bocquet 等，2017）的理论逻辑，子研究二推测，企业创新绩效在企业社会失责行为与企业长期绩效之间发挥中介作用。

借鉴前期研究的做法（Saeidi 等，2015），子研究二采用三步法程序检验中介效应（Baron 和 Kenny，1986）。在第一阶段，子研究二推测，企业社会失责行为会对企业创新绩效产生显著的负面影响。原因在于：企业社会失责行为会严重破坏企业与利益相关者之间密切的互动关系（Sun 和 Ding，2020）。当接收到企业社会失责信号时，利益相关者往往会变得不愿再认可或支持企业。在此状况下，企业获取用于支撑创新活动成功开展的资源的难度将大幅度提高，这最终导致了企业创新绩效的恶化。具体地，首先，前期研究指出，政府补贴是发展经济体（如中国）企业特别是中小企业缓解融资约束、增强创新意愿，继而实现高水平创新绩效的关键决定因素（Bronzini 和 Piselli，2014；Lin 和 Luan，2020）。企业社会失责行为会降低企业的政治合法性，提高企业从政府获取补助和政策支持等关键性资源的难度（Marquis 和 Qian，2014），从而恶化企业创新绩效。其次，企业社会失责行为会减少消费者对企业产品或服务的购买力度（Carvalho 等，2015；Wagner 等，2008），降低潜在投资者持股企业的热情（Barnett 和 Salomon，2006），并增加企业的融资成本（Goss 和 Roberts，2011；Lee 等，2018）。收入减少和融资受阻会导致企业无法为创新提供充足的资金，继而限制了企业创新活动的开展并降低了企业创新绩效。的确，实证证据也表明，资金缺乏会造成企业创新绩效的下降（Guariglia 和 Liu，2014）。再次，企业社会失责行为会诱发员工的消极情绪（如羞愧）（Onkila，2015），降低员工对企业的认同感（Price 和 Sun，2017），继而导致员工创新行为的减少（Brammer 等，2015；Liu 等，2016）。鉴于员工创新是企业创新的微观基础和起点（Gumusluoglu 和 Ilsev，2009），所以员工创新行为的减少势必会恶化企业创新绩效（Dedahanov 等，2017）。最后，企业社会失责行为会降低企业对外部高素质和高创造力研发人才的吸引力（Antonetti 等，2020；Price 和 Sun，2017），从而限制企业对外部知识和人力资源的吸收和利用，恶化企业创新绩效。

作为一种高价值的无形资产，创新很难在短时间内被竞争对手模仿（Gok 和 Peker，2017），并被公认为是企业实现卓越长期绩效的关键要素（Garcia-Cabrera 等，2020；Kostopoulos 等，2011；Porter，1992）。因此，在第二阶段，子研究二推测，企业创新绩效的提高会显著改善企业长期绩效。具体原因如下。首先，创新对企业吸收能力的改善（Hughes 等，2020；Koellinger，2008）有助于企业更高效地获取、利用或重新配置价值性资源（Garcia-Cabrera 等，2020；Kostopoulos 等，2011），降低了企业平均成本（Dong 等，2020），从而帮助企业创造出基于过程的竞争优势（Process-Based Advantages）（Gok 和 Peker，2017），最终提高了企业长期绩效。其次，创新能够通过提高企业产品和服务的质量，增加消费者的满意度和忠诚度，并使企业更容易获得新客户和市场（Hogan 和 Coote，2014；Theoharakis 和 Hooley，2008），从而帮助企业占据市场领先地位（Hogan 和 Coote，2014；Koellinger，2008），最终提高了企业长期绩效。最后，创新能够缓冲不断变化的客户需求、消费者偏好（Kostopoulos 等，2011）以及周期性衰退（Geroski 等，1993）对企业的不利冲击，从而提高了企业的生存率和长期绩效（Garcia-Cabrera 等，2020）。总结以上讨论可知，企业社会失责行为会降低企业创新绩效，而企业创新绩效会帮助企业实现卓越的长期绩效。因此，企业创新绩效很有可能在企业社会失责行为与企业长期绩效之间发挥传导渠道的作用。据此，子研究二提出以下假设。

假设4-2：企业创新绩效在企业社会失责行为与企业长期绩效之间发挥显著的中介作用。

4.2.4 企业慈善捐赠的调节作用

信号理论认为，信号环境会影响信号接收者对信号的感知和解读（Bergh 等，2014；Connelly 等，2011；Shou 等，2020；Wei 等，2017），继而使信号接收者对同一信号做出差异性的反馈和响应（Wei 等，2017）。鉴于此，子研究二进一步认为，企业社会失责行为对企业长期绩效的负向影响并不是同质的，两者的关系将因信号环境的不同而呈现出差异性。在子研究二中，主要关注企业层面（如企业慈善捐赠）、行业层面（行业竞争强度）以及地区层面（地区市场化程度）这三个层面的信号环境对企业社会失责行为与企业长期绩效关系的权变影响。

在企业社会责任领域中，学者们针对企业社会责任行为如何与企业绩效产生关联提出了多种机制（Kang等，2016）。其中，企业社会责任保险机制（Insurance Mechanism）的支持者认为，必须将企业社会责任行为与企业社会失责行为视为各自独立的结构（Kang等，2016；Kim等，2021；Klein和Dawar，2004）。此外，企业社会责任保险机制的支持者还认为，虽然企业社会责任行为在正常情况下的回报可能是微不足道的，但企业社会责任行为在不良事件期间有可能产生巨大的收益（Kang等，2016；Kim等，2021）。这是因为，企业社会责任行为能够在负面事件发生的情况下为企业提供一种类似保险的保护（Godfrey，2005；Koh等，2014；Minor和Morgan，2011）。更确切地说，企业社会责任行为（如企业慈善捐赠）带来的良好声誉和道德资本（Flammer，2013），为企业提供了一种特殊的信用或者说保险，它会减轻利益相关者对企业的负面判断和评价（Godfrey等，2009），从而帮助企业缓冲坏消息或企业做坏事（Bad Things）（如企业社会失责行为）带来的负面冲击（Godfrey等，2009；Jia等，2020；Kim等，2021；Lin等，2016；Liu等，2020）。

慈善捐赠是一种典型的企业社会责任表现形式，也是企业维护与利益相关者的关系，尤其是获得政府好感的重要手段（Li等，2015；Zhao和Zhang，2019）。这是因为，企业慈善捐赠契合中国传统价值观中关于同情他人、乐善好施的理念（Zhang等，2020）。同时，企业慈善捐赠也减轻了中国政府的财政负担，在一定程度上帮助中国政府履行了促进社会福利的重要职责（Ouyang等，2019）。虽然基础假设指出，接收到社会失责信号的利益相关者会降低对这类企业的认可和支持，从而对这些企业的长期绩效产生不利影响，但是，倘若实施社会失责行为的企业同时也具有较高水平的慈善捐赠，那么企业社会失责行为对企业长期绩效的信号效应将会减弱。具体原因如下。首先，慈善捐赠这一正面信号可能会吸引各个利益相关者的注意力（Zhang 等，2020），从而降低了注意力有限的各个利益相关者（Ocasio，1997）接收到企业社会失责行为这一负面信号的可能性。其次，即便各个利益相关者接收到企业社会失责信号，高水平慈善捐赠带来的声誉和道德资本积累会减轻利益相关者对这些企业的负面判断和评价，从而减轻了利益相关者对这类企业的惩罚力度（Lin 等，2016）。社会失责行为可能是企业无意行为的这一特征（Lin-Hi 和 Müller，2013；Price 和 Sun，2017）将进一步增强各个利益相关者的上述行为倾向。前期研究也为这一观点提供了大量的佐证。例如，Klein 和 Dawar（2004）与 Liu 等（2020）分别发现，企业社会责任在出现产品损害危机（Product Harm Crisis）的情况下减弱了消费者的负面反应，以及产品损害危机对股东价值的负向影响。Flammer（2013）发现，企业的环境社会责任水平越高，股票市场对其生态有害事件的负面反应越小。此外，Lin 等（2016）发现，企业的环境责任活动可以减轻企业环境失责对其声誉的损害。

综合以上理论分析，子研究二提出以下假设。

假设 4-3a：企业慈善捐赠削弱了企业社会失责行为对企业长期绩效的负向影响。

4.2.5　行业竞争强度的调节作用

行业竞争也称为产品市场竞争，一般是指企业在产品市场中所面临的竞争激烈程度（Stagni 等，2020；Zhou 等，2016）。行业竞争可能是决定企业能否持续生存的最强大的力量（Duanmu 等，2018），随着行业竞争强度的提高，价格战和营销战将变得更为频繁，企业的利润空间会不断被挤压，企业的生存机会也会随之减少（Xu 等，2019）。因此，在行业竞争强度较高的环境中，为了实现持续的生存和发展，企业必须争夺有限的资源（Pan 等，2019），并与各个利益相关者建立良好的互动关系（Flammer，2015）。与之相呼应，前期研究发现，行业竞争会导致企业增加其积极的社会行动（Dupire 和 M'Zali，

2016）。子研究二推测，随着行业竞争强度的提高，企业社会失责行为对企业长期绩效的信号效应将被增强。具体原因如下。

首先，激烈的行业竞争作为一种重要的外部治理因素（Han 等，2018），会显著增强企业的信息透明度（梁上坤等，2020），使各个利益相关者更容易接收到企业社会失责信号，从而使企业社会失责行为对企业长期绩效产生了更为明显的信号效应（Connelly 等，2011）。其背后的关键原因在于：在激烈的行业竞争中，各个竞争者彼此之间会变得更加警惕，他们的注意力更容易迅速地被其他企业的行为所吸引，特别是当这种行为是非法的或不道德的行为之时（Liu 等，2020）。在这种状况下，竞争对手很可能会有意利用和放大企业的负外部性行为（Zhang 等，2018）来削弱企业的竞争优势，从而增强自身的竞争优势。

其次，激烈的行业竞争为各个利益相关者提供了更多的替代选择。例如，当行业竞争强度较高时，消费者很容易从一个竞争者切换到另一个竞争者（Dupire 和 M'Zali，2016）；客户也能够更自由地更换供应商（Liu 等，2020）。因此，在一个竞争非常激烈的行业，各个利益相关者往往会对企业社会失责信号做出更为负面的评价、更为严厉的惩罚（Dupire 和 M'Zali，2016），最终对企业长期绩效产生严重的不利影响。与之相对，在行业竞争不激烈的环境中，替代选择的减少可能会导致各个利益相关者仅仅"象征性"地惩罚对社会不负责任的企业。例如，有研究发现，当替代选择较少时，即便企业产生了某些社会问题（Certain Social Issues），消费者也不会减少对企业产品或服务的购买（Auger 等，2003）；尽管美国苹果公司的供应链曾被曝出存在使用童工以及工作环境恶劣等问题，但苹果公司仍凭借优质的产品实现了比其他手机制造商更优的绩效（Chen 等，2018）。

综合以上理论分析，子研究二提出以下假设。

假设 4-3b：行业竞争强度增强了企业社会失责行为对企业长期绩效的负向影响。

4.2.6 地区市场化程度的调节作用

在从计划经济转向市场经济的过程中,转型经济体(如中国)各地区在市场化程度上呈现出显著差异(Liu 等,2020;Zhou,2014)。例如,中国各地区市场发展的进程各不相同,东部沿海地区通常比中部或西部地区更发达(Hu 和 Sun,2019;Wong 等,2016)。一般来说,相较于市场化程度低的地区,市场化程度高的地区更加重视市场在资源配置中的作用(Fan 等,2011),具有更先进的发展理念(Wong 等,2016;Yang 等,2020)、更完善的法律体系、更规范的政府(Gao 和 Yang,2019),以及更为健全的信息基础设施(Liu 等,2020)。前期研究已经表明,地区市场化程度不仅影响企业战略行为和绩效(Yiu 等,2019;Zhou,2014),也影响社会活动对企业绩效的信号效应(Su 等,2016;Wei 等,2017)。例如,Su 等(2016)发现,资本市场发达程度显著削弱了企业社会责任实践对企业财务绩效的正向影响。子研究二推测,随着地区市场化程度的提高,企业社会失责行为对企业长期绩效的信号效应将被增强。具体原因如下。

首先,在市场化程度较低的地区,由于信息基础设施不健全、媒体机构不发达,因此限制了各个利益相关者的信息来源。在这些地区,各个利益相关者很可能会忽视企业社会失责信号(Wei 等,2017),从而降低了企业社会失责行为对企业长期绩效的信号效应。因为根据信号理论,如果接收方无法接收到信号,信号的影响过程将不会发生(Connelly 等,2011;Spence,1973)。与之相对,市场化程度较高的地区通常具有较为完善的信息基础设施、竞争较为充分的媒体机构。例如,在中国,几乎所有全国知名媒体都位于市场化程度较高的地区(Liu 等,2020)。换言之,在市场化程度较高的地区,各个利益相关者可以很容易地获得各种信息(Su 等,2016)。在此状况下,企业社会失责信号被各个利益相关者接收到的可能性将大幅度提高。由于市场化程度较高地区的企业必须获得各个利益相关者的认可和支持,才有可能建立其竞争优势(Flammer,2015;Sun 等,2020),因此,在市场化程度较高的地区,企业社会失责行为会对企业长期绩效产生更为明显的信号效应，导致更差的企业长期绩效。

其次，相较于市场化程度较低的地区，市场化程度较高的地区具有更先进的发展理念（如可持续发展理念）（Wong 等，2016；Yang 等，2020），各个利益相关者对企业社会责任的期望也更高（Liu 等，2020）。因此，地区市场化程度越高，各个利益相关者越可能更加负面地评价和解读企业社会失责信号，从而对企业做出更严厉的惩罚。此外，在市场化程度较低的地区，存在地方政府不仅不惩罚对社会不负责任的企业，反而通过行政手段控制负面信息、平息事端，以"保护"当地企业的现象（Liu 等，2020）。与之相对，在市场化程度较高的地区，法律规则较为完善且法律执行严格（Fan 等，2011；Gao 和 Yang，2019），实施了社会失责行为的企业很可能因此丧失政治合法性，并受到政府的严厉惩罚（Conyon 和 He，2016；Wong 等，2016）。这样，企业社会失责行为将产生更为明显的信号效应，使得企业长期绩效受到更严重的负面影响。

综合以上理论分析，子研究二提出以下假设。

假设 4-3c：地区市场化程度增强了企业社会失责行为对企业长期绩效的负向影响。

综合前文假设，笔者绘制了图 4-1 来展示子研究二的理论框架。

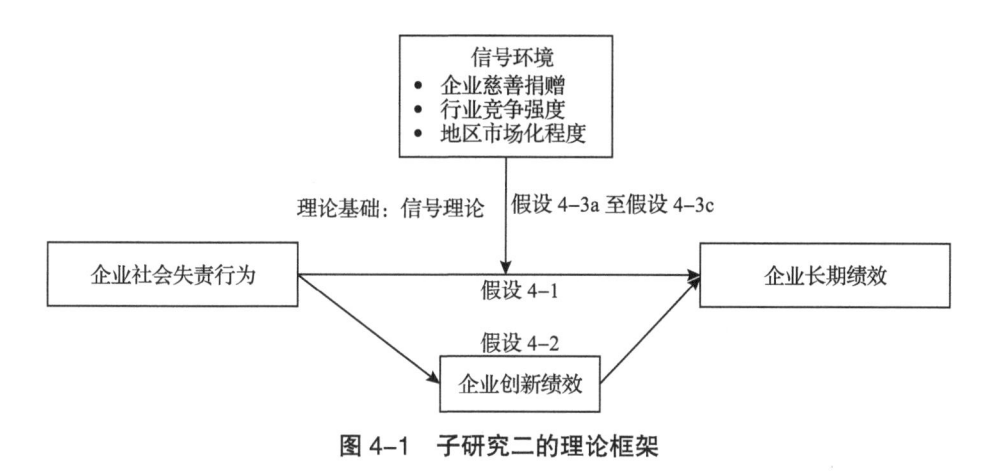

图 4-1 子研究二的理论框架

4.3 研究设计

4.3.1 样本选取

子研究二以 2003—2019 年中国 A 股上市企业作为研究对象。为了缓解互为因果的内生性问题，子研究二将所有解释变量滞后于被解释变量一期，因此，样本的基期是 2003—2018 年。此外，遵循前期研究的惯例，子研究二还对初始样本进行如下筛选：第一，由于金融行业财务报表的特殊性，子研究二剔除了金融类行业的上市企业；第二，子研究二剔除了数据存在缺失的企业样本。最终，子研究二在样本期间内获取了 2961 个上市企业的 25145 个观测样本。子研究二样本在各个行业的详细分布情况如表 4-1 所示。

表 4-1 样本在各个行业的分布情况

行业代号	行业名称	观测数量	样本占比 /%
A	农、林、牧、渔业	476	1.89
B	采矿业	626	2.49
C	制造业	15972	63.52
D	电力、热力、燃气及水生产和供应业	927	3.69
E	建筑业	650	2.59
F	批发和零售业	1491	5.93
G	交通运输、仓储和邮政业	867	3.45
H	住宿和餐饮业	113	0.45
I	信息传输、软件和信息技术服务业	1297	5.16
K	房地产业	1259	5.01
L	租赁和商务服务业	294	1.17
M	科学研究和技术服务业	127	0.51
N	水利、环境和公共设施管理业	228	0.91
O	居民服务、修理和其他服务业	49	0.19

续表

行业代号	行业名称	观测数量	样本占比 /%
P	教育	8	0.03
Q	卫生和社会工作	34	0.14
R	文化、体育和娱乐业	230	0.91
S	综合	497	1.98
—	合计	25145	100.00

子研究二的数据来源如下。第一，衡量企业社会失责行为的诉讼数据来自中国证券市场与会计研究数据库（CSMAR）的子库——诉讼仲裁研究数据库（Litigation and Arbitration Research Database）。第二，衡量企业创新绩效的专利数据来自国家知识产权局。第三，衡量地区市场化程度的原始数据来自樊纲等（2011，2018）建立的市场化指数。第四，其他企业基本特征、财务数据以及管理者信息也均来自 CSMAR。为了保证数据的准确性，子研究二通过查阅年度报告和公司网站对关键数据进行了核对。最后，子研究二检查了原始数据的数值分布情况。为了避免极端值的影响，子研究二对主要连续变量进行了 1% 和 99% 分位点的缩尾处理。

4.3.2 指标选择与变量定义

被解释变量。被解释变量是企业长期绩效（*LT Performance*）。参考前期研究的做法（Garcia-Garcia 等，2016；Sun 和 Ding，2020；Wu 等，2019），子研究二采用企业未来三年（第 $t+1$ 至 $t+3$ 年）市值均值的自然对数衡量企业长期绩效。这样衡量主要是为了平滑市值短期波动的影响，从而减少测量误差。

解释变量。解释变量是企业社会失责行为（*CSI*）。以往的研究开发了多种方式来衡量企业社会失责行为（Aouadi 和 Marsat，2016；Cho 和 Lee，2019；Jain 和 Zaman，2020）：①基于法律诉讼的发生情况来衡量；②基于企业自我报告的 CSR 关注（CSR Concerns）或薄弱环节来衡量；③基于报纸、非政府组织报告的相关内容来衡量。由于 CSR 关注或薄弱环节由企业自愿报告，因此不受严格的审计（Leung 等，2015），存在较严重的披露偏误。此外，并不是所有不负责任的行为都得到了必要的媒体报道，所以带来了报道不足的问题。因此，参考 Jain 和 Zaman（2020）的做法，子研究二采用基于法律诉讼事件的方式来反映企业对社会不负责任的行为。同时，为了提高编码方式的可靠性，参考 Jain 和 Zaman（2020）的研究，子研究二采用争议的总货币价值（*CSI Value*）和企业所涉及的不负责任事件的总数（*CSI Number*）两个维度分别刻画企业对社会不负责任的行为。具体地，*CSI Value* 采用经"年度–行业"均值调整后的企业涉案总金额加 1 后的自然对数衡量，*CSI Number* 采用经"年度–行业"均值调整后的企业涉案总件数加 1 后的自然对数衡量。

中介变量。中介变量是企业创新绩效（*Innovation Performance*）。子研究二采用专利申请数量衡量企业创新绩效（Gok 和 Peker 2017；Ko 等，2020）。之所以未采用专利授权数量来衡量，原因在于：专利授权需要检测与缴纳年费，存在较多的不确定性，而专利技术有可能在未获取专利前就已经对企业市场竞争优势等产生了影响。因此，相比于专利授权数量，专利申请数量更能够准确地反映企业的实际创新绩效。考虑到外观设计专利的创新水平较低，子研究二只考虑发明专利和新型实用专利。同时，考虑到不同行业之间的差异，子研究二采用经行业均值调整后的企业当年专利（即发明专利和新型实用专利）申请数量的自然对数衡量企业创新绩效。

调节变量。调节变量包括企业慈善捐赠（*Charity*）、行业竞争强度（*Competition*）和地区市场化程度（*Marketization*）。企业慈善捐赠（*Charity*）采用企业当年慈善捐赠金额加 1 之后的自然对数衡量。行业竞争强度（*Competition*）采用同行业（CSRC 三位数行业代码）的企业数量衡量。相比基于 Herfindahl-Hirschman 指数方法衡量行业竞争强度的传统做法，企业数量是新兴市场中衡量行业竞争强度更适合的指标，因为在这些市场中，政府干预和大量存在的国有企业使得市场份额的不平等难以准确反映行业竞争的激烈程度。对于地区市场化程度（*Marketization*），以企业总部所在地区的市场化指数作为企业所处地区的市场化程度的代理指标（樊纲等，2011；樊纲等，2018）。

控制变量。为了更准确地捕捉企业社会失责行为对企业长期绩效的影响，参考前期研究成果，子研究二控制了一系列可能影响企业长期绩效的变量（Anser 等，2018；Bentley 等，2019；Sun 和 Ding，2020）。第一，子研究二控制了企业的基本特征，包括企业规模（*Firm Size*）、企业年龄（*Firm Age*）和企业所有权性质（*SOE*）。*Firm Size* 采用企业雇员总数的自然对数衡量。*Firm Age* 采用企业成立至统计日期的年限长度衡量。若企业是国有控股的企业，则 *SOE* 取值为 1，否则为 0。第二，子研究二控制了企业的资源特征，包括内部的冗余资源（*Slack*）和外部的政治关联（*Political Ties*）。其中，*Slack* 采用流动比率（Current Ratio）、营运资本比率（Working Capital Ratio）和资产负债比率（Equity Debt Ratio）三个指标标准化后的和衡量（Chen，2008）。若 CEO 或者董事长现在或曾经在政府部门、人大以及政协等党政机关任职，则 *Political Ties* 取值为 1，否则为 0。第三，子研究二控制了高管与董事会的特征，包括 CEO 性别（*CEO Gender*）、CEO 两职兼任（*CEO Duality*）、董事会规模（*Board Size*）和董事会独立性（*Board Independent*）。若 CEO 是男性，则 *CEO Gender* 取值为 1，否则为 0。如果 CEO 同时担任董事长，则 *CEO Duality* 取值为 1，否则为 0。*Board Size* 采用董事会人数的自然对数表示。*Board Independence* 采用独立董事占董事会总人数的比值表示。

4.3.3 实证方法

针对面板数据的特性，子研究二采用高维固定效应模型进行理论假设的检验（Correia 等，2020）。原因在于：回归模型涉及多个固定效应，传统的固定效应模型不仅不能估计时不变变量的回归系数，而且估计效率很低。与之相对，使用高维固定效应模型进行假设检验（Correia 等，2020），既可以实现对时不变变量回归系数的估计，又可以提高估计的效率和精度。此外，为了缓解潜在的内生性问题，子研究二采取了以下几项措施。第一，将所有解释变量滞后于被解释变量一期，以缓解解释变量与被解释变量互为因果的内生性问题（Tang 等，2015）。第二，控制了企业、管理者、董事会等层面的一系列控制变量。第三，在模型中进一步引入公司（*firm*）、年份（*year*）和行业（*industry*）固定效应，以控制组内随时间的变化，并借此缓解遗漏变量引致的内生性问题（Tang 等，2015）。

4.4 实证检验与结果

4.4.1 描述性统计与相关系数

表 4-2a 与表 4-2b 分别列示了描述性统计与相关系数。由表 4-2a 可知，企业长期绩效的均值为 22.63，标准差为 1.10；企业社会失责金额（*CSI Value*）的均值为 -0.09，标准差为 5.54；企业社会失责数量（*CSI Number*）的均值为 -0.01，标准差为 0.49；企业创新绩效的均值为 0.05，标准差为 1.32。

由表 4-2b 可知，企业社会失责行为与企业长期绩效之间的系数为正但没有达到显著性水平（r=0.003，p＞0.1；r=0.007，p＞0.1）；企业社会失责行为与企业创新绩效之间的系数显著为负（r=-0.024，p＜0.01；r=-0.021，p＜0.01）；企业创新绩效与企业长期绩效之间的系数显著为正（r=0.390，p＜0.01）。此外，由表 4-2b 可知，解释变量之间的相关性均低于 0.5，表明不存在严重的多重共线性问题。进一步地，方差膨胀因子检验的结果表明，解释变量的 VIF 值在 1.01 至 1.37 之间，远低于多重共线性的阈值 10。因此，变量设定较为合理，不存在严重的多重共线性问题，适合进行回归分析。

表 4-2a 描述性统计

变量	N	Mean	SD	Min	P25	P50	P75	Max
LT Performance	25145	22.63	1.10	20.01	21.87	22.50	23.25	25.86
CSI Value	25145	-0.09	5.54	-7.64	-3.01	-1.47	-0.67	17.06
CSI Number	25145	-0.01	0.49	-0.73	-0.24	-0.11	-0.04	2.42
Innovation Performance	25145	0.05	1.32	-2.90	-0.79	-0.10	0.91	3.50

续表

变量	N	Mean	SD	Min	P25	P50	P75	Max
Charity	25145	8.48	6.04	0.00	0.00	11.29	13.20	16.94
Competition	25145	4.08	1.00	0.69	3.47	4.20	4.88	5.80
Marketization	25145	7.76	1.84	2.81	6.43	7.88	9.30	11.04
Firm Size	25145	7.54	1.32	3.58	6.72	7.52	8.36	10.84
Firm Age	25145	14.85	5.60	1.21	10.78	14.64	18.63	30.02
SOE	25145	0.46	0.50	0.00	0.00	0.00	1.00	1.00
Slack	25145	0.10	2.68	−5.01	−1.43	−0.71	0.64	11.76
Political Ties	25145	0.34	0.47	0.00	0.00	0.00	1.00	1.00
CEO Gender	25145	0.94	0.23	0.00	1.00	1.00	1.00	1.00
CEO Duality	25145	0.23	0.42	0.00	0.00	0.00	0.00	1.00
Board Size	25145	8.90	1.81	5.00	8.00	9.00	9.00	15.00
Board Independent	25145	0.37	0.05	0.00	0.33	0.33	0.40	0.57

4.4.2 回归分析与结果

表4-3和表4-4列示了企业社会失责行为对企业长期绩效影响的检验结果。其中，表4-3使用企业社会失责金额（*CSI Value*）衡量企业社会失责行为；表4-4使用企业社会失责数量（*CSI Number*）衡量企业社会失责行为。假设4-1提出，企业社会失责行为会对企业长期绩效产生显著的负向影响。表4-3和表4-4的模型（1）汇报了这一关系的检验结果。由表4-3的模型（1）可知，企业社会失责金额（*CSI Value*）与企业长期绩效（*LT Performance*）之间是显著的负相关关系（beta=−0.001，p<0.10）。由表4-4的模型（1）可知，企业社会失责数量（*CSI Number*）与企业长期绩效（*LT Performance*）之间也是显著的负相关关系（beta=−0.015，p<0.01）。上述检验结果表明，随着企业实施社会失责行为的程度增加，企业的长期绩效越差。因此，假设4-1得到了支持。

假设4-3a提出，企业慈善捐赠削弱了企业社会失责行为对企业长期绩效

表 4-2b 相关系数

	变量	1	2	3	4	5	6	7	8	9	10	11	12	13	14	15	16
1	LT Performance	1.000															
2	CSI Value	0.003	1.000														
3	CSI Number	0.007	0.834	1.000													
4	Innovation Performance	0.390	−0.024	−0.021	1.000												
5	Charity	0.272	−0.016	−0.021	0.202	1.000											
6	Competition	0.012	−0.005	−0.002	0.008	0.005	1.000										
7	Marketization	0.050	−0.005	−0.012	0.091	0.006	0.113	1.000									
8	Firm Size	0.605	0.002	0.007	0.401	0.262	−0.064	−0.060	1.000								
9	Firm Age	0.237	0.065	0.073	−0.038	0.012	0.134	0.073	0.025	1.000							
10	SOE	0.209	0.013	0.012	0.111	−0.044	−0.161	−0.183	0.231	0.058	1.000						
11	Slack	−0.224	−0.049	−0.053	−0.122	−0.074	0.118	0.078	−0.328	−0.107	−0.270	1.000					
12	Political Ties	0.106	−0.010	−0.011	0.037	0.159	−0.015	−0.028	0.033	0.038	−0.097	0.029	1.000				
13	CEO Gender	0.020	0.002	0.001	0.032	−0.018	0.014	−0.010	0.046	−0.031	0.075	−0.035	−0.033	1.000			
14	CEO Duality	−0.104	−0.003	−0.003	−0.034	0.004	0.111	0.111	−0.098	−0.047	−0.281	0.156	−0.009	0.014	1.000		
15	Board Size	0.188	−0.008	−0.006	0.129	0.074	−0.128	−0.092	0.244	−0.057	0.276	−0.163	−0.006	0.065	−0.171	1.000	
16	Board Independent	0.082	−0.001	0.000	0.015	0.014	0.058	0.039	−0.012	0.048	−0.095	0.051	0.035	−0.046	0.105	−0.407	1.000

注：N=25145；相关系数的绝对值不小于 0.0018 时，它在 0.01 的水平上显著。

的负向影响。表4-3和表4-4的模型（2）检验了上述假设。由表4-3的模型（2）可知，企业社会失责金额与企业慈善捐赠的交互项（CSI Value×Charity）与企业长期绩效（LT Performance）之间是显著的正相关关系（beta=0.0002，p<0.01）。由表4-4的模型（2）可知，企业社会失责数量与企业慈善捐赠的交互项（CSI Number×Charity）与企业长期绩效（LT Performance）之间也是显著的正相关关系（beta=0.005，p<0.01）。这说明，企业慈善捐赠削弱了企业社会失责行为对企业长期绩效的负向影响。因此，假设4-3a得到了支持。根据回归结果，子研究二绘制了图4-2（a）和图4-2（b）。

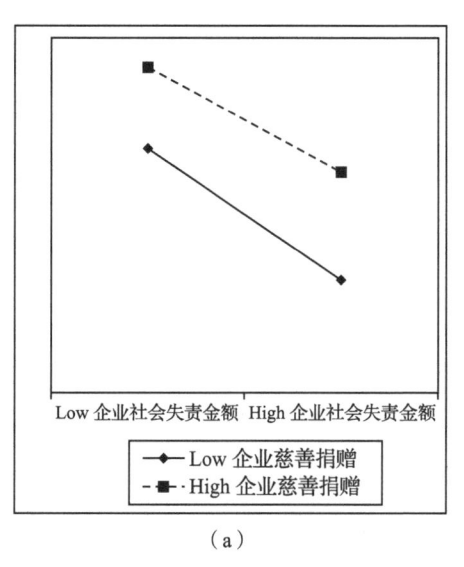

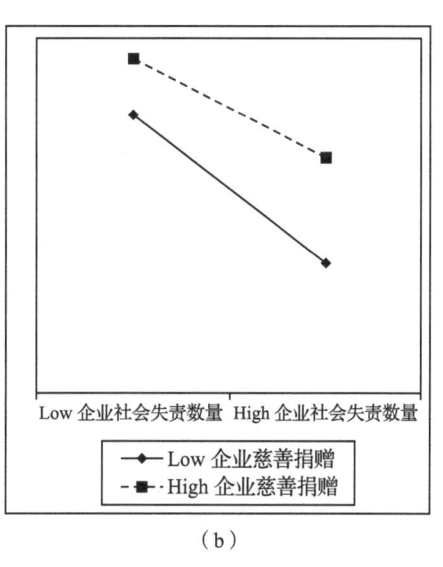

图 4-2 企业慈善捐赠的调节示意图

假设4-3b提出，行业竞争强度增强了企业社会失责行为对企业长期绩效的负向影响。表4-3和表4-4的模型（3）检验了上述假设。由表4-3的模型（3）可知，企业社会失责金额与行业竞争强度的交互项（CSI Value×Competition）与企业长期绩效（LT Performance）之间是显著的正相关关系（beta=0.001，p<0.01）。由表4-4的模型（3）可知，企业社会失责数量与行业竞争强度的交互项（CSI Number×Competition）与企业长期绩效（LT Performance）之间也是显著的正相关关系（beta=0.012，p<0.05）。这说明，行业竞争强度削弱

了企业社会失责行为对企业长期绩效的负向影响。因此，假设4-3b得到了反向支持。根据回归结果，子研究二绘制了图4-3（a）和图4-3（b）。

（a）

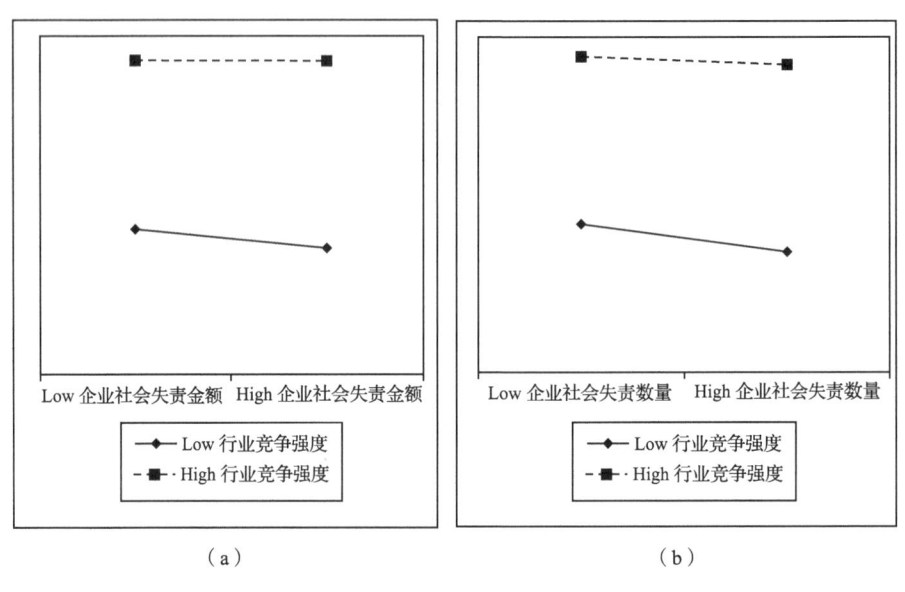

（b）

图4-3　行业竞争强度的调节示意图

假设4-3c提出，地区市场化程度增强了企业社会失责行为对企业长期绩效的负向影响。表4-3和表4-4的模型（4）检验了上述假设。由表4-3的模型（4）可知，企业社会失责金额与地区市场化程度的交互项（CSI Value×Marketization）与企业长期绩效（LT Performance）之间是显著的负相关关系（beta=-0.001，p<0.01）。由表4-4的模型（4）可知，企业社会失责数量与地区市场化程度的交互项（CSI Number×Marketization）与企业长期绩效（LT Performance）之间也是显著的负相关关系（beta=-0.012，p<0.01）。这说明，地区市场化程度增强了企业社会失责行为对企业长期绩效的负向影响。因此，假设4-3c得到了支持。根据回归结果，子研究二绘制了图4-4（a）和图4-4（b）。

第四章 企业社会失责行为对企业长期绩效的影响

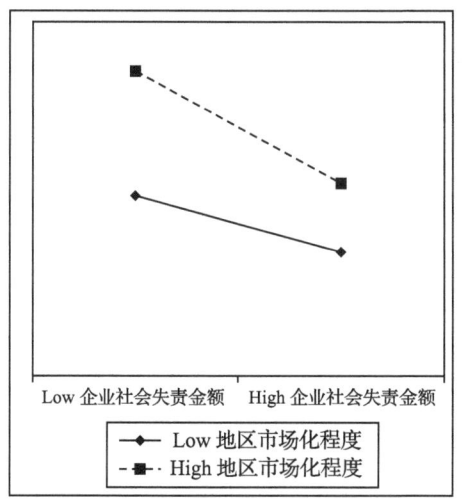

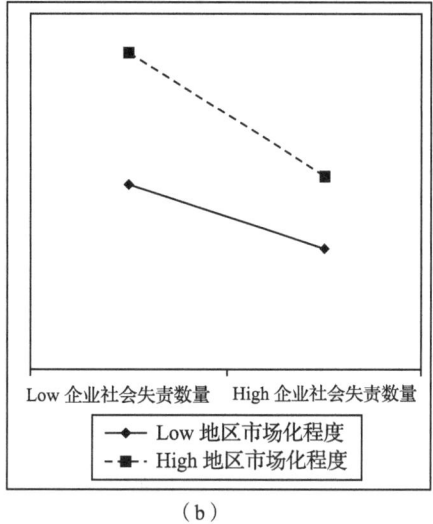

(a)　　　　　　　　　　　　　　(b)

图 4-4　地区市场程度的调节示意图

表 4-3　企业社会失责金额（*CSI Value*）对企业长期绩效的检验结果

	模型（1）	模型（2）	模型（3）	模型（4）	模型（5）
CSI Value	−0.001*	−0.001*	−0.001**	−0.001	−0.001*
	(−1.95)	(−1.90)	(−2.27)	(−1.62)	(−1.88)
CSI Value × *Charity*		0.0002***			0.000***
		(3.29)			(3.27)
CSI Value × *Competition*			0.001***		0.002***
			(2.97)		(3.25)
CSI Value × *Marketization*				−0.001***	−0.001***
				(−2.75)	(−3.16)
Charity	0.008***	0.008***	0.008***	0.008***	0.008***
	(14.68)	(14.63)	(14.66)	(14.71)	(14.65)
Competition	0.106***	0.107***	0.105***	0.106***	0.106***
	(9.73)	(9.79)	(9.67)	(9.72)	(9.71)
Marketization	0.019***	0.019***	0.019***	0.019***	0.020***
	(3.45)	(3.41)	(3.47)	(3.58)	(3.59)

续表

	模型（1）	模型（2）	模型（3）	模型（4）	模型（5）
Firm Size	0.207***	0.207***	0.207***	0.208***	0.207***
	(48.38)	(48.31)	(48.41)	(48.44)	(48.42)
Firm Age	−0.040***	−0.040***	−0.040***	−0.041***	−0.040***
	(−3.16)	(−3.13)	(−3.14)	(−3.19)	(−3.15)
SOE	−0.020	−0.021	−0.020	−0.021	−0.022
	(−1.32)	(−1.39)	(−1.35)	(−1.36)	(−1.46)
Slack	−0.025***	−0.025***	−0.025***	−0.025***	−0.025***
	(−16.89)	(−16.93)	(−16.91)	(−16.88)	(−16.94)
Political Ties	0.015**	0.015**	0.015*	0.015**	0.015**
	(2.00)	(2.02)	(1.96)	(2.01)	(1.99)
CEO Gender	0.005	0.006	0.005	0.005	0.006
	(0.34)	(0.39)	(0.33)	(0.33)	(0.37)
CEO Duality	0.002	0.003	0.003	0.003	0.003
	(0.29)	(0.34)	(0.34)	(0.30)	(0.40)
Board Size	0.013***	0.013***	0.013***	0.013***	0.013***
	(5.22)	(5.21)	(5.17)	(5.19)	(5.13)
Board Independent	0.200***	0.200***	0.196***	0.199***	0.196***
	(2.87)	(2.88)	(2.83)	(2.87)	(2.82)
Constant	20.833**	20.829**	20.832**	20.833**	20.829**
	(100.63)	(100.64)	(100.65)	(100.65)	(100.67)
R^2	0.918	0.918	0.918	0.918	0.918
F	303.543***	282.757***	282.592***	282.485***	248.749***
N	25145	25145	25145	25145	25145

注：*p<0.10，**p<0.05，***p<0.01；括号内为标准误差；双尾检验；公司、年份和行业效应得到了控制。

表 4-4　企业社会失责数量（*CSI Number*）对企业长期绩效的检验结果

	模型（1）	模型（2）	模型（3）	模型（4）	模型（5）
CSI Number	−0.015***	−0.015**	−0.017***	−0.013**	−0.014**
	（−2.60）	（−2.53）	（−2.81）	（−2.18）	（−2.33）
CSI Number×*Charity*		0.005***			0.005***
		（5.22）			（5.29）
CSI Number×*Competition*			0.012**		0.014**
			（2.00）		（2.50）
CSI Number×*Marketization*				−0.012***	−0.013***
				（−3.77）	（−4.19）
Charity	0.008***	0.008***	0.008***	0.008***	0.008***
	（14.68）	（14.59）	（14.68）	（14.70）	（14.61）
Competition	0.107***	0.107***	0.106***	0.107***	0.106***
	（9.78）	（9.80）	（9.75）	（9.78）	（9.77）
Marketization	0.019***	0.018***	0.019***	0.020***	0.020***
	（3.43）	（3.40）	（3.44）	（3.61）	（3.61）
Firm Size	0.207***	0.206***	0.207***	0.207***	0.207***
	（48.35）	（48.16）	（48.36）	（48.43）	（48.28）
Firm Age	−0.040***	−0.040***	−0.040***	−0.041***	−0.040***
	（−3.16）	（−3.09）	（−3.13）	（−3.23）	（−3.14）
SOE	−0.021	−0.022	−0.021	−0.021	−0.022
	（−1.36）	（−1.46）	（−1.35）	（−1.38）	（−1.47）
Slack	−0.025***	−0.025***	−0.025***	−0.025***	−0.025***
	（−16.90）	（−17.01）	（−16.91）	（−16.92）	（−17.04）
Political Ties	0.015**	0.015**	0.015**	0.015**	0.015**
	（1.99）	（2.06）	（1.97）	（2.01）	（2.05）
CEO Gender	0.005	0.007	0.005	0.005	0.007
	（0.35）	（0.48）	（0.34）	（0.33）	（0.46）
CEO Duality	0.003	0.004	0.003	0.003	0.004
	（0.31）	（0.42）	（0.35）	（0.30）	（0.45）

续表

	模型（1）	模型（2）	模型（3）	模型（4）	模型（5）
Board Size	0.013***	0.013***	0.013***	0.013***	0.013***
	(5.20)	(5.21)	(5.18)	(5.16)	(5.12)
Board Independent	0.200***	0.202***	0.197***	0.199***	0.198***
	(2.88)	(2.91)	(2.84)	(2.86)	(2.85)
Constant	20.832***	20.825***	20.828***	20.838***	20.826***
	(100.64)	(100.66)	(100.63)	(100.70)	(100.71)
R^2	0.918	0.918	0.918	0.918	0.918
F	303.812***	284.397***	282.437***	283.297***	250.400***
N	25145	25145	25145	25145	25145

注：*p<0.10，**p<0.05，***p<0.01；括号内为标准误差；双尾检验；公司、年份和行业效应得到了控制。

假设4-2提出，企业创新绩效在企业社会失责行为与企业长期绩效之间发挥显著的中介作用。表4-5列示了企业创新绩效是否在企业社会失责行为与企业长期绩效之间发挥中介作用的检验结果。由表4-5的模型（1）可知，企业社会失责金额（CSI Value）与企业创新绩效（Innovation Performance）之间是显著的负相关关系（beta=-0.002，p<0.05）。对比表4-5的模型（2）和模型（3）可知，在控制了企业创新绩效（Innovation Performance）之后，企业社会失责金额（CSI Value）对企业长期绩效（LT Performance）的影响系数的绝对值变小了（由0.0010减少至0.0009）。

由表4-5的模型（4）可知，企业社会失责数量（CSI Number）与企业创新绩效（Innovation Performance）之间是显著的负相关关系（beta=-0.039，p<0.01）。对比表4-5的模型（5）和模型（6）可知，在控制了企业创新绩效（Innovation Performance）之后，企业社会失责数量（CSI Number）对企业长期绩效（LT Performance）的影响系数的绝对值变小了（由0.015减少至0.013）。综合可知，假设4-2得到了支持。

第四章 企业社会失责行为对企业长期绩效的影响

表 4-5 企业创新绩效中介作用的检验结果

	模型（1） *Innovation Performance*	模型（2） *LT Performance*	模型（3） *LT Performance*	模型（4） *Innovation Performance*	模型（5） *LT Performance*	模型（6） *LT Performance*
CSI Value	−0.002**	−0.0010*	−0.0009*			
	(−2.08)	(−1.95)	(−1.72)			
Innovation Performance			0.050***			0.049***
			(17.36)			(17.34)
CSI Number				−0.039***	−0.015***	−0.013**
				(−2.80)	(−2.60)	(−2.29)
Charity	0.010***	0.008***	0.007***	0.010***	0.008***	0.007***
	(7.67)	(14.68)	(13.86)	(7.67)	(14.68)	(13.86)
Competition	0.155***	0.106***	0.098***	0.156***	0.107***	0.099***
	(6.07)	(9.73)	(9.08)	(6.12)	(9.78)	(9.12)
Marketization	−0.002	0.019***	0.019***	−0.002	0.019***	0.019***
	(−0.16)	(3.45)	(3.49)	(−0.18)	(3.43)	(3.48)
Firm Size	0.256***	0.207***	0.195***	0.255***	0.207***	0.194***
	(25.47)	(48.38)	(45.07)	(25.44)	(48.35)	(45.05)
Firm Age	0.068**	−0.040***	−0.044***	0.068**	−0.040***	−0.044***
	(2.25)	(−3.16)	(−3.44)	(2.25)	(−3.16)	(−3.44)
SOE	0.058	−0.020	−0.023	0.056	−0.021	−0.023
	(1.62)	(−1.32)	(−1.52)	(1.58)	(−1.36)	(−1.55)
Slack	−0.005	−0.025***	−0.025***	−0.005	−0.025***	−0.025***
	(−1.56)	(−16.89)	(−16.82)	(−1.57)	(−16.90)	(−16.83)
Political Ties	−0.023	0.015**	0.016**	−0.023	0.015**	0.016**
	(−1.32)	(2.00)	(2.17)	(−1.33)	(1.99)	(2.16)
CEO Gender	0.053	0.005	0.002	0.054	0.005	0.003
	(1.52)	(0.34)	(0.16)	(1.54)	(0.35)	(0.17)

续表

	模型（1）	模型（2）	模型（3）	模型（4）	模型（5）	模型（6）
	Innovation Performance	*LT Performance*	*LT Performance*	*Innovation Performance*	*LT Performance*	*LT Performance*
CEO Duality	0.022	0.002	0.001	0.022	0.003	0.002
	（1.11）	（0.29）	（0.16）	（1.13）	（0.31）	（0.18）
Board Size	0.026***	0.013***	0.012***	0.026***	0.013***	0.012***
	（4.26）	（5.22）	（4.75）	（4.24）	（5.20）	（4.74）
Board Independent	0.411**	0.200***	0.179***	0.411**	0.200***	0.179***
	（2.52）	（2.87）	（2.60）	（2.53）	（2.88）	（2.60）
Constant	−4.026***	20.833***	21.032***	−4.027***	20.832***	21.031***
	（−8.30）	（100.63）	（102.13）	（−8.31）	（100.64）	（102.13）
R^2	0.686	0.918	0.919	0.686	0.918	0.919
F	75.019***	303.543***	307.209***	75.300***	303.812**	307.405**
N	25145	25145	25145	25145	25145	25145

注：*$p<0.10$，**$p<0.05$，***$p<0.01$；括号内为标准误差；双尾检验；公司、年份和行业效应得到了控制。

4.4.3 内生性问题的解决

虽然子研究二已经通过将解释变量进行滞后处理、引入多层次控制变量，以及加入公司、年份、行业虚拟变量等方式缓解了内生性问题，但仍然无法排除内生性问题的影响。鉴于此，子研究二进一步采用 Heckman 两阶段模型（Heckman Two-Stage Model）、剂量-响应函数法（Dose-Response Function，DRF），以及工具变量法（Instrumental Variable Approach）三种方法进行内生性问题的处理。

（1）Heckman 两阶段模型（Heckman Two-Stage Model）。子研究二采用上市公司的法律诉讼情况刻画企业社会失责行为。虽然中国证券监督管理委员会对年报中披露法律诉讼情况有相关的规定，但仍可能存在企业选择性地不披露所有的法律诉讼信息的情况。例如，子研究二观察到一些企业由于信息披露不完善而受到批评或者处罚。因此，采用上市公司的法律诉讼情况刻画企业社会失责行为仍然存在一定的披露缺失问题，可能导致企业社会失责行为的样本选择偏误（Heckman，1979）。

针对上述问题，子研究二采用 Heckman 两阶段模型来控制样本选择偏误。在第一阶段，子研究二将解释变量设置为企业是否披露法律诉讼信息。具体地，针对不同的自变量，即 *CSI Value* 和 *CSI Number*，子研究二分别生成 *Disclose CSI Value* 和 *Disclose CSI Number* 两个虚拟变量。子研究二使用以下两个排他性约束变量（Exclusion restrictions）。第一个排他性约束变量是主板上市（*Main Board Listing*），即企业是否在主板上市。第二个排他性约束变量是行业诉讼信息披露率（*Industry CSI Disclosure*），即同行企业中该年报告公司法律诉讼情况的企业占比。针对不同的自变量，即 *CSI Value* 和 *CSI Number*，子研究二分别生成 *Industry CSI Value Disclosure* 和 *Industry CSI Number Disclosure*。

子研究二认为，上述所选择的排他性约束变量满足与第一阶段方程的解释变量相关，而与第二阶段方程的被解释变量不相关的条件。原因在于：一方面，主板上市企业受到更为严格的监管，更有可能在年报中披露法律诉讼信息。但是主板上市与否并不直接影响企业社会失责行为。另一方面，同行业内报告法律诉讼信息的行为惯例会影响该行业内企业对法律诉讼信息的主动披露程度，但也与企业社会失责行为不直接相关。

在此基础上，遵照 Wooldridge（2016）的建议，子研究二将主要回归方程中的所有解释变量全部加入 Heckman 两阶段模型中进行控制。表 4-6 和表 4-7 分别列示了基于 Heckman 两阶段模型修正后的主效应和调节效应的检验结果。表 4-8 和表 4-9 分别列示了基于 Heckman 两阶段模型修正后的中介效应的检验结果。子研究二发现，*Main Board Listing* 和 *Industry CSI Disclosure* 均在 1% 的水平上显著，表明排他性约束变量具有有效性。最终，在控制了潜在的样本选择偏误后，研究结论未发生实质性改变。

表 4-6　企业社会失责金额（*CSI Value*）对企业长期绩效的检验结果
（Heckman 两阶段模型）

	模型（1）	模型（2）	模型（3）	模型（4）	模型（5）	模型（6）
Dependent variable	*Disclose CSI Value*	*LT Performance*				
Regression stage	First stage	Second stage				
Main Board Listing	0.074**					
	(2.30)					
Industry CSI Value Disclosure	4.411***					
	(19.96)					
CSI Value		−0.001**	−0.001**	−0.001**	−0.001*	−0.001**
		(−2.19)	(−2.14)	(−2.53)	(−1.86)	(−2.14)
CSI Value×Charity			0.000***			0.000***
			(3.22)			(3.20)
CSI Value× Competition				0.002***		0.002***
				(3.14)		(3.42)
CSI Value× Marketization					−0.001***	−0.001***
					(−2.73)	(−3.16)
Charity	−0.004**	0.007***	0.007***	0.007***	0.007***	0.007***
	(−2.16)	(13.78)	(13.74)	(13.76)	(13.81)	(13.75)
Competition	0.086*	0.105***	0.106***	0.104***	0.105***	0.105***
	(1.83)	(9.65)	(9.71)	(9.59)	(9.64)	(9.63)
Marketization	0.004	0.018***	0.017***	0.018***	0.018***	0.018***
	(0.64)	(3.24)	(3.20)	(3.26)	(3.37)	(3.38)
Firm Size	−0.024**	0.204***	0.204***	0.204***	0.205***	0.205***
	(−2.41)	(47.60)	(47.53)	(47.63)	(47.66)	(47.65)
Firm Age	0.021***	−0.038***	−0.038***	−0.038***	−0.039***	−0.038***
	(8.04)	(−2.98)	(−2.96)	(−2.96)	(−3.01)	(−2.97)

续表

Dependent variable	模型（1） ***Disclose CSI Value***	模型（2）	模型（3）	模型（4）	模型（5）	模型（6）
		\multicolumn{5}{c}{***LT Performance***}				
Regression stage	First stage	\multicolumn{5}{c}{Second stage}				
SOE	−0.040	−0.022	−0.022	−0.022	−0.022	−0.024
	(−1.51)	(−1.42)	(−1.49)	(−1.45)	(−1.46)	(−1.56)
Slack	−0.036***	−0.028***	−0.028***	−0.028***	−0.028***	−0.028***
	(−7.08)	(−18.51)	(−18.54)	(−18.55)	(−18.50)	(−18.57)
Political Ties	−0.016	0.013*	0.014*	0.013*	0.013*	0.013*
	(−0.68)	(1.79)	(1.82)	(1.75)	(1.80)	(1.78)
CEO Gender	0.020	0.007	0.008	0.007	0.007	0.008
	(0.43)	(0.48)	(0.52)	(0.46)	(0.47)	(0.51)
CEO Duality	0.024	0.005	0.006	0.006	0.005	0.006
	(0.87)	(0.61)	(0.66)	(0.66)	(0.62)	(0.72)
Board Size	−0.017**	0.011***	0.011***	0.011***	0.011***	0.011***
	(−2.36)	(4.45)	(4.45)	(4.40)	(4.43)	(4.36)
Board Independent	−0.301	0.169**	0.170**	0.165**	0.168**	0.165**
	(−1.31)	(2.43)	(2.44)	(2.38)	(2.42)	(2.38)
Inverse Mills Ratio		0.110***	0.109***	0.110***	0.110***	0.110***
		(8.22)	(8.19)	(8.26)	(8.22)	(8.23)
Constant	−2.068***	20.670***	20.667***	20.668***	20.670***	20.666***
	(−8.18)	(99.49)	(99.50)	(99.51)	(99.51)	(99.53)
R^2	0.118	0.918	0.918	0.918	0.918	0.918
F	—	286.988***	268.658***	268.620***	268.430***	238.384***
N	25104	25104	25104	25104	25104	25104

注：*p<0.10，**p<0.05，***p<0.01；括号内为标准误差；双尾检验；公司、年份和行业效应得到了控制。

表 4-7 企业社会失责数量（*CSI Number*）对企业长期绩效的检验结果
（Heckman 两阶段模型）

	模型（1）	模型（2）	模型（3）	模型（4）	模型（5）	模型（6）
Dependent variable	*Disclose CSI Number*	*LT Performance*				
Regression stage	First stage	Second stage				
Main Board Listing	0.151***					
	(4.92)					
Industry CSI Number Disclosure	4.168***					
	(21.69)					
CSI Number		−0.017***	−0.016***	−0.018***	−0.014**	−0.015***
		(−2.84)	(−2.77)	(−3.07)	(−2.42)	(−2.59)
CSI Number×Charity			0.005***			0.005***
			(5.29)			(5.35)
CSI Number× Competition				0.013**		0.016***
				(2.20)		(2.70)
CSI Number× Marketization					−0.012***	−0.013***
					(−3.78)	(−4.23)
Charity	−0.005**	0.007***	0.007***	0.007***	0.007***	0.007***
	(−2.48)	(13.63)	(13.54)	(13.63)	(13.65)	(13.56)
Competition	0.082*	0.102***	0.102***	0.101***	0.102***	0.101***
	(1.81)	(9.33)	(9.36)	(9.30)	(9.33)	(9.32)
Marketization	0.011	0.018***	0.018***	0.018***	0.019***	0.019***
	(1.59)	(3.33)	(3.29)	(3.34)	(3.51)	(3.51)
Firm Size	−0.031***	0.203***	0.203***	0.204***	0.204***	0.203***
	(−3.25)	(47.37)	(47.18)	(47.38)	(47.46)	(47.30)
Firm Age	0.023***	−0.037***	−0.036***	−0.037***	−0.038***	−0.037***
	(9.23)	(−2.89)	(−2.83)	(−2.86)	(−2.97)	(−2.87)

续表

Dependent variable	模型（1） *Disclose CSI Number*	模型（2）	模型（3）	模型（4）	模型（5）	模型（6）
		LT Performance				
Regression stage	First stage	Second stage				
SOE	−0.040	−0.023	−0.024	−0.023	−0.023	−0.025
	(−1.57)	(−1.50)	(−1.60)	(−1.50)	(−1.52)	(−1.62)
Slack	−0.031***	−0.028***	−0.028***	−0.028***	−0.028***	−0.028***
	(−6.53)	(−18.56)	(−18.67)	(−18.58)	(−18.59)	(−18.72)
Political Ties	−0.005	0.014*	0.015**	0.014*	0.014*	0.015**
	(−0.21)	(1.91)	(1.98)	(1.89)	(1.93)	(1.97)
CEO Gender	0.024	0.009	0.011	0.009	0.008	0.010
	(0.54)	(0.59)	(0.72)	(0.58)	(0.57)	(0.70)
CEO Duality	0.026	0.006	0.007	0.006	0.006	0.007
	(1.02)	(0.68)	(0.79)	(0.72)	(0.67)	(0.82)
Board Size	−0.012*	0.012***	0.012***	0.012***	0.012***	0.012***
	(−1.79)	(4.58)	(4.58)	(4.54)	(4.53)	(4.49)
Board Independent	−0.218	0.174**	0.176**	0.171**	0.173**	0.171**
	(−0.99)	(2.50)	(2.53)	(2.46)	(2.49)	(2.47)
Inverse Mills Ratio		0.119***	0.119***	0.119***	0.119***	0.120***
		(9.16)	(9.17)	(9.19)	(9.17)	(9.22)
Constant	−2.093***	20.659***	20.651***	20.654***	20.664***	20.651***
	(−8.71)	(99.53)	(99.56)	(99.52)	(99.59)	(99.60)
R^2	0.119	0.918	0.918	0.918	0.918	0.918
F	—	288.620***	271.572***	269.750***	270.497***	241.170***
N	25104	25104	25104	25104	25104	25104

注：*p<0.10，**p<0.05，***p<0.01；括号内为标准误差；双尾检验；公司、年份和行业效应得到了控制。

表 4-8　企业创新绩效在企业社会失责金额（*CSI Value*）与企业长期绩效之间中介作用的检验结果（Heckman 两阶段模型）

	模型（1）	模型（2）	模型（3）	模型（4）
Dependent variable	*Disclose CSI Value*	*Innovation Performance*	*LT Performance*	*LT Performance*
Regression stage	First stage	Second stage	Second stage	Second stage
Main Board Listing	0.074**			
	(2.30)			
Industry CSI Value Disclosure	4.411***			
	(19.96)			
CSI Value		−0.002**	−0.001**	−0.001**
		(−2.03)	(−2.19)	(−1.96)
Innovation Performance				0.050***
				(17.48)
Charity	−0.004**	0.010***	0.007***	0.007***
	(−2.16)	(7.72)	(13.78)	(12.95)
Competition	0.086*	0.155***	0.105***	0.097***
	(1.83)	(6.06)	(9.65)	(9.00)
Marketization	0.004	−0.001	0.018***	0.018***
	(0.64)	(−0.11)	(3.24)	(3.27)
Firm Size	−0.024**	0.257***	0.204***	0.192***
	(−2.41)	(25.56)	(47.60)	(44.27)
Firm Age	0.021***	0.066**	−0.038***	−0.041***
	(8.04)	(2.22)	(−2.98)	(−3.26)
SOE	−0.040	0.058	−0.022	−0.024
	(−1.51)	(1.63)	(−1.42)	(−1.62)

续表

Dependent variable	模型（1） *Disclose CSI Value*	模型（2） *Innovation Performance*	模型（3） *LT Performance*	模型（4） *LT Performance*
Regression stage	First stage	Second stage		
Slack	−0.036***	−0.004	−0.028***	−0.028***
	(−7.08)	(−1.09)	(−18.51)	(−18.51)
Political Ties	−0.016	−0.021	0.013*	0.014*
	(−0.68)	(−1.21)	(1.79)	(1.95)
CEO Gender	0.020	0.052	0.007	0.004
	(0.43)	(1.50)	(0.48)	(0.30)
CEO Duality	0.024	0.021	0.005	0.004
	(0.87)	(1.05)	(0.61)	(0.49)
Board Size	−0.017**	0.027***	0.011***	0.010***
	(−2.36)	(4.41)	(4.45)	(3.96)
Board Independent	−0.301	0.429***	0.169**	0.148**
	(−1.31)	(2.63)	(2.43)	(2.13)
Inverse Mills Ratio		−0.051	0.110***	0.112***
		(−1.64)	(8.22)	(8.47)
Constant	−2.068***	−3.955***	20.670***	20.867***
	(−8.18)	(−8.12)	(99.49)	(100.98)
R^2	0.118	0.686	0.918	0.919
F	—	69.953***	286.988***	291.917***
N	25104	25104	25104	25104

注：*p<0.10，**p<0.05，***p<0.01；括号内为标准误差；双尾检验；公司、年份和行业效应得到了控制。

表 4-9　企业创新绩效在企业社会失责数量（*CSI Number*）与企业长期绩效之间中介作用的检验结果（Heckman 两阶段模型）

	模型（1）	模型（2）	模型（3）	模型（4）
Dependent variable	*Disclose CSI Number*	*Innovation Performance*	*LT Performance*	*LT Performance*
Regression stage	First stage	Second stage	Second stage	Second stage
Main Board Listing	0.151***			
	(4.92)			
Industry CSI Number Disclosure	4.168***			
	(21.69)			
CSI Number		−0.038***	−0.017***	−0.015**
		(−2.73)	(−2.84)	(−2.54)
Innovation Performance				0.050***
				(17.51)
Charity	−0.005**	0.010***	0.007***	0.007***
	(−2.48)	(7.78)	(13.63)	(12.79)
Competition	0.082*	0.158***	0.102***	0.094***
	(1.81)	(6.20)	(9.33)	(8.66)
Marketization	0.011	−0.002	0.018***	0.018***
	(1.59)	(−0.15)	(3.33)	(3.37)
Firm Size	−0.031***	0.258***	0.203***	0.191***
	(−3.25)	(25.58)	(47.37)	(44.03)
Firm Age	0.023***	0.066**	−0.037***	−0.040***
	(9.23)	(2.19)	(−2.89)	(−3.17)
SOE	−0.040	0.057	−0.023	−0.026*
	(−1.57)	(1.61)	(−1.50)	(−1.70)
Slack	−0.031***	−0.004	−0.028***	−0.028***
	(−6.53)	(−1.06)	(−18.56)	(−18.57)
Political Ties	−0.005	−0.022	0.014*	0.015**
	(−0.21)	(−1.24)	(1.91)	(2.07)

续表

Dependent variable	模型（1） *Disclose CSI Number*	模型（2） *Innovation Performance*	模型（3） *LT Performance*	模型（4） *LT Performance*
Regression stage	First stage	Second stage		
CEO Gender	0.024	0.051	0.009	0.006
	（0.54）	（1.48）	（0.59）	（0.42）
CEO Duality	0.026	0.021	0.006	0.005
	（1.02）	（1.05）	（0.68）	（0.56）
Board Size	−0.012*	0.027***	0.012***	0.010***
	（−1.79）	（4.41）	（4.58）	（4.08）
Board Independent	−0.218	0.430***	0.174**	0.152**
	（−0.99）	（2.64）	（2.50）	（2.21）
Inverse Mills Ratio		−0.068**	0.119***	0.123***
		（−2.23）	（9.16）	（9.49）
Constant	−2.093***	−3.933***	20.659***	20.856***
	（−8.71）	（−8.08）	（99.53）	（101.03）
R^2	0.119	0.686	0.918	0.919
F	—	70.384***	288.620***	293.560***
N	25104	25104	25104	25104

注：*p＜0.10，**p＜0.05，***p＜0.01；括号内为标准误差；双尾检验；公司、年份和行业效应得到了控制。

（2）剂量–响应函数法（Dose‑Response Function，DRF）。子研究二采用一种新开发的方法，即剂量–响应函数法（Bia 和 Mattei，2018），来评估企业社会失责行为与企业长期绩效之间的因果影响。DRF 方法通常与广义倾向评分（Generalized Propensity Score，GPS）方法一起使用。不同于倾向得分匹配专注于二值变量的处理效应分析，GPS 方法可以处理由连续变量构成的处理变量。

GPS方法的实现包括以下三个步骤。第一步，估计在给定协变量的条件下处理变量的分布情况。第二步，估计结果的条件期望作为两个标量变量（Scalar Variables）的函数，即处理水平和GPS。第三步，使用DRF估计处理变量的平均处理效果（ATE），这有助于子研究二了解企业社会失责行为如何影响企业长期绩效。子研究二使用Stata软件的gpscore程序来估计模型（Bia和Mattei，2018）。表4-10至表4-13列示了经DRF方法调整权重后的回归结果。由表4-10至表4-13的结果可知，在经DRF方法调整权重后，研究结论未发生实质性改变。

表4-10 企业社会失责金额（*CSI Value*）对企业长期绩效的检验结果
（剂量-响应函数法）

	模型（1）	模型（2）	模型（3）	模型（4）	模型（5）
CSI Value	−0.001**	−0.001**	−0.001**	−0.001*	−0.001**
	（−2.26）	（−2.16）	（−2.57）	（−1.93）	（−2.13）
CSI Value × *Charity*		0.000***			0.000***
		（3.48）			（3.46）
CSI Value × *Competition*			0.002***		0.002***
			（3.12）		（3.42）
CSI Value × *Marketization*				−0.001***	−0.001***
				（−2.92）	（−3.36）
Charity	0.008***	0.008***	0.008***	0.008***	0.008***
	（14.70）	（14.64）	（14.69）	（14.73）	（14.66）
Competition	0.105***	0.106***	0.104***	0.105***	0.105***
	（9.68）	（9.74）	（9.61）	（9.66）	（9.65）
Marketization	0.018***	0.018***	0.018***	0.019***	0.019***
	（3.32）	（3.28）	（3.35）	（3.47）	（3.48）
Firm Size	0.206***	0.206***	0.206***	0.206***	0.206***
	（48.42）	（48.34）	（48.46）	（48.49）	（48.47）

续表

	模型（1）	模型（2）	模型（3）	模型（4）	模型（5）
Firm Age	−0.041***	−0.041***	−0.041***	−0.042***	−0.041***
	(−3.37)	(−3.35)	(−3.35)	(−3.41)	(−3.37)
SOE	−0.021	−0.022	−0.021	−0.022	−0.023
	(−1.40)	(−1.47)	(−1.42)	(−1.44)	(−1.54)
Slack	−0.024***	−0.024***	−0.024***	−0.024***	−0.025***
	(−16.10)	(−16.14)	(−16.13)	(−16.09)	(−16.16)
Political Ties	0.017**	0.017**	0.016**	0.017**	0.017**
	(2.23)	(2.26)	(2.19)	(2.24)	(2.22)
CEO Gender	0.006	0.007	0.006	0.006	0.007
	(0.41)	(0.47)	(0.40)	(0.41)	(0.45)
CEO Duality	0.003	0.004	0.004	0.003	0.004
	(0.37)	(0.43)	(0.42)	(0.38)	(0.49)
Board Size	0.014***	0.014***	0.013***	0.014***	0.013***
	(5.29)	(5.28)	(5.24)	(5.26)	(5.19)
Board Independent	0.202***	0.203***	0.199***	0.202***	0.199***
	(2.91)	(2.92)	(2.86)	(2.90)	(2.86)
Constant	20.874***	20.871***	20.873***	20.874***	20.871***
	(103.77)	(103.78)	(103.79)	(103.79)	(103.82)
R^2	0.917	0.917	0.917	0.917	0.917
F	299.834***	279.420***	279.222***	279.122***	245.982***
N	25145	25145	25145	25145	25145

注：*$p<0.10$，**$p<0.05$，***$p<0.01$；括号内为标准误差；双尾检验；公司、年份和行业效应得到了控制。

表 4-11　企业社会失责数量（*CSI Number*）对企业长期绩效的检验结果
（剂量 – 响应函数法）

	模型（1）	模型（2）	模型（3）	模型（4）	模型（5）
CSI Number	−0.017***	−0.016***	−0.018***	−0.015**	−0.015**
	(−2.89)	(−2.74)	(−3.10)	(−2.50)	(−2.57)
CSI Number × *Charity*		0.005***			0.005***
		(5.42)			(5.48)
CSI Number × *Competition*			0.012**		0.015***
			(2.16)		(2.68)
CSI Number × *Marketization*				−0.012***	−0.014***
				(−3.96)	(−4.40)
Charity	0.008***	0.008***	0.008***	0.008***	0.008***
	(14.70)	(14.58)	(14.70)	(14.71)	(14.61)
Competition	0.106***	0.106***	0.106***	0.106***	0.106***
	(9.74)	(9.76)	(9.71)	(9.73)	(9.72)
Marketization	0.018***	0.018***	0.018***	0.019***	0.019***
	(3.33)	(3.29)	(3.34)	(3.52)	(3.52)
Firm Size	0.207***	0.206***	0.207***	0.207***	0.206***
	(48.52)	(48.32)	(48.53)	(48.61)	(48.44)
Firm Age	−0.041***	−0.040***	−0.040***	−0.042***	−0.041***
	(−3.37)	(−3.30)	(−3.33)	(−3.45)	(−3.35)
SOE	−0.022	−0.023	−0.022	−0.022	−0.024
	(−1.45)	(−1.56)	(−1.44)	(−1.47)	(−1.57)
Slack	−0.024***	−0.025***	−0.024***	−0.024***	−0.025***
	(−16.07)	(−16.19)	(−16.08)	(−16.10)	(−16.22)
Political Ties	0.017**	0.017**	0.017**	0.017**	0.017**
	(2.23)	(2.30)	(2.21)	(2.26)	(2.30)
CEO Gender	0.006	0.009	0.006	0.006	0.008
	(0.43)	(0.58)	(0.42)	(0.41)	(0.55)

续表

	模型（1）	模型（2）	模型（3）	模型（4）	模型（5）
CEO Duality	0.003	0.004	0.004	0.003	0.004
	（0.39）	（0.50）	（0.42）	（0.37）	（0.53）
Board Size	0.014***	0.014***	0.014***	0.014***	0.013***
	（5.31）	（5.31）	（5.27）	（5.26）	（5.22）
Board Independent	0.204***	0.206***	0.201***	0.202***	0.202***
	（2.93）	（2.96）	（2.89）	（2.91）	（2.90）
Constant	20.865***	20.858***	20.861***	20.871***	20.859***
	（103.73）	（103.75）	（103.71）	（103.79）	（103.81）
R^2	0.917	0.917	0.917	0.917	0.917
F	301.263***	282.198***	280.125***	281.048***	248.654***
N	25145	25145	25145	25145	25145

注：*p＜0.10，**p＜0.05，***p＜0.01；括号内为标准误差；双尾检验；公司、年份和行业效应得到了控制。

表 4-12　企业创新绩效在企业社会失责金额（CSI Value）与企业长期绩效之间中介作用的检验结果（剂量-响应函数法）

	模型（1）	模型（2）	模型（3）
Dependent variable	Innovation Performance	LT Performance	
CSI Value	−0.002**	−0.001**	−0.001**
	（−2.12）	（−2.26）	（−2.03）
Innovation Performance			0.050***
			（17.42）
Charity	0.010***	0.008***	0.007***
	（7.71）	（14.70）	（13.88）
Competition	0.159***	0.105***	0.097***
	（6.25）	（9.68）	（9.00）
Marketization	−0.001	0.018***	0.018***
	（−0.09）	（3.32）	（3.36）

续表

	模型（1）	模型（2）	模型（3）
Dependent variable	*Innovation Performance*	*LT Performance*	
Firm Size	0.254***	0.206***	0.193***
	（25.50）	（48.42）	（45.10）
Firm Age	0.067**	−0.041***	−0.044***
	（2.36）	（−3.37）	（−3.67）
SOE	0.057	−0.021	−0.024
	（1.62）	（−1.40）	（−1.60）
Slack	−0.006	−0.024***	−0.024***
	（−1.59）	（−16.10）	（−16.02）
Political Ties	−0.021	0.017**	0.018**
	（−1.20）	（2.23）	（2.39）
CEO Gender	0.054	0.006	0.003
	（1.56）	（0.41）	（0.23）
CEO Duality	0.020	0.003	0.002
	（1.04）	（0.37）	（0.25）
Board Size	0.025***	0.014***	0.012***
	（4.14）	（5.29）	（4.84）
Board Independent	0.406**	0.202***	0.182***
	（2.49）	（2.91）	（2.63）
Constant	−4.042***	20.874***	21.075***
	（−8.60）	（103.77）	（105.31）
R^2	0.686	0.917	0.918
F	75.352***	299.834***	303.903***
N	25145	25145	25145

注：*p<0.10，**p<0.05，***p<0.01；括号内为标准误差；双尾检验；公司、年份和行业效应得到了控制。

第四章 企业社会失责行为对企业长期绩效的影响

表 4–13 企业创新绩效在企业社会失责数量（*CSI Number*）与企业长期绩效之间中介作用的检验结果（剂量 – 响应函数法）

Dependent variable	模型（1） *Innovation Performance*	模型（2） *LT Performance*	模型（3） *LT Performance*
CSI Number	−0.040***	−0.017***	−0.015**
	（−2.95）	（−2.89）	（−2.56）
Innovation Performance			0.050***
			（17.39）
Charity	0.010***	0.008***	0.007***
	（7.71）	（14.70）	（13.88）
Competition	0.161***	0.106***	0.098***
	（6.32）	（9.74）	（9.05）
Marketization	−0.002	0.018***	0.018***
	（−0.13）	（3.33）	（3.37）
Firm Size	0.254***	0.207***	0.194***
	（25.50）	（48.52）	（45.20）
Firm Age	0.067**	−0.041***	−0.044***
	（2.38）	（−3.37）	（−3.67）
SOE	0.056	−0.022	−0.025
	（1.58）	（−1.45）	（−1.64）
Slack	−0.006	−0.024***	−0.024***
	（−1.58）	（−16.07）	（−16.00）
Political Ties	−0.021	0.017**	0.018**
	（−1.21）	（2.23）	（2.39）
CEO Gender	0.055	0.006	0.004
	（1.57）	（0.43）	（0.25）
CEO Duality	0.021	0.003	0.002
	（1.07）	（0.39）	（0.26）

续表

Dependent variable	模型（1） *Innovation Performance*	模型（2） *LT Performance*	模型（3） *LT Performance*
Board Size	0.025***	0.014***	0.012***
	（4.13）	（5.31）	（4.86）
Board Independent	0.405**	0.204***	0.183***
	（2.49）	（2.93）	（2.65）
Constant	−4.057***	20.865***	21.066***
	（−8.63）	（103.73）	（105.26）
R^2	0.687	0.917	0.918
F	75.885***	301.263***	305.162***
N	25145	25145	25145

注：*p<0.10，**p<0.05，***p<0.01；括号内为标准误差；双尾检验；公司、年份和行业效应得到了控制。

（3）工具变量法（Instrumental Variable Approach）。理想的工具变量应该对企业社会失责行为有影响，但对企业长期绩效具有外生性。子研究二采用的工具变量为同省其他行业的企业社会失责行为的均值（在不同的测量方式中，分别记为 Province CSI Value、Province CSI Number）。当地的企业经营环境将对企业社会失责行为产生影响，这表明了工具变量的合理性。子研究二在工具变量的计算中剔除了同一行业的企业，这样做有助于消除工具变量与解释变量之间的机械关系（Mechanical Relation）（Kubick 和 Lockhart，2016）。

表4-14列示了采用二阶段工具变量法的回归结果。子研究二检查了工具变量的相关性。由表4-14的模型（1）可知，在第一阶段的回归分析中，Province CSI Value 与 CSI Value 之间是显著的正相关关系（beta=0.209，p<0.01）；由表4-14的模型（3）可知，在第一阶段的回归分析中，Province CSI Number 与 CSI Number 之间是显著的正相关关系（beta=0.343，p<0.01）。此外，Weak Identification Test 的结果显示，Cragg-Donald Wald F statistic 远高于10%水平的临界值19.93。因此，子研究二所选择的工具变量满足相关性的

要求。表4-14的模型（2）和模型（4）列示了采用工具变量法修正后的回归结果，该结果仍然支持企业社会失责行为与企业长期绩效之间显著负相关的结论。

表4-14 企业社会失责行为对企业长期绩效的检验结果（工具变量法）

Dependent variable Regression stage	模型（1） *CSI Value* First stage	模型（2） *LT Performance* Second stage	模型（3） *CSI Number* First stage	模型（4） *LT Performance* Second stage
Province CSI Value	0.209*** （5.24）			
CSI Value		−0.083*** （−5.83）		
Province CSI Number			0.343*** （10.53）	
CSI Number				−0.459*** （−5.50）
Charity	−0.012 （−1.64）	0.007*** （12.29）	−0.001 （−1.26）	0.007*** （13.95）
Competition	0.403*** （2.78）	0.137*** （11.29）	0.064*** （5.18）	0.133*** （11.11）
Marketization	−0.056 （−0.77）	0.014*** （2.58）	−0.009 （−1.41）	0.015*** （2.68）
Firm Size	−0.069 （−1.22）	0.200*** （45.18）	−0.011** （−2.18）	0.201*** （45.59）
Firm Age	0.370** （2.17）	−0.005 （−0.38）	0.018 （1.21）	−0.028** （−2.19）
SOE	0.173 （0.86）	−0.008 （−0.52）	−0.024 （−1.41）	−0.033** （−2.16）
Slack	−0.018 （−0.93）	−0.026*** （−17.56）	−0.003 （−1.54）	−0.026*** （−17.42）

续表

	模型（1）	模型（2）	模型（3）	模型（4）
Dependent variable	CSI Value	LT Performance	CSI Number	LT Performance
Regression stage	First stage	Second stage	First stage	Second stage
Political Ties	−0.095	0.007	−0.009	0.010
	(−0.95)	(0.86)	(−1.04)	(1.35)
CEO Gender	0.286	0.031**	0.026	0.019
	(1.44)	(1.99)	(1.55)	(1.27)
CEO Duality	0.284**	0.027***	0.031***	0.017*
	(2.53)	(2.83)	(3.22)	(1.91)
Board Size	−0.046	0.009***	−0.005*	0.011***
	(−1.33)	(3.58)	(−1.72)	(4.25)
Board Independent	−0.904	0.125*	−0.047	0.179**
	(−0.98)	(1.77)	(−0.59)	(2.57)
Constant	−6.332**	20.301***	−0.412*	20.637***
	(−2.30)	(89.63)	(−1.75)	(98.22)
R^2	0.423	0.918	0.454	0.918
F	4.642***	306.277***	13.316***	305.936***
N	25145	25145	25145	25145

注：*p<0.10，**p<0.05，***p<0.01；括号内为标准误差；双尾检验；公司、年份和行业效应得到了控制。

4.5 本章小结

本章首先针对企业社会失责行为如何影响企业长期绩效，企业创新绩效是否会发挥中介作用，以及信号环境（如企业慈善捐赠、行业竞争强度和地区市场化程度）如何调节两者的关系，提出了3组共计5个研究假设。其次，基于中国A股上市企业展开实证探讨后发现，有4个研究假设得到了支持，有1个研究假设得到了反向支持。具体地，企业社会失责行为对企业长期绩效具有显著的负向影响。企业创新绩效在企业社会失责行为与企业长期绩效之间发挥中介作用。企业慈善捐赠削弱了企业社会失责行为对企业长期绩效的负向影响，地区市场化程度增强了企业社会失责行为对企业长期绩效的负向影响，行业竞争强度削弱而非增强了企业社会失责行为对企业长期绩效的负向影响。最后，解决内生性问题后发现，实证结论未受到内生性问题的不利影响。

第五章

研究结果总结与讨论

5.1 研究假设支持情况纵览

本研究旨在回答以下两组重要的理论问题，即研究问题组一：行业锦标赛激励是否、如何以及在何种情况下更可能影响企业社会失责行为？研究问题组二：企业社会失责行为是否、如何以及在何种情况下更可能影响企业长期绩效？子研究一对研究问题组一进行了理论分析和实证探讨。基于锦标赛理论和委托代理理论，子研究一提出了 3 组共计 8 个研究假设，最终的实证检验结果显示，有 6 个研究假设获得了支持，有 2 个研究假设未获得支持。子研究二对研究问题组二进行了理论分析和实证探讨。基于信号理论，子研究二提出了 3 组共计 5 个研究假设，最终的实证检验结果显示，有 4 个研究假设获得了支持，有 1 个研究假设获得了反向支持。具体支持情况如表 5-1 所示。

表 5-1 研究假设支持情况一览表

内容模块	假设序号	假设内容	支持情况
子研究一	假设 3-1	行业锦标赛激励与企业社会失责行为存在显著的正相关关系	获得支持
	假设 3-2	管理短视（以研发投入低于行业平均研发投入衡量）在行业锦标赛激励与企业社会失责行为之间发挥了中介作用	获得支持

续表

内容模块	假设序号	假设内容	支持情况
子研究一	假设 3-3a	相较于非创始人 CEO 领导的企业，在创始人 CEO 领导的企业中，行业锦标赛激励对企业社会失责行为的促进作用将减弱	获得支持
	假设 3-3b	多个大股东削弱了行业锦标赛激励对企业社会失责行为的促进作用	**获得部分支持**
	假设 3-3c	相较于非国有企业，在国有企业中，行业锦标赛激励对企业社会失责行为的促进作用更强	**未获得支持**
	假设 3-4a	卖空压力削弱了行业锦标赛激励对企业社会失责行为的促进作用	获得支持
	假设 3-4b	地区市场化程度削弱了行业锦标赛激励对企业社会失责行为的促进作用	获得支持
	假设 3-4c	地区社会信任削弱了行业锦标赛激励对企业社会失责行为的促进作用	**未获得支持**
子研究二	假设 4-1	企业社会失责行为会对企业长期绩效产生显著的负向影响	获得支持
	假设 4-2	企业创新绩效在企业社会失责行为与企业长期绩效之间发挥显著的中介作用	获得支持
	假设 4-3a	企业慈善捐赠削弱了企业社会失责行为对企业长期绩效的负向影响	获得支持
	假设 4-3b	行业竞争强度增强了企业社会失责行为对企业长期绩效的负向影响	**获得反向支持**
	假设 4-3c	地区市场化程度增强了企业社会失责行为对企业长期绩效的负向影响	获得支持

5.2 研究结果讨论

5.2.1 对行业锦标赛激励与企业社会失责行为关系实证结果的讨论

从外部劳动力市场对 CEO 的正向激励角度探讨企业社会失责行为的形成

动因构成了子研究一的首要研究问题。基于锦标赛理论和委托代理理论，本研究提出，行业锦标赛激励越大，即 CEO 薪酬低于行业最高 CEO 薪酬的程度越大，该 CEO 越可能以牺牲股东长期利益为代价，推动企业实施社会失责行为，以增加自己赢得行业锦标赛的概率。因为企业社会失责行为具有快速改善企业短期绩效的巨大潜力；CEO 所领导企业的绩效越好，行业中其他企业的董事会对其经营能力的评价就越高（Kubick 和 Lockhart，2016；Ma 等，2020），从而使得 CEO 越可能在外部劳动力市场获得薪酬更高、地位更高的职位（Coles 等，2018；Huang 等，2018；Kubick 和 Lockhart，2020）。以 2003—2019 年中国 A 股上市企业为研究对象进行实证检验的结果强有力地支持了行业锦标赛激励会诱发企业社会失责行为的理论观点。

这一研究发现有趣且颇具启发意义。一方面，这一研究发现再一次证明了锦标赛激励可能加剧高管与股东之间的代理冲突，继而诱发高管消极努力的观点（Haß 等，2015；Shi 等，2016；魏芳和耿修林，2018）。另一方面，这一研究发现拓展了有关锦标赛激励会诱发高管消极努力的观点。目前有关锦标赛激励会诱发高管消极努力的观点及相应的实证证据大多建立在内部锦标赛激励的基础上（Haß 等，2015；魏芳和耿修林，2018），其隐含的基本假定是，现任 CEO（Current CEO）已经赢得了当前的锦标赛（Fredrickson 等，2010），因而内部锦标赛对现任 CEO 没有激励作用（Lim，2019；Shi 等，2016）。换言之，前期观点认为，内部锦标赛激励会诱发非 CEO 高管的消极努力。本研究与之相区别并构成了有益补充，具体地，本研究发现，外部劳动力市场对 CEO 提供的正向激励效应即行业锦标赛激励，最终可能会诱发 CEO 以牺牲股东长期利益为代价的消极努力，如企业社会失责行为。由于几乎在每一个现代企业中，相较于非 CEO 高管，CEO 都属于对企业决策最具影响力的权力主体（Bentley 等，2019），因此，相较于由内部锦标赛激励所诱发的非 CEO 高管的消极努力，由行业锦标赛激励所诱发的 CEO 的消极努力最终可能会给企业股东带来更严重的不利影响。

此外，这一研究发现还通过将行业锦标赛激励纳入企业社会失责行为的研究框架，对丰富企业社会失责行为的前因文献做出了重要贡献。针对企业社会责任文献侧重于企业社会责任议题，但很少关注企业社会失责行为议题的局限，越来越多的学者呼吁未来研究展开更多的探讨来明确企业社会失责行为的决定因素和内在机理（Jain 和 Zaman，2020；Lin-Hi 和 Müller，2013；Sun 和 Ding，2020）。本研究直接响应了上述研究呼吁，具体地，本研究首次建立了行业锦标赛激励与企业社会失责行为之间的关联，理论分析并实证确认了行业锦标赛激励会使 CEO 推动企业更多地实施社会失责行为。因此，本研究进一步从高管薪酬激励的视角（Zhang 等，2020）拓展了文献对企业社会失责行为的认识。

最后，这一研究发现通过将非市场化战略行为考虑进来，拓展了现有的行业锦标赛激励文献。从研究内容来看，目前探讨行业锦标赛激励经济后果的文献主要集中于市场化战略行为。例如，行业锦标赛激励被发现与企业投资行为（Coles 等，2018）、税收激进行为（Kubick 和 Lockhart，2016）、创新行为（Huang 等，2018；梅春等，2019）和企业信息披露行为（Kubick 和 Lockhart，2020；邓鸣茂等，2020）具有重要关联。然而，目前极少有研究分析行业锦标赛激励对企业非市场化战略行为的影响。填补这一研究缺口具有极大的理论和实践意义。这是因为，CEO 同时制定企业的市场化战略和非市场化战略，企业也同时运营在市场环境和非市场环境之中。因此，仅仅关注企业的市场化战略难以深刻、全面地认识 CEO 针对行业锦标赛激励所采取的响应行为。这在中国背景下更是如此，因为转轨经济的现实条件和文化背景，不仅使非市场化战略在中国企业的战略构成中占据着比发达经济体企业更为重要的地位（Luo 等，2017；谢佩洪等，2010），而且使非市场化战略对中国企业实践产生了独特的预测力和解释力（王砚羽等，2014）。研究表明，行业锦标赛激励机制会对企业社会失责行为产生深远的影响，本研究做出了缩小上述理论缺口的一次有益尝试。

5.2.2 对管理短视在行业锦标赛激励与企业社会失责行为之间中介作用的讨论

探讨管理短视是否在行业锦标赛激励与企业社会失责行为之间发挥中介作用，是子研究一旨在剖析的第二个重要研究问题。在前期研究中，虽然行业锦标赛激励对企业战略行为的影响已经得到了越来越多的探讨（Coles 等，2018；Huang 等，2018；Kubick 和 Lockhart，2020；邓鸣茂等，2020；梅春等，2019），但总体而言，现有文献对于行业锦标赛激励将通过何种传导渠道影响企业战略行为研究甚少。鉴于行业锦标赛激励可能会诱发意想不到的经济后果（Kubick 和 Lockhart，2016），确认行业锦标赛激励诱发不良管理行为的渠道便显得十分重要。

子研究一引入了一个重要但被普遍忽视的中介变量，即管理短视，以打开行业锦标赛激励作用于企业社会失责行为的"内在黑箱"。以企业研发投入强度低于行业平均研发投入强度作为管理短视的代理指标（Schuster 等，2018），并基于中国 A 股上市企业的经验数据展开实证检验后，本研究首次确认了管理短视在行业锦标赛激励与企业战略行为，特别是企业社会失责行为之间的渠道效应。这一研究发现有趣且颇具启发意义。一方面，它呼应了有关管理激励是助长管理短视之重要因素的已有观点（Brochet 等，2015；Edmans 等，2013；Gopalan 等，2014）。更进一步表明，除企业内部的激励结构之外，企业外部劳动力市场提供的激励（如行业锦标赛激励）也可能会诱发管理短视。另一方面，它通过建立管理短视与企业非市场化战略行为之间的关系，拓展了管理短视对企业战略行为的解释力和预测力。

5.2.3 对公司治理机制在行业锦标赛激励与企业社会失责行为之间调节作用的讨论

探讨内部和外部公司治理机制在行业锦标赛激励与企业社会失责行为之间的调节作用，是子研究一旨在剖析的第三个重要研究问题。委托代理理论指出，有效的内外部公司治理机制能够缓解委托代理问题，从而保证股东长期利益的最大化（Jensen 和 Meckling，1976）。因此，子研究一进一步探讨了内部和外部公司治理机制的权变影响。

在内部公司治理机制方面，本研究首先提出，CEO 创始人身份将通过增强 CEO 对企业的情感依恋和心理联系（Psychological Bond）（Lee 等，2020；Peterson 等，2012），降低 CEO 响应行业锦标赛激励的动机，以及 CEO 借助企业社会失责行为这种有损个人自尊的手段（Boivie 等，2011）来响应行业锦标赛激励的动机，最终会降低行业锦标赛激励对企业社会失责行为的促进作用。实证检验结果支持了本研究的理论推测。这一研究发现说明，CEO 创始人身份通过充当一种非货币（Non-Monetary）激励（Lee 等，2020；Schuster 等，2018），或一种非正式的内部公司治理机制，发挥着"反代理成本"（Anti-Agency Cost）的作用（Boivie 等，2011）。这也给企业股东带来了重要的实践启示，具体地，企业股东可以通过各种方式增强 CEO 特别是非创始人 CEO 对企业的情感依恋和认同感，从而保障自身长远利益的最大化。

其次，本研究提出，多个大股东将通过增强企业对 CEO 机会主义行为的监督动机以及企业对 CEO 机会主义行为的监督能力，最终降低行业锦标赛激励对企业社会失责行为的促进作用。实证检验结果支持了本研究的理论推测。目前，关于多个大股东对公司治理的影响是一个有争议的话题（Jiang 等，2018；Lin 等，2016；段云等，2011）。一方面，有研究认为，多个大股东能够通过相互监督和权力制衡抑制控股股东对小股东利益的侵占，以及缓解高管对股东利益的侵占，从而改善公司治理质量（Cao 等，2019；Ouyang 等，2020；姜付秀等，2017）。但另一方面，有研究指出，多个大股东可能会合谋侵占中小投资者的利益，同时，多个大股东之间的协调摩擦或过度监督也会降低监督效率，从而恶化公司治理质量（Jiang 等，2020；罗宏和黄婉，2020）。本研究的发现为多个大股东的公司治理效应提供了新的经验证据，具体地，本研究基于企业社会失责行为这一新的场景，发现多个大股东显著抑制了 CEO 借助企业社会失责行为来响应行业锦标赛激励的倾向，进一步支持了多个大股东能够有效提高公司治理质量的观点。

最后，本研究提出，由于所有者缺位，相较于非国有企业，国有企业监督CEO机会主义行为的动机更低（Shaheer等，2017）。同时，专业知识和技能的缺乏也导致国有企业缺乏有效监督CEO机会主义行为的能力（Conyon和He，2011；Li等，2019）。最终，国有企业性质将增强行业锦标赛激励对企业社会失责行为的促进作用。然而，实证检验结果显示，国有企业性质对行业锦标赛激励与企业社会失责行为两者的关系没有显著的调节效应。国有企业性质未发挥预期调节作用的原因可能如下。第一，区别于非国有企业的CEO，国有企业的CEO普遍存在着政治晋升动机（Inoue，2019）。特别地，国有企业的高管能否获得政治晋升越来越取决于他们在保护环境、扶贫工作中的表现（Ali等，2020）。这是因为，国有企业同时承担着经济目标和社会与政治目标，并且，国有企业的经济目标往往服务于社会与政治目标，这是国有企业的使命所在。因此，在政治晋升动机的影响下，国有企业的CEO可能缺乏响应行业锦标赛激励的内在动机。第二，国有企业与政府之间存在先天的联系，这使得它们能够获取到或更多地获取到非国有企业无法获取的价值性资源（Gao和Yang，2019），继而实现突出的财务绩效。在此状况下，国有企业的CEO借助企业社会失责行为这种不道德的手段来实现突出绩效的动机将降低。与此同时，劳动力市场可能不会将国有企业突出的财务绩效归因于CEO的经营能力。这意味着，即便国有企业的CEO实现了高水平的企业绩效，他们也不大可能赢得行业大奖。

在外部公司治理机制方面，本研究首先提出，卖空压力会通过提高CEO借助企业社会失责行为谋取个人私利被资本市场发现的概率和速度，最终降低行业锦标赛激励对企业社会失责行为的促进作用。实证检验结果支持了本研究的理论推测。这一研究发现表明，卖空压力可以充当一种有效的外部公司治理机制（Chen等，2019；Karpoff和Lou，2010；孟庆斌等，2019），降低CEO追求个人私利带来的代理成本。的确，自2010年中国证监会启动融资融券试点以来，国内学者已经从多个角度进行了讨论，得出了卖空压力能够改善公司治理质量的观点，但从研究内容看，这些研究主要集中于企业市场化战略行为（顾琪和陆蓉，2016；孟庆斌等，2019），极少有研究探讨卖空机制能否抑制 CEO 在企业非市场化战略决策中的机会主义倾向。从这个角度看，本研究的这一发现能够深化文献对卖空机制改善公司治理质量之途径的理解。

其次，本研究提出，地区市场化程度会通过使 CEO 的管理行为受到外部更有效的监控和审视，并提高 CEO 受到政府行政处罚和市场声誉惩罚的可能性，最终降低行业锦标赛激励对企业社会失责行为的促进作用。实证检验结果支持了本研究的理论推测。地区市场化程度存在显著差异是中国由计划经济转向市场经济带来的一个独特现象（Gao 和 Yang，2019；Shi 等，2012；樊纲等，2018）。在前期研究中，虽然地区市场化程度如何影响企业社会责任行为已经得到了较多的探讨（Liu 等，2020；Luo 等，2017），但地区市场化程度如何影响企业社会失责行为仍属于一个未被探讨的领域。这一研究发现通过提供地区市场化程度如何间接影响企业社会失责行为的经验证据，拓展了地区市场化程度对企业社会活动的解释力和预测力，同时也再一次佐证了有关正式制度环境会显著影响公司治理质量的观点。

最后，本研究提出，地区社会信任带来的强大的社会规范压力会迫使 CEO 的管理行为更合乎道德和负责任（Chen 等，2019；Chen 和 Wan，2020），增加企业社会失责行为对企业和 CEO 市场声誉的损害，最终降低行业锦标赛激励对企业社会失责行为的促进作用。然而，实证检验结果显示，地区社会信任对行业锦标赛激励与企业社会失责行为两者的关系没有显著的调节效应。地区社会信任未发挥预期调节作用，背后的原因可能是还有另一种力量在发挥作用，即在社会信任水平高的地区，CEO 可能会利用他者的信任，更积极地借助企业社会失责行为来响应行业锦标赛激励。从概念上讲，如果企业从事社会失责行为的成本较低，这种情况更有可能发生。例如，在一个博弈论框架下的一次性游戏中，一个玩家在高社会信任水平的区域有更多的动机去实施不道德的行为，因为这个玩家可能会获得高回报但没有任何负面影响（Dong 等，2018）。这一研究发现说明了 CEO "信任利用"（Trust Exploitation）效应的存在，即高水平的社会信任可能会诱使 CEO 滥用外部人士的信任来掩饰自己的不道德行为。

5.2.4 对企业社会失责行为与企业长期绩效关系实证结果的讨论

从长期绩效角度探讨中国企业社会失责行为的长期经济后果构成了子研究二的首要研究问题。基于信号理论，本研究提出，企业社会失责信号（一种典型的负面信号）会降低政府、已有员工和潜在求职者、消费者、资本市场等核心利益相关者对企业的认可和支持，这将削弱企业的竞争优势，并恶化企业长期绩效。以 2003—2019 年中国 A 股上市企业为研究对象进行实证检验的结果强有力地支持了企业社会失责行为会恶化企业长期绩效的理论观点。

梳理已有文献不难发现，目前探讨企业社会失责行为与企业绩效之间逻辑关系的研究成果主要基于发达经济体样本，且它们的研究结论存在严重分歧（Chen 等，2018；Walker 等，2016；Walker 等，2019；李茜等，2018）。事实上，理论研究早已指出，利益相关者具有要求企业对其不负责任的行为承担责任的持久心理特性（Enduring Psychological Nature）（Price 和 Sun，2017），因而企业社会失责行为会对企业关系、声誉和绩效产生持久且深远的影响（Lange 和 Washburn，2015）。与之相呼应，在企业社会责任文献中，越来越多的学者强烈主张从纵向或长期视角探讨企业社会活动的经济后果（Ahn 和 Park，2018；Jamali 和 Mirshak，2007；Price 和 Sun，2017；Sun 和 Ding，2020；Xu 等，2020）。然而，虽然新近有少数学者已经关注到企业社会失责行为对发达经济体企业长期绩效的影响（Sun 和 Ding，2020），但企业社会失责行为将对中国企业的绩效，特别是长期绩效产生怎样的影响，目前尚属研究空白。

考虑到企业社会失责行为是一种存在于中国商业实践中的客观现象（刘柏和卢家锐，2018；许罡，2020；张婷和周延风，2012），同时，中国企业与发达经济体企业在组织结构、公司治理模式等多个方面均存在显著差异，因此，基于发达经济体企业得到的研究结论不一定适用于中国企业。在此背景下，本研究通过提供企业社会失责行为影响中国企业长期绩效的经验证据，进一步拓展了Sun和Ding（2020）的研究成果。特别地，前期研究主要基于工具利益相关者理论（Instrumental Stakeholder Theory）、动态能力理论和声誉理论（Sun和Ding，2020）以及前景理论（Chen等，2018）探讨企业社会失责行为与企业绩效之间的逻辑关系。与之相对，本研究为未来进一步剖析企业社会失责行为与企业绩效两者的关系提供了一个全新的理论视角，即信号理论视角。

5.2.5 对企业创新绩效在企业社会失责行为与企业长期绩效之间中介作用的讨论

探讨企业创新绩效在企业社会失责行为与企业长期绩效之间的中介作用，是子研究二旨在剖析的第二个重要研究问题。前期大量研究表明，企业社会活动显著影响企业创新绩效（Anser等，2018；Ko等，2020；Martinez-Conesa等，2017）。同时，在创新等研究领域中，企业创新绩效则一直被视为企业长期绩效的关键预测因子（Cortes和Herrmann，2020；Mishra，2017；Saeidi等，2015）。鉴于此，本研究提出，企业社会失责行为会通过降低企业创新绩效，继而恶化企业长期绩效。实证检验结果支持了本研究的理论推测。

这一研究发现不仅有趣，也颇具理论价值。目前，尽管企业社会失责行为对企业短期绩效和长期绩效的影响越来越受到学者们的关注，但总体上，前期研究局限于对直接关系的探讨。换言之，已有文献对于企业社会活动，特别是企业社会失责行为导致特定结果的过程和潜在机制研究甚少（Aguinis和Glavas，2012；Bocquet等，2017）。本研究首次理论分析并实证确认了"企业社会失责行为—企业创新绩效—企业长期绩效"这条路径的合理性。因此，本研究有效填补了前期研究（Sun和Ding，2020）未能打开企业社会失责行为与企业长期绩效之间"黑箱"的不足，延伸并拓展了"企业社会责任行为—企业创新绩效—企业短期绩效"路径（Bocquet等，2017）。

此外，正如前期学者针对企业社会责任行为与企业短期绩效之间关系相互矛盾的结论所指出的，无形资源（如创新）可能是解释矛盾的实证结果的关键环节（Bocquet等，2013；Bocquet等，2017；McWilliams和Siegel，2001；Surroca等，2010）。本研究的这一发现也在一定程度上说明，忽视企业创新绩效可能是导致前期研究针对企业社会失责行为与企业短期绩效之间的关系产生分歧的重要原因之一。

5.2.6 对信号环境在企业社会失责行为与企业长期绩效之间调节作用的讨论

探讨信号环境在企业社会失责行为与企业长期绩效之间的调节作用，是子研究二旨在剖析的第三个重要研究问题。正如信号理论所指出的，信号环境会影响信号接收者对信号的感知和解读（Bergh等，2014；Connelly等，2011；Shou等，2020；Wei等，2017），最终产生异质性的影响后果（Wei等，2017）。有鉴于此，本研究探讨了企业、行业和地区三个层面的信号环境对企业社会失责行为与企业长期绩效两者关系的权变影响。

首先，本研究提出，企业慈善捐赠将通过降低注意力有限的各个利益相关者（Ocasio，1997）接收到企业社会失责行为这一负面信号的可能性，以及减轻利益相关者对企业消极行为的负面判断和评价，最终削弱企业社会失责行为对企业长期绩效的负向影响。实证检验结果支持了本研究的理论推测。这一研究发现表明，企业慈善捐赠带来的良好声誉和道德资本，为企业提供了一种特殊的保险，它会减轻利益相关者对企业的负面判断和评价（Godfrey等，2009），从而帮助企业缓冲坏消息或企业做坏事（Bad Things）（如企业社会失责行为）带来的负面冲击（Godfrey等，2009；Jia等，2020；Kim等，2021；Lin等，2016；Liu等，2020）。

其次，本研究提出，激烈的行业竞争会导致竞争对手有意利用和放大企业的负外部性行为（Zhang等，2018），以及为各个利益相关者提供更多的替代选择，从而增强了企业社会失责行为对企业长期绩效的负面影响。然而，令人诧异的是，行业竞争强度削弱而非增强了企业社会失责行为对企业长期绩效的影响。之所以得到这一研究发现，其背后的原因可能在于：在竞争激烈的行业中，社会失责行为可能被大量企业当作一种缓解生存压力的工具来使用（贺小刚等，2015）。前景理论认为（Kahneman和Tversky，1979），人们的决策是建立在减少敏感性和厌恶损失的基础上的，并且，上述边际影响会随着收益或损失的增加而减少。因此，在竞争异常激烈的行业中，企业社会失责行为的大量存在反而会降低各个利益相关者对特定企业社会失责行为的敏感性，并减弱了他们对这些企业的惩罚（Chen等，2018；李茜等，2018）。此外，在竞争激烈的行业中，更高水平的企业社会失责行为可以通过提供有竞争力的价格和令人满意的产品或服务来保护这些企业不被挤出市场。因此，在激烈竞争的行业中，较高水平的企业社会失责行为反而会通过改善竞争优势，提高企业长期绩效。

最后，本研究提出，地区市场化程度的提高会通过提高企业社会失责信号被各个利益相关者接收到的可能性，以及利益相关者负面地评价和解读企业社会失责信号的可能性，最终增强企业社会失责行为对企业长期绩效的负向影响。实证检验结果支持了本研究的理论推测。这一研究发现说明，正式制度的改善放大了企业社会失责行为这一负面信号对企业的不利影响。从这个角度看，本研究拓展并补充了前期有关正式制度的改善会减弱企业社会责任行为这一正面信号对企业的有利影响的观点（Su等，2016）。此外，正如前期研究所指出的，企业社会活动作为一种重要的社会现象，不可能独立于制度背景而存在（Waheed和Zhang，2020；Zhang等，2020），因而需要基于发达经济体企业和发展经济体企业分别展开理论分析和实证探讨。这一研究发现进一步说明，即便是一国之内，各个地区制度环境的差异也会显著影响企业社会活动特别是企业社会失责行为的经济后果。

5.3 本章小结

在本章中，本研究首先对子研究一和子研究二的实证检验结果进行了总结。总体来看，本研究在子研究一和子研究二中提出的13个研究假设中，有10个研究假设获得了支持，有2个研究假设未获得支持，还有1个研究假设获得了反向支持。本研究结合国内外的前期理论研究和经验研究，对实证检验结果进行了深入的讨论和分析。

第六章

结论、贡献与展望

6.1 结论

在企业快速发展的过程中,社会问题的不断显现使得社会各界越来越关注企业的社会绩效。在商业实践中,企业可以同时实施社会责任行为和社会失责行为,企业社会失责行为的减少并不意味着企业社会责任行为的增加,企业未实施社会失责行为也不等同于企业履行了社会责任。因此,真正意义上的高水平企业社会绩效应该同时包括两个方面:一是积极规避企业社会失责行为,二是积极实施企业社会责任行为。特别地,不实施对社会不负责任的行为被视为企业履行自身社会责任的底线。从中国的商业实践来看,虽然改革开放以来中国企业取得了令世界瞩目的成就,但在此过程中,企业对社会不负责任的事件也屡见不鲜。在中国学术界,虽然学者们针对企业社会责任行为的决定因素及其经济后果已经进行了一系列富有建设性的研究,但需要注意的是,到目前为止,极少有研究对企业社会失责行为的决定因素及其经济后果进行理论分析和实证探讨。

缩小上述研究缺口是重要且急迫的,原因在于:准确识别企业社会失责行为的决定因素、明确企业社会失责行为的经济效果,构成了驱使股东和监管部门有效管控、治理企业社会失责行为,最终减少乃至消除企业社会失责行为的重要前提条件。鉴于此,本研究围绕着企业社会失责行为的决定因素和长期经济后果两大内容展开了探讨，以期拓展理论界和实践界对中国企业社会失责行为的理解和预测能力，从而通过有效管控、减少企业社会失责行为，助力中国企业实现可持续发展，推动市场经济健康运行，满足国人对"美好生活"的追求。具体地，在子研究一中，本研究基于锦标赛理论和委托代理理论系统剖析了行业锦标赛激励对企业社会失责行为的影响效应、作用机制及影响边界。利用 2003—2019 年中国 A 股上市企业的经验数据展开实证探讨后，子研究一得到了以下结论。

第一，行业锦标赛激励会驱使 CEO 积极推动企业实施社会失责行为以改善短期绩效，从而提高自己赢得行业锦标赛的概率。因为赢得行业锦标赛能够使 CEO 获得诸多有价值的奖品，如更高的薪酬、更高的行业地位和更高的行业知名度。

第二，管理短视在行业锦标赛激励与企业社会失责行为之间发挥了部分中介作用。也就是说，行业锦标赛激励会助长 CEO 的管理短视，从而进一步增加了 CEO 推动企业实施社会失责行为的倾向。

第三，内部和外部公司治理机制都在行业锦标赛激励与企业社会失责行为之间发挥了重要的调节作用。具体地，CEO 创始人身份、多个大股东、卖空压力和地区市场化程度都削弱了行业锦标赛激励对企业社会失责行为的正向影响。但国有企业性质和地区社会信任对行业锦标赛激励与企业社会失责行为两者的关系没有影响。这些研究结论深刻地表明，良好的公司治理机制有助于降低行业锦标赛激励带来的负外部性。

此外，虽然前期研究针对企业社会失责行为与企业短期绩效之间的关系展开了诸多有益探讨，但研究结论存在严重分歧。由于企业长期绩效是衡量管理有效性最为核心的指标之一，同时高水平的长期绩效也是企业实现可持续发展的前提，因此，仅关注短期绩效但忽视长期绩效将严重限制文献对企业社会失责行为的经济后果形成全面、深刻的认识。鉴于此，在子研究二中，本研究基于信号理论，系统剖析了企业社会失责行为对企业长期绩效的影响效应、作用机制及影响边界。利用 2003—2019 年中国 A 股上市企业的经验数据展开实证探讨后，子研究二得到了以下结论。

第一，当各个利益相关者接收到企业社会失责行为这一负面信号时，他们会减少对企业的支持，降低对企业的认同，这会使企业陷入竞争劣势，最终恶化企业长期绩效。这一研究结论深刻地表明，虽然企业社会失责行为可能会显著改善短期绩效，但这种改善效果往往是不可持续的，并且这种短期绩效的改善将以牺牲企业的长远发展为沉重代价。

第二，企业创新绩效在企业社会失责行为与企业长期绩效之间发挥了部分中介作用。也就是说，企业社会失责行为会通过恶化企业创新绩效，继而恶化企业长期绩效。

第三，信号环境会显著影响企业社会失责行为对企业长期绩效的信号效应。具体地，企业慈善捐赠和行业竞争强度都削弱了企业社会失责行为对企业长期绩效的负向影响，而地区市场化程度增强了企业社会失责行为对企业长期绩效的负向影响。这些研究结论深刻地表明，信号环境是深刻理解企业社会失责行为对企业长期绩效的信号效应的关键要素。

6.2　理论贡献

通过系统性地探讨行业锦标赛激励是否、如何以及在何种情况下更可能影响企业社会失责行为，以及企业社会失责行为是否、如何以及在何种情况下更可能影响企业长期绩效，本研究对现有文献至少做出了以下三个方面的重要贡献。

第一，本研究是率先从行业锦标赛激励角度系统性剖析企业社会失责行为形成机制及其作用边界的研究之一。Lin-Hi 和 Müller（2013）指出，虽然关于企业社会责任的讨论为促进企业和社会之间富有成效的互动创造了各种宝贵的动力（Valuable Impulses），但目前已有的讨论过于片面，它们很少关注企业社会失责问题，因而严重限制了理论界和实践界对企业社会活动的充分理解。类似地，Jain 和 Zaman（2020）也呼吁进行更多的探讨来帮助企业股东、相关政府部门更好地管控、防范企业社会失责行为，从而减少或避免企业社会失责行为。在前期研究中，学者们已经探讨了决策者特征（Davidson等，2019；Ormiston和Wong，2013；Sun和Govind，2020；Tang等，2015；Yuan等，2017）、董事会监督（Jain和Zaman，2020）和内部锦标赛激励（Zhang等，2020）对企业社会失责行为的影响。需要注意的是，尽管越来越多的研究表明外部劳动力市场提供的积极激励将显著影响CEO的决策行为（Coles等，2018；Kubick和Lockhart，2016），但到目前为止，来自公司外部的激励将对企业社会失责行为产生何种影响仍是一个未被探索的领域。本研究首次建立了行业锦标赛激励与企业社会失责行为之间的关联，并发现行业锦标赛激励具有负外部性，它会激励CEO更多地实施企业社会失责行为。特别地，本研究还明确了行业锦标赛激励作用于企业社会失责行为的传导路径和情境边界，从而填补了前期研究侧重于变量之间的直接关系而未能涉及关系之间的内在机制的不足。

第二，本研究是率先探究行业锦标赛激励对企业非市场化战略（如企业社会失责行为）影响的研究之一，并且拓展了锦标赛理论的应用范围，强化了锦标赛理论对商业实践的解释力。自Coles等（2018）提出行业锦标赛激励以来，行业锦标赛激励越来越受到实践界和理论界的关注和重视（Kubick和Lockhart，2020）。但是，总结前期研究成果不难发现，它们目前仅仅关注行业锦标赛激励对企业市场化战略或企业财务绩效的影响（Huang等，2018；Kubick和Lockhart，2020；Kubick和Lockhart，2016；Tan，2020；邓鸣茂等，2020；梅春等，2019），尚未有研究关注行业锦标赛激励对企业非市场化战略特别是企业社会失责行为决策的影响。由于企业同时在市场和非市场环境中经营（Baron，1995；Dorobantu等，2017；Xu等，2019），并且企业市场化战略和非市场化战略对企业的生存、组织绩效以及可持续的竞争优势都有着至关重要的影响（Jeong和Kim，2019；Rudy和Johnson，2016），因此，通过厘清行业锦标赛激励作用于企业社会失责行为的内在机理和情境边界，本研究不仅拓展了行业锦标赛激励的研究内容，更进一步推动了锦标赛理论的发展。

第三，本研究是率先从企业长期绩效角度系统性剖析企业社会失责行为经济后果的研究之一。诚然，国内外学者已经逐渐关注到企业社会失责行为的经济后果（Chen 等，2018；李茜等，2018；杨继生和阳建辉，2016），但前期学者侧重于企业短期绩效，研究结论也存在严重分歧（Chen 等，2018；Price 和 Sun，2017；Salaiz 等，2020；Walker 等，2019）。由于利益相关者关系和道德资本被视为企业创造竞争优势的关键资源（Jones，1995；Price 和 Sun，2017），因此，识别企业社会失责行为的长期影响对于充分展示这些资源的力量是十分必要的（Sun 和 Ding，2020）。在发展经济体企业中，这种必要性尤其突出，因为它们普遍存在着资源缺乏的问题，这使得发展经济体企业更加依赖于关系资本和道德资本来构建和维持竞争优势（Wei 等，2017）。鉴于此，本研究从一个重要但被普遍忽视的角度，即企业长期绩效角度（Sun 和 Ding，2020），重新审视了企业社会失责行为带来的经济后果。特别地，前期研究主要利用工具利益相关者理论（Instrumental Stakeholder Theory）（Kölbel 等，2017）、动态能力理论和声誉理论（Sun 和 Ding，2020）以及前景理论（Chen 等，2018）探讨企业社会失责行为与企业绩效之间的逻辑关系。与之相对，本研究从一个全新的理论视角，即信号理论视角（Bergh 等，2014；Connelly 等，2011），深刻揭示了企业社会失责行为作用于企业长期绩效的内在机制和情境边界。可以说，本研究是第一项在中国情境下探讨企业社会失责行为与企业长期绩效之间逻辑关系的研究，也是第一项基于信号理论探讨企业社会失责行为经济后果的研究。

此外，在前期研究中，信号理论主要关注正面信号（如企业社会责任信号）（Shou 等，2020；Wei 等，2017；郭菁晶等，2020），对负面信号（如企业社会失责信号）的关注极其有限（Connelly 等，2011；Nam 等，2014），特别是信息基础设施不健全的新兴经济体环境中的负面信号。由于信号接收者对负面信号比正面信号更为敏感（Kahneman 和 Tversky，1979），同时，相较于正面信号，负面信号可能会产生更大的潜在影响（Price 和 Sun，2017），因此，了解负面信号的性质和后果不仅必要而且十分重要（Nam 等，2014）。从这个意义上看，本研究关于企业社会失责信号的理论分析和实证检验对负面信号文献是一个重要的补充。

6.3 实践启示

本研究不仅具有重要的理论贡献，也带来了重要的实践启示。

第一，企业股东和董事会应该意识到行业锦标赛激励诱发的负面后果。前期研究表明，行业锦标赛激励会激励企业高管（特别是CEO）积极提高企业短期绩效（Coles等，2018；梅春等，2019）。本研究则进一步表明，在行业锦标赛激励的影响下，为了改善企业绩效，高管会出现管理短视，并积极采取企业社会失责行为这种不利于企业长远发展的手段。这说明，行业锦标赛激励会加剧高管与股东之间的代理冲突，诱使高管以牺牲股东的长期价值为代价实现企业短期绩效的快速改善，从而谋取个人私利，如获取行业中薪酬更高或知名度更高的CEO职位。因此，企业股东和董事会不仅应关注内部的薪酬结构对企业社会失责行为的影响（Zhang等，2020），也应该注意到行业锦标赛激励在企业社会失责行为中扮演的重要角色。为了减少企业社会失责行为，实现股东长期价值最大化，企业股东和董事会应重视本企业CEO的薪酬与行业内最高CEO薪酬的比较，倘若比较的结果显示行业锦标赛激励较大，则适当提高本企业CEO的薪酬水平是一种适宜的手段，以减弱行业锦标赛激励对CEO的负向激励效应。此外，政府监管部门应有针对性地加强对企业社会失责行为的监管。具体而言，政府监管部门应加强对面临更大行业竞争激励措施的首席执行官的监督，因为他们更有可能推动企业实施社会失责行为。只有朝这个方向努力，政府才能更好地维护社会正义和市场秩序，促进市场经济的健康发展。

第二，公司治理机制在行业锦标赛激励作用于企业社会失责行为的过程中发挥着重要的情境作用。本研究的实证结论显示，当CEO与企业的利益高度协同时，或CEO受到强有力的监督时，行业锦标赛激励对企业社会失责行为的促进作用将大幅度降低。这些研究结论对企业股东和政府监管部门都具有重要的启示意义。具体地，一方面，对企业股东而言，其可以通过增强 CEO 对企业的认同感、强化 CEO 利益与自身利益的协同以及加大对 CEO 决策的监督力度，来最大限度地减少不利于企业实现可持续发展的社会失责行为。同时，对于内部公司治理机制不完善的企业而言，利用外部公司治理机制来保护股东利益是一种可行的、低成本且有效的方法。另一方面，对政府监管部门而言，其应加大对公司治理机制不健全企业的社会失责行为的监督力度。考虑到企业社会失责行为严重损害了社会公正和市场秩序，因此，政府监管部门通过有效减少企业社会失责行为，将更好地促进社会公平，并推动市场经济的健康发展。同时，政策制定者应意识到，引入和完善卖空机制将有助于降低企业社会失责行为发生的可能性。此外，政策制定者应注意区域正式制度的发展，并向具有更完善制度环境的区域学习，模仿和借鉴它们完善的正式制度，从而减少或消除滋生企业社会失责行为的制度环境。

第三，企业社会失责行为发生之后，股东和董事会常常想知道这些活动如何对企业产生负面影响，以及给企业带来多大的负面影响。但是，在通常情况下，股东和董事会不会立即观察到企业社会失责行为的不利后果，从而低估了企业社会失责行为的严重性。本研究的结论显示，企业社会失责行为将通过企业创新绩效的中介作用对企业长期绩效产生严重的不利影响。因此，这启示股东和董事会，一旦危机爆发，就要进行全面的管理和响应，而不是一直等到出现最大的损失。此外，本研究的结论还显示，企业、行业和地区等层面的情境因素在企业社会失责行为作用于企业长期绩效的过程中都有着不可忽视的关键影响。例如，企业慈善捐赠能够缓解企业社会失责行为对企业长期绩效的负面冲击。因此，股东和董事会在评估企业社会失责行为带来的负面影响时，应综合考虑企业所处的环境。此外，对政府监管部门而言，其要特别关注、监管并控制竞争激烈的行业中的企业社会失责行为。因为正如本研究的结论所显示的，在这种环境中，实施企业社会失责行为往往会增加企业长期绩效。上述状况可能会促使企业更积极地参与对社会不负责任的行为，最终会严重扰乱市场秩序并破坏市场公平。

6.4 研究局限和未来展望

通过系统探讨行业锦标赛激励是否、如何以及在何种情况下更可能影响企业社会失责行为，以及企业社会失责行为是否、如何以及在何种情况下更可能影响企业长期绩效，本研究对多个领域均做出了重要的理论和实证贡献。但难以否认的是，与所有研究一样，本研究也存在一些局限，而这些局限为未来研究指明了新的方向。

第一，本研究聚焦于企业社会失责行为，未能将企业社会责任行为同时纳入研究框架。虽然企业社会失责行为和企业社会责任行为均属于重要的企业非市场化战略，但两者在理论结构和驱动力方面存在显著差异。因此，一方面，未来研究可探讨行业锦标赛激励对企业社会责任行为的影响，或探讨行业锦标赛激励对企业社会失责行为和企业社会责任行为是否存在非对称的影响效应（Asymmetric Effects）。另一方面，未来研究可探讨企业社会失责行为和企业社会责任行为对企业长期绩效是否存在非对称的影响效应。

第二，本研究未能进一步细分企业社会失责行为。企业社会失责行为可能指向不同的对象，如内部员工或外部消费者。鉴于越来越多的研究开始呼吁拆解企业社会活动，从而得到更细致的理论洞察，因此，未来研究可进一步探讨行业锦标赛激励对不同类型的企业社会失责行为是否存在差异性的影响，以及不同类型的企业社会失责行为对企业长期绩效是否存在差异性的影响。例如，未来研究可探讨行业锦标赛对外部和内部企业社会失责行为是否存在差异性的影响。

第三，管理短视仅在行业锦标赛激励与企业社会失责行为之间发挥部分中介作用，企业创新绩效也仅在企业社会失责行为与企业长期绩效之间发挥部分中介作用。这说明，行业锦标赛激励与企业社会失责行为之间，以及企业社会失责行为与企业长期绩效之间均存在其他中介路径。因此，未来研究可以引入其他中介变量，从而更深刻地揭示行业锦标赛激励如何影响企业社会失责行为，以及企业社会失责行为如何影响企业长期绩效。例如，在行业锦标赛中，现任 CEO 会借助企业社会失责行为改善企业绩效，从而赢得行业大奖；而非 CEO 高管也有可能借助企业社会失责行为改善企业绩效，从而填补现任 CEO 兑换行业大奖后留下来的 CEO 职位空缺，或获取其他利益等。换言之，CEO 与非 CEO 高管的合谋可能构成了行业锦标赛激励作用于企业社会失责行为的另一条渠道。还需要注意的是，遵循前期研究的相关做法，本研究基于研发投入来衡量管理短视，这不可避免地会带来测量偏差。因此，未来研究可以采用问卷调查等方法，以更准确地衡量管理短视。

第四，未来研究可将其他公司治理因素引入到行业锦标赛激励与企业社会失责行为的研究框架之中，这对于完善本研究的理论框架具有重要意义。由于企业社会失责行为属于典型的非伦理行为，因此，除了内部和外部公司治理机制之外，CEO 自身的属性，特别是 CEO 的道德属性（如道德 CEO）很可能也构成行业锦标赛激励作用于企业社会失责行为的重要边界条件。因此，未来研究应通过将 CEO 的道德/伦理因素作为附加的边界条件来拓展本研究的理论框架。与此同时，除了本研究关注的信号环境（即企业慈善捐赠、行业竞争强度和地区市场化程度）之外，其他层面的信号环境也可能会调节企业社会失责行为对企业长期绩效的影响。

第五，本研究的研究对象为中国上市公司，这不可避免地限制了本研究结论的普适性。具体地，一方面，本研究的结论是否适用于中国非上市公司仍是一个需要深入分析的理论和实证问题；另一方面，由于企业社会活动作为一种重要的社会现象，不可能独立于制度背景而存在，因此，本研究的结论是否适用于其他国家特别是发达经济体国家也需要未来研究的验证和修正。

参考文献

[1] Abernethy M A, Jiang L, Kuang Y F, et al. Can organizational identification mitigate the CEO horizon problem? [J]. Accounting, Organizations and Society, 2019, 78: 1-16.

[2] Aguinis H, Glavas A. What we know and don't know about corporate social responsibility: a review and research agenda [J]. Journal of Management, 2012 (4): 932-968.

[3] Ahlerup P, Olsson O, Yanagizawa D. Social capital vs institutions in the growth process [J]. European Journal of Political Economy, 2009 (1): 1-14.

[4] Ahlstrom D, Bruton G D, Yeh K S. Private firms in China: building legitimacy in an emerging economy [J]. Journal of World Business, 2008 (4): 385-399.

[5] Ahn S Y, Park D J. Corporate social responsibility and corporate longevity: the mediating role of social capital and moral legitimacy in Korea [J]. Journal of Business Ethics, 2018 (1): 117-134.

[6] Ahuja G, Katila R. Technological acquisitions and the innovation performance of acquiring firms: a longitudinal study [J]. Strategic Management Journal, 2001 (3): 197-220.

[7] Albuquerque A M, De Franco G, Verdi R S. Peer choice in CEO compensation [J]. Journal of Financial Economics, 2013 (1): 160-181.

[8] Alcadipani R, De O M, Rodrigues C. When corporations cause harm: a critical view of corporate social irresponsibility and corporate crimes [J]. Journal of Business Ethics, 2020 (2): 285-297.

[9] Ali S, Zhang J, Usman M, et al. Do tournament incentives motivate chief executive officers to be socially responsible? [J]. Managerial Auditing Journal, 2020 (5): 597-619.

[10] Anser M K, Zhang Z, Kanwal L. Moderating effect of innovation on corporate social responsibility and firm performance in realm of sustainable development [J]. Corporate Social Responsibility and Environmental Management, 2018 (5): 799-806.

[11] Antonetti P, Crisafulli B, Tuncdogan A. "Just look the other way": job seekers' reactions to the irresponsibility of market-dominant employers [J]. Journal of Business Ethics, 2020,

174（2）：403-422.

[12] Antonio M P, Daniele R, Vito A. Determinants of patent citations in biotechnology: an analysis of patent influence across the industrial and organizational boundaries [J]. Technological Forecasting & Social Change, 2015, 91（2）: 208-221.

[13] Aouadi A, Marsat S. Do ESG controversies matter for firm value? Evidence from international data [J]. Journal of Business Ethics, 2016（4）: 1027-1047.

[14] Apriliyanti I D, Randoy T. Between politics and business: boardroom decision making in state-owned Indonesian enterprises [J]. Corporate Governance: An International Review, 2019（3）: 166-185.

[15] Arend R J. Cheat to win: how to hack tournament theory [J]. Business Research Quarterly, 2019（4）: 216-225.

[16] Armstrong J S. Social irresponsibility in management [J]. Journal of Business Research, 1977（3）: 185-213.

[17] Arrow K J. Gifts and exchanges [J]. Philosophy & Public Affairs, 1972（4）: 343-362.

[18] Atay E, Terpstra-Tong, Yee J L. The determinants of corporate social irresponsibility: a case study of the Soma mine accident in Turkey [J]. Social Responsibility Journal, 2019, 16（8）: 1433-1452.

[19] Audi R. Some dimensions of trust in business practices: from financial and product representation to licensure and voting [J]. Journal of Business Ethics, 2008（1）: 97-102.

[20] Auger P, Burke P, Louviere D J J. What will consumers pay for social product features? [J]. Journal of Business Ethics, 2003（3）: 281-304.

[21] Banker R D, Bu D, Mehta M N. Pay gap and performance in China [J]. Abacus, 2016（3）: 501-531.

[22] Barnett M L, Salomon R M. Beyond dichotomy: the curvilinear relationship between social responsibility and financial performance [J]. Strategic Management Journal, 2006（11）: 1101-1122.

[23] Baron D P. Integrated strategy: market and nonmarket components [J]. California Management Review, 1995（2）: 47-65.

[24] Baron R M, Kenny D A. The moderator-mediator variable distinction in social psychological research: conceptual, strategic, and statistical considerations. [J]. Journal of Personality and Social Psychology, 1986（6）: 1173-1182.

[25] Baucus M S, Near J P. Can illegal corporate behavior be predicted? An event history analysis [J]. Academy of Management Journal, 1991 (1): 9-36.

[26] Bennedsen M, Wolfenzon D. The balance of power in closely held corporations [J]. Journal of Financial Economics, 2000 (1/2): 113-139.

[27] Ben-Oz C, Greve H R. Short-and long-term performance feedback and absorptive capacity [J]. Journal of Management, 2015 (7): 1827-1853.

[28] Bentley F S, Fulmer I S, Kehoe R R. Payoffs for layoffs? An examination of CEO relative pay and firm performance surrounding layoff announcements [J]. Personnel Psychology, 2019 (1): 81-106.

[29] Bergh D D, Connelly B L, Jr D J K, et al. Signalling theory and equilibrium in strategic management research: an assessment and a research agenda [J]. Journal of Management Studies, 2014 (8): 1334-1360.

[30] Berle A A, Means G C. The modern corporation and private property [M]. New York: Macmillan, 1934.

[31] Bia M, Mattei A. A Stata package for the estimation of the dose-response function through adjustment for the generalized propensity score [J]. Stata Journal, 2018 (3): 354-373.

[32] Boateng A, Huang W. Multiple large shareholders, excess leverage and tunneling: evidence from an emerging market [J]. Corporate Governance an International Review, 2017 (1): 58-74.

[33] Bocquet R, Le Bas C, Mothe C, et al. CSR, innovation, and firm performance in sluggish growth contexts: a firm-level empirical analysis [J]. Journal of Business Ethics, 2017 (1): 241-254.

[34] Bocquet R, Le Bas C, Mothe C, et al. Are firms with different CSR profiles equally innovative? Empirical analysis with survey data [J]. European Management Journal, 2013 (6): 642-654.

[35] Boivie S, Lange D, Mcdonald M L, et al. Me or we: the effects of CEO organizational identification on agency costs [J]. Academy of Management Journal, 2011 (3): 551-576.

[36] Brammer S, He H, Mellahi K. Corporate social responsibility, employee organizational identification, and creative effort: the moderating impact of corporate ability [J]. Group & Organization Management, 2015 (3): 323-352.

[37] Brass D J, Butterfield K D, Skaggs B C. Relationships and unethical behavior: a social

参考文献
REFERENCES

network perspective [J]. The Academy of Management Review, 1998 (1): 14-31.

[38] Briones Penalver A J, Bernal Conesa J A, Carmen D N N. Analysis of corporate social responsibility in spanish agribusiness and its influence on innovation and performance [J]. Corporate Social Responsibility and Environmental Management, 2018 (2): 182-193.

[39] Brochet F, Loumioti M, Serafeim G. Speaking of the short-term: disclosure horizon and managerial myopia [J]. Review of Accounting Studies, 2015 (3): 1-42.

[40] Brockman P, Luo J, Xu L. The impact of short-selling pressure on corporate employee relations [J]. Journal of Corporate Finance, 2020, 64: 101677.

[41] Brockman P, Khurana I K, Zhong R I. Societal trust and open innovation [J]. Research Policy, 2018 (10): 2048-2065.

[42] Bronzini R, Piselli P. The impact of R&D subsidies on firm innovation [J]. Research Policy, 2014 (2): 442-457.

[43] Brune A, Thomsen M, Watrin C. Family firm heterogeneity and tax avoidance: the role of the founder [J]. Family Business Review, 2019 (3): 296-317.

[44] Buse K, Bernstein R S, Bilimoria D. The influence of board diversity, board diversity policies and practices, and board inclusion behaviors on nonprofit governance practices [J]. Journal of Business Ethics, 2016 (1): 179-191.

[45] Cao F, Peng S, Ye K. Multiple large shareholders and corporate social responsibility reporting [J]. Emerging Markets Review, 2019 (3): 287-309.

[46] Carnes C M, Borgholthaus C J, Tuggle C, et al. Playing different games: a dual tournament theory of executive promotions [J]. Academy of Management Annual Meeting Proceedings, 2020 (1): 10-5465.

[47] Carroll A B, Shabana K M. The business case for corporate social responsibility: a review of concepts, research and practice [J]. International Journal of Management Reviews, 2010 (1): 85-105.

[48] Carvalho S W, Muralidharan E, Bapuji H. Corporate social "irresponsibility": are consumers' biases in attribution of blame helping companies in product-harm crises involving hybrid products? [J]. Journal of Business Ethics, 2015 (3): 651-663.

[49] Casado R B, Burkert M, Dávila A, et al. Shareholder protection: the role of multiple large shareholders [J]. Corporate Governance: An International Review, 2015 (2): 105-129.

[50] Certo S T, Busenbark J R, Woo H S, et al. Sample selection bias and Heckman models

in strategic management research [J]. Strategic Management Journal, 2016 (13): 2639-2657.

[51] Chang E C, Lin T, Ma X. Does short-selling threat discipline managers in mergers and acquisitions decisions? [J]. Journal of Accounting & Economics, 2019 (1): 10-1016.

[52] Chen C J, Guo R S, Yung-Chang H, et al. How business strategy in non-financial firms moderates the curvilinear effects of corporate social responsibility and irresponsibility on corporate financial performance [J]. Journal of Business Research, 2018, 92 (1): 154-167.

[53] Chen H, Zhu Y, Chang L. Short-selling constraints and corporate payout policy [J]. Accounting & Finance, 2019 (4): 2273-2305.

[54] Chen S, Cai W, Jebran K. Does social trust mitigate earnings management? Evidence from China [J]. Emerging Markets Finance and Trade, 2019, 57 (10): 2995-3016.

[55] Chen W. Determinants of firms' backward- and forward-looking R&D search behavior [J]. Organization Science, 2008 (4): 609-622.

[56] Chen X, Cheng Q, Luo T, et al. Short sellers and long-run management forecasts [J]. Contemporary Accounting Research, 2020 (2): 802-828.

[57] Chen X, Wan P. Social trust and corporate social responsibility: evidence from China [J]. Corporate Social Responsibility and Environmental Management, 2020 (2): 485-500.

[58] Chen Y F, Lin F L, Yang S Y. Does institutional short-termism matter with managerial myopia? [J]. Journal of Business Research, 2015 (4): 845-850.

[59] Chittoor R, Aulakh P S, Ray S. Microfoundations of firm internationalization: the owner CEO effect [J]. Global Strategy Journal, 2019 (1): 42-65.

[60] Chiu S C, Sharfman M. Corporate social irresponsibility and executive succession: an empirical examination [J]. Journal of Business Ethics, 2018 (3): 1-17.

[61] Cho S Y, Lee C. Managerial efficiency, corporate social performance, and corporate financial performance [J]. Journal of Business Ethics, 2019 (2): 467-486.

[62] Chowdhury H, Hodgson A, Pathan S. Do external labour market incentives constrain bad news hoarding? The CEO's industry tournament and crash risk reduction [J]. Journal of Corporate Finance, 2020, 65 (1): 101774.

[63] Chung-Jen C, Ruey-Shan G, Yung-Chang H, et al. How business strategy in non-financial firms moderates the curvilinear effects of corporate social responsibility and

参考文献
REFERENCES

irresponsibility on corporate financial performance [J]. Journal of Business Research, 2018, 92 (1): 154-167.

[64] Colbert B A. The complex resource-based view: implications for theory and practice in strategic human resource management [J]. Academy of Management Review, 2004 (3): 341-358.

[65] Coles J L, Li Z F, Wang A Y. Industry tournament incentives [J]. The Review of Financial Studies, 2018 (4): 1418-1459.

[66] Connelly B L, Certo S T, Ireland R D, et al. Signaling theory: a review and assessment [J]. Journal of Management, 2011 (1): 39-67.

[67] Connelly B L, Tihanyi L, Crook T R, et al. Tournament theory: thirty years of contests and competitions [J]. Journal of Management, 2014 (1): 16-47.

[68] Connelly B L, Tihanyi L, Ketchen D J, et al. Competitive repertoire complexity: governance antecedents and performance outcomes [J]. Strategic Management Journal, 2017 (5): 1151-1173.

[69] Conyon M J, He L. Executive compensation and corporate fraud in China [J]. Journal of Business Ethics, 2016 (4): 669-691.

[70] Conyon M J, He L. Executive compensation and corporate governance in China [J]. Journal of Corporate Finance, 2011 (4): 1158-1175.

[71] Corciolani M, Nieri F, Tuan A. Does involvement in corporate social irresponsibility affect the linguistic features of corporate social responsibility reports? [J]. Corporate Social Responsibility and Environmental Management, 2019 (2): 670-680.

[72] Cordeiro J J, He L, Conyon M, et al. Informativeness of performance measures and Chinese executive compensation [J]. Asia Pacific Journal of Management, 2013 (4): 1031-1058.

[73] Correia S, Guimares P, Zylkin T. Fast Poisson estimation with high-dimensional fixed effects [J]. Stata Journal, 2020 (1): 95-115.

[74] Cortes A F, Herrmann P. Strategic leadership of innovation: a framework for future research [J]. International Journal of Management Reviews, 2020, 23 (2): 224-243.

[75] Cuervo-Cazurra A. Corruption in international business [J]. Journal of World Business, 2016 (1): 35-49.

[76] Custódio C, Ferreira M A, Matos P. Generalists versus specialists: lifetime work experience and chief executive officer pay [J]. Journal of Financial Economics, 2013 (2): 471-492.

[77] Cyert R M, March J G. A behavioral theory of the firm [M]. Englewood Cliffs, NJ: Prentice-Hall, 1963.

[78] Daboub A J, Rasheed A M A, Gray P D A. Top management team characteristics and corporate illegal activity [J]. Academy of Management Review, 1995 (1): 138-170.

[79] Dai W, Liao M. Entrepreneurial attention to deregulations and reinvestments by private firms: evidence from China [J]. Asia Pacific Journal of Management, 2019 (4): 1221-1250.

[80] Datta S, Datta M I. Upper-echelon executive human capital and compensation: generalist vs specialist skills [J]. Strategic Management Journal, 2014 (12): 1853-1866.

[81] Davidson R H, Dey A, Smith A J. CEO materialism and corporate social responsibility [J]. The Accounting Review, 2019 (1): 101-126.

[82] Davis G F, Greve H R. Corporate elite networks and governance changes in the 1980s' [J]. American Journal of Sociology, 1997 (1): 1-37.

[83] Deckop J R, Merriman K K, Gupta S. The effects of CEO pay structure on corporate social performance [J]. Journal of Management, 2006 (3): 329-342.

[84] Dedahanov A T, Rhee C, Yoon J. Organizational structure and innovation performance: is employee innovative behavior a missing link? [J]. Career Development International, 2017 (4): 334-350.

[85] Dhaliwal D S, Li O Z, Tsang A, et al. Voluntary nonfinancial disclosure and the cost of equity capital: the initiation of corporate social responsibility reporting. [J]. Accounting Review, 2011 (1): 59-100.

[86] Ding Y, Zhang H, Zhang J. Private vs state ownership and earnings management: evidence from Chinese listed companies [J]. Corporate Governance: An International Review, 2007 (2): 223-238.

[87] Dong W, Han H, Ke Y, et al. Social trust and corporate misconduct: evidence from China [J]. Journal of Business Ethics, 2018 (2): 539-562.

[88] Dong Y, Skowronski K, Song S, et al. Supply base innovation and firm financial performance [J]. Journal of Operations Management, 2020 (7/8): 768-796.

[89] Dorobantu S, Kaul A, Zelner B. Nonmarket strategy research through the lens of new institutional economics: an integrative review and future directions [J]. Strategic Management Journal, 2017 (1): 114-140.

[90] Du S, Bhattacharya C B, Sen S. Maximizing business returns to corporate social responsibility

(CSR): the role of CSR communication [J]. International Journal of Management Reviews, 2010 (1): 8-19.

[91] Du X. Does religion mitigate tunneling? Evidence from Chinese Buddhism [J]. Journal of Business Ethics, 2014 (2): 299-327.

[92] Duanmu J L, Bu M, Pittman R. Does market competition dampen environmental performance? Evidence from China [J]. Strategic Management Journal, 2018 (11): 3006-3030.

[93] Dudley E, Zhang N. Trust and corporate cash holdings [J]. Journal of Corporate Finance, 2016, 41 (12): 363-387.

[94] Dupire M, M'Zali B. CSR strategies in response to competitive pressures [J]. Journal of Business Ethics, 2016 (3): 603-623.

[95] Edmans A, Fang V W, Lewellen K A. Equity vesting and managerial myopia [J]. NBER Working Papers, 2013.

[96] Eisenhardt K M. Agency theory: an assessment and review [J]. Academy of Management Review, 1989 (1): 57-74.

[97] Erica X U, Huang X U, Lam C K, et al. Abusive supervision and work behaviors: the mediating role of LMX [J]. Journal of Organizational Behavior, 2012 (4): 531-543.

[98] Fahlenbrach R. Founder-CEOs, investment decisions, and stock market performance [J]. Journal of Financial & Quantitative Analysis, 2009 (2): 439-466.

[99] Fan G, Wang X, Zhu H P. Marketization index for China's provinces [M]. Beijing: Economic Science Press (in Chinese), 2011.

[100] Fang V W, Huang A H, Karpoff J M. Short selling and earnings management: a controlled experiment [J]. Journal of Finance, 2016 (3): 1251-1294.

[101] Faulkender M, Yang J. Inside the black box: the role and composition of compensation peer groups [J]. Journal of Financial Economics, 2010a (2): 257-270.

[102] Faulkender M, Yang J. Inside the black box: the role and composition of compensation peer groups [J]. Journal of Financial Economics, 2010b (2): 257-270.

[103] Fee C E, Hadlock C J. Raids, rewards, and reputations in the market for managerial talent [J]. Review of Financial Studies, 2003 (4): 1315-1357.

[104] Feng X, Chan K C. Information advantage, short sales, and stock returns: evidence from short selling reform in China [J]. Economic Modelling, 2016 (10): 131-142.

[105] Ferry W H. Forms of irresponsibility [J]. Annals of the American Academy of Political & Social Science, 1962 (1): 65-74.

[106] Fiaschi D, Giuliani E, Nieri F. Overcoming the liability of origin by doing no-harm: emerging country firms' social irresponsibility as they go global [J]. Journal of World Business, 2016 (4): 546-563.

[107] Flammer C, Hong B, Minor D. Corporate governance and the rise of integrating corporate social responsibility criteria in executive compensation: effectiveness and implications for firm outcomes [J]. Strategic Management Journal, 2019 (7): 1097-1122.

[108] Flammer C. Corporate social responsibility and shareholder reaction: the environmental awareness of investors [J]. Academy of Management Journal, 2013 (3): 758-781.

[109] Flammer C. Does product market competition foster corporate social responsibility? Evidence from trade liberalization [J]. Strategic Management Journal, 2015 (10): 1469-1485.

[110] Fong E A. Relative CEO underpayment and CEO behaviour towards R&D spending [J]. Journal of Management Studies, 2010 (6): 1095-1122.

[111] Fredrickson J W, Davis-Blake A, Sanders W G. Sharing the wealth: social comparisons and pay dispersion in the CEO's top team [J]. Strategic Management Journal, 2010 (10): 1031-1053.

[112] Friedman M S. Capitalism and freedom [M]. Chicago, IL: University of Chicago Press, 1962.

[113] Fu L, Boehe D, Orlitzky M. Are R&D-intensive firms also corporate social responsibility specialists? A multicountry study [J]. Research Policy, 2020, 49(8): 104082.

[114] Fukuyama F. Social capital and the modern capitalist economy: creating a high trust workplace [J]. Stern Business Magazine, 1997 (4): 1-16.

[115] Gambetta D. Can we trust trust? [M] // Gambetta D. Trust: making and breaking cooperative relations. New York: Blackwell, 1988.

[116] Gao Y, Yang H. Does ownership matter? Firm ownership and corporate illegality in China [J]. Journal of Business Ethics, 2019 (8): 1-15.

[117] Garcia-Cabrera A M, Garcia-Soto M G, Nieves J. Knowledge, innovation and NTBF short-and long-term performance [J]. International Entrepreneurship and Management Journal, 2020, 17 (3): 1067-1089.

[118] Garcia-Garcia R, Garcia-Canal E, Guillen M F. Rapid internationalization and long-

term performance: the knowledge link [J]. Journal of World Business, 2016 (1): 97-110.

[119] Ge W, Kim J B. How does the executive pay gap influence audit fees? The roles of R&D investment and institutional ownership [J]. Journal of Business Finance & Accounting, 2020 (5/6): 677-707.

[120] Geroski P, Machin S, Reenen J V. The profitability of innovating firms [J]. The Rand Journal of Economics, 1993 (2): 198-211.

[121] Godfrey P C. The relationship between corporate philanthropy and shareholder wealth: a risk management perspective [J]. Academy of Management Review, 2005 (4): 777-798.

[122] Godfrey P C, Merrill C B, Hansen J M. The relationship between corporate social responsibility and shareholder value: an empirical test of the risk management hypothesis [J]. Strategic Management Journal, 2009 (4): 425-445.

[123] Gok O, Peker S. Understanding the links among innovation performance, market performance and financial performance [J]. Review of Managerial Science, 2017 (3): 605-631.

[124] Gong R. Short selling threat and corporate financing decisions [J]. Journal of Banking & Finance, 2020, 118 (1): 105853.

[125] Gopalan R, Milbourn T, Song F, et al. Duration of executive compensation [J]. Journal of Finance, 2014 (6): 2777-2817.

[126] Goss A, Roberts G S. The impact of corporate social responsibility on the cost of bank loans [J]. Journal of Banking & Finance, 2011 (7): 1794-1810.

[127] Graham J R, Harvey C R, Rajgopal S. The economic implications of corporate financial reporting [J]. Journal of Accounting & Economics, 2005, 40 (3): 3-73.

[128] Greve H R. Positional rigidity: low performance and resource acquisition in large and small firms [J]. Strategic Management Journal, 2011 (1): 103-114.

[129] Griep Y, Vantilborgh T. Reciprocal effects of psychological contract breach on counterproductive and organizational citizenship behaviors: the role of time [J]. Journal of Vocational Behavior, 2018 (2): 141-153.

[130] Griffin P A, Sun E. Voluntary corporate social responsibility disclosure and religion [J]. Sustainability Accounting, Management and Policy Journal, 2018 (1): 63-94.

[131] Grimmer M, Bingham T. Company environmental performance and consumer purchase

intentions [J]. Journal of Business Research, 2013 (10): 1945-1953.

[132] Guan Y, Lobo G J, Tsang A, et al. Societal trust and management earnings forecasts [J]. The Accounting Review, 2020, 95 (5): 149-184.

[133] Guariglia A, Liu P. To what extent do financing constraints affect Chinese firms' innovation activities? [J]. International Review of Financial Analysis, 2014 (12): 223-240.

[134] Gudell S M. Serial CEOs and their career concerns [D]. Rochester: University of Rochester, 2011.

[135] Gumusluoglu L, Ilsev A. Transformational leadership, creativity, and organizational innovation [J]. Journal of Business Research, 2009 (4): 461-473.

[136] Gur N, Bjørnskov C. Trust and delegation: theory and evidence [J]. Journal of Comparative Economics, 2017 (3): 644-657.

[137] Hamann R. Dynamic de-responsibilization in business-government interactions [J]. Organization Studies, 2019 (8): 1193-1215.

[138] Hambrick D C. Upper echelons theory: an update [J]. Academy of Management Review, 2007 (2): 334-343.

[139] Hambrick D C, Mason P A. Upper echelons: the organization as a reflection of its top managers [J]. Academy of Management Review, 1984 (2): 193-206.

[140] Han W, Zhuangxiong Y, Jie L. Corporate social responsibility, product market competition, and product market performance [J]. International Review of Economics & Finance, 2018, 56 (1): 75-91.

[141] Harbring C, Irlenbusch B. Sabotage in tournaments: evidence from a laboratory experiment [J]. Management Science, 2011 (4): 611-627.

[142] Haß L H, Müller M A, Vergauwe S. Tournament incentives and corporate fraud [J]. Journal of Corporate Finance, 2015 (10): 251-267.

[143] Hassan Y, Hijazi R, Naser K. Does audit committee substitute or complement other corporate governance mechanisms: evidence from an emerging economy [J]. Managerial Auditing Journal, 2017 (7): 658-681.

[144] Hawn O. How media coverage of corporate social responsiblity and irresponsiblity influences cross order acquisitions [J]. Strategic Management Journal, 2020, 42 (1): 58-83

[145] He X, Zhu M R. Are interim CEOs just caretakers? [J]. Journal of Corporate Finance, 2020, 61 (1): 10142.

[146] Heckman J J. Sample selection bias specification error [J]. Econometrica, 1979 (3): 129-137.

[147] Hirshleifer D, Thakor A V. Managerial conservatism, project choice, and debt [J]. Review of Financial Studies, 1992 (3): 437-470.

[148] Ho K C, Yen H P, Gu Y, et al. Does societal trust make firms more trustworthy? [J]. Emerging Markets Review, 2019, 42 (2): 100674.

[149] Hogan S J, Coote L V. Organizational culture, innovation, and performance: a test of Schein's model [J]. Journal of Business Research, 2014 (8): 1609-1621.

[150] Hou D, Meng Q, Zhang K, et al. Motives for corporate philanthropy propensity: does short selling matter? [J]. International Review of Economics & Finance, 2019, 63: 24-36.

[151] Hu H W, Sun P. What determines the severity of tunneling in China? [J]. Asia Pacific Journal of Management, 2019 (1): 161-184.

[152] Huang J, Jain B A, Kini O. Industry tournament incentives and the product market benefits of corporate liquidity [J]. Journal of Financial & Quantitative Analysis, 2018 (2): 829-876.

[153] Hubbard T D, Christensen D M, Graffin S D. Higher highs and lower lows: the role of corporate social responsibility in CEO dismissal [J]. Strategic Management Journal, 2017 (11): 2255-2265.

[154] Hughes M, Chang Y Y, Hodgkinson I R, et al. The multi-level effects of corporate entrepreneurial orientation on business unit radical innovation and financial performance [J]. Long Range Planning, 2020, 54 (1): 101989.

[155] Hur W O, Moon T O, Choi W E. When are internal and external corporate social responsibility initiatives amplified? Employee engagement in corporate social responsibility initiatives on prosocial and proactive behaviors [J]. Corporate Social Responsibility and Environmental Management, 2019 (4): 849-858.

[156] Hussain N, Rigoni U, Orij R P. Corporate governance and sustainability performance: analysis of triple bottom line performance [J]. Journal of Business Ethics, 2018 (2): 411-432.

[157] Inoue C. Election cycles and organizations: how politics shapes the performance of state-owned enterprises over time [J]. Administrative Science Quarterly, 2019 (3): 1-33.

[158] Jain T, Zaman R. When boards matter: the case of corporate social irresponsibility [J].

British Journal of Management, 2020 (2): 365-386.

[159] Jamali D, Mirshak R. Corporate social responsibility (CSR): theory and practice in a developing country context [J]. Journal of Business Ethics, 2007 (3): 243-262.

[160] Jensen M C, Meckling W H. Theory of the firm: managerial behavior, agency costs and ownership structure [J]. Journal of Financial Economics, 1976 (4): 305-360.

[161] Jeong N, Kim N. The effects of political orientation on corporate social (ir)responsibility [J]. Management Decision, 2019 (2): 255-266.

[162] Jia Y, Gao X, Julian S. Do firms use corporate social responsibility to insure against stock price risk? Evidence from a natural experiment [J]. Strategic Management Journal, 2020 (2): 290-307.

[163] Jiang F, Cai W, Wang X, et al. Multiple large shareholders and corporate investment: evidence from China [J]. Journal of Corporate Finance, 2018, 50 (2): 66-83.

[164] Jiang F, Ma Y, Wang X. Multiple blockholders and earnings management [J]. Journal of Corporate Finance, 2020, 64 (5): 101689.

[165] Jiang G, Lee C M C, Yue H. Tunneling through intercorporate loans: the China experience [J]. Journal of Financial Economics, 2010 (1): 1-20.

[166] Jiang Y, Yang Y, Zhao Y, et al. Partners' centrality diversity and firm innovation performance: evidence from China [J]. Industrial Marketing Management, 2020, 88(3): 22-34.

[167] Jones D A, Willness C R, Madey S. Why are job seekers attracted by corporate social performance? Experimental and field tests of three Signal-Based mechanisms [J]. Academy of Management Journal, 2014 (2): 383-404.

[168] Jones T M. Instrumental stakeholder theory: a synthesis of ethics and economics [J]. Academy of Management Review, 1995 (2): 404-437.

[169] Jun C S, Young C C, Chang L. Does institutional blockholder short-termism lead to managerial myopia? Evidence from income smoothing [J]. International Review of Finance, 2019 (3): 693-703.

[170] Kahneman D, Tversky A. Prospect theory: an analysis of decision under risk [J]. Econometrica, 1979 (2): 263-291.

[171] Kale J R, Reis E, Venkateswaran A. Rank-order tournaments and incentive alignment: the effect on firm performance [J]. Journal of Finance, 2009 (3): 1479-1512.

[172] Kanagaretnam K, Khokhar A R, Mawani A. Linking societal trust and CEO compensation [J]. Journal of Business Ethics, 2018 (2): 295-317.

[173] Kang C, Germann F, Grewal A R. Washing away your sins? Corporate social responsibility, corporate social irresponsibility, and firm performance [J]. Journal of Marketing, 2016 (2): 59-79.

[174] Kanuri V K, Houston R, Andrews M. Firms behaving badly? Investor reactions to corporate social irresponsibility [J]. Business and Society Review, 2020 (1): 41-70.

[175] Karpoff J M, Lou X. Short sellers and financial misconduct [J]. Journal of Finance, 2010 (5): 1879-1913.

[176] Keig D L, Brouthers L E, Marshall V B. Formal and informal corruption environments and multinational enterprise social irresponsibility [J]. Journal of Management Studies, 2015 (1): 89-116.

[177] Kiessling T, Isaksson L, Yasar B. Market orientation and CSR: performance implications [J]. Journal of Business Ethics, 2016 (2): 1-16.

[178] Kim J Y, Finkelstein S, Haleblian J. All aspirations are not created equal: the differential effects of historical and social aspirations on acquisition behavior [J]. Academy of Management Journal, 2015 (5): 1361-1388.

[179] Kim P H, Ferrin D L, Cooper C D, et al. Removing the shadow of suspicion: the effects of apology versus denial for repairing competence- versus integrity-based trust violations [J]. Journal of Applied Psychology, 2004 (1): 104-118.

[180] Kim S, Lee G, Kang H G. Risk management and corporate social responsibility [J]. Strategic Management Journal, 2021 (1): 202-230.

[181] Kirmani A, Rao A R. No pain, no gain: a critical review of the literature on signaling unobservable product quality [J]. Journal of Marketing, 2000 (2): 66-79.

[182] Klein J, Dawar N. Corporate social responsibility and consumers' attributions and brand evaluations in a product-harm crisis [J]. International Journal of Research in Marketing, 2004 (3): 203-217.

[183] Klein J G, Smith N C, John A. Why we boycott: consumer motivations for boycott participation [J]. Journal of Marketing, 2004 (3): 92-109.

[184] Ko K, Nie J, Ran R, et al. Corporate social responsibility, social identity, and innovation performance in China [J]. Pacific-Basin Finance Journal, 2020, 63 (4): 101415.

[185] Koellinger P. The relationship between technology, innovation, and firm performance—Empirical evidence from e-business in Europe [J]. Research Policy, 2008 (8): 1317-1328.

[186] Koh P, Qian C, Wang H. Firm litigation risk and the insurance value of corporate social performance [J]. Strategic Management Journal, 2014 (10): 1464-1482.

[187] Kölbel J F, Busch T, Jancso L M. How media coverage of corporate social irresponsibility increases financial risk [J]. Strategic Management Journal, 2017, 38 (11): 2266-2284.

[188] Kostopoulos K, Papalexandris A, Papachroni M, et al. Absorptive capacity, innovation, and financial performance [J]. Journal of Business Research, 2011 (12): 1335-1343.

[189] Kraft A G, Vashishtha R, Venkatachalam M. Frequent financial reporting and managerial myopia [J]. The Accounting Review, 2018 (2): 249-275.

[190] Kubick T R, Lockhart G B. Industry tournament incentives and stock price crash risk [J]. Financial Management, 2020, 50 (2): 345-369.

[191] Kubick T R, Lockhart G B. Do external labor market incentives motivate CEOs to adopt more aggressive corporate tax reporting preferences? [J]. Journal of Corporate Finance, 2016 (2): 255-277.

[192] Lange D, Washburn N T. Understanding attributions of corporate social irresponsibility [J]. The Academy of Management Review, 2015 (2): 300-326.

[193] Lazear E P, Rosen S. Rank-Order tournaments as optimum labor contracts [J]. Journal of Political Economy, 1981 (5): 841-864.

[194] Leary M R. Motivational and emotional aspects of the self [J]. Annual Review of Psychology, 2007 (1): 317-344.

[195] Lee J M, Yoon D, Boivie S. Founder CEO succession: the role of CEO organizational identification [J]. Academy of Management Journal, 2020 (1): 224-245.

[196] Lee Y C, Lu Y C, Wang Y C, et al. Corporate social irresponsibility, CEO overconfidence, and stock price crash risk [J]. Applied Economics Letters, 2018 (4): 1143-1147.

[197] Leung S, Parker L, Courtis J. Impression management through minimal narrative disclosure in annual reports [J]. British Accounting Review, 2015 (3): 275-289.

[198] Levinthal D A, March J G. The myopia of learning [J]. Strategic Management Journal, 1983 (S2): 95-112.

[199] Li J, Tang Y. CEO hubris and firm risk taking in China: the moderating role of managerial

discretion [J]. Academy of Management Journal, 2010(1): 45-68.

[200] Li J, Li P, Wang B. The liability of opaqueness: state ownership and the likelihood of deal completion in international acquisitions by Chinese firms [J]. Strategic Management Journal, 2019(2): 303-327.

[201] Li S, Song X, Wu H. Political connection, ownership structure, and corporate philanthropy in China: a strategic-political perspective [J]. Journal of Business Ethics, 2015(2): 399-411.

[202] Li X, Wang S S, Wang X. Trust and stock price crash risk: evidence from China [J]. Journal of Banking & Finance, 2017, 76(7): 74-91.

[203] Lim E. Attainment discrepancy and new geographic market entry: the moderating roles of vertical pay disparity and horizontal pay dispersion [J]. Journal of Management Studies, 2019(8): 1605-1629.

[204] Lin B, Luan R. Do government subsidies promote efficiency in technological innovation of China's photovoltaic enterprises? [J]. Journal of Cleaner Production, 2020, 254(6): 120108.

[205] Lin H, Zeng S, Wang L, et al. How does environmental irresponsibility impair corporate reputation? A multi-method investigation [J]. Corporate Social Responsibility & Environmental Management, 2016(6): 413-423.

[206] Lin L. Corporate social responsibility in China: window dressing or structural change? [J]. Berkeley Journal of International Law, 2010(1): 64-100.

[207] Lin T, Tsai H, Imamah N, et al. Does the identity of multiple large shareholders affect the value of excess cash? Evidence from China [J]. Pacific Basin Finance Journal, 2016(12): 173-190.

[208] Lin-Hi N, Müller K. The CSR bottom line: preventing corporate social irresponsibility [J]. Journal of Business Research, 2013(10): 1928-1936.

[209] Liu A Z, Liu A X, Wang R, et al. Too much of a good thing? The boomerang effect of firms' investments on corporate social responsibility during product recalls [J]. Journal of Management Studies, 2020(8): 1437-1472.

[210] Liu W, Zhang P, Liao J, et al. Abusive supervision and employee creativity the mediating role of psychological safety and organizational identification [J]. Management Decision, 2016(1): 130-147.

[211] Liu Y, Li W, Li Y. Ambidexterity between low cost strategy and CSR strategy: contingencies of competition and regulation [J]. Asia Pacific Journal of Management, 2020 (3): 633-660.

[212] Liu Y, Dai W, Liao M, et al. Social status and corporate social responsibility: evidence from Chinese privately owned firms [J]. Journal of Business Ethics, 2020, 169 (5): 651-672.

[213] Lozano M B, Martínez B, Pindado J. Corporate governance, ownership and firm value: drivers of ownership as a good corporate governance mechanism [J]. International Business Review, 2016 (6): 1333-1343.

[214] Luffarelli J, Awaysheh A. The impact of indirect corporate social performance signals on firm value: evidence from an event study [J]. Corporate Social Responsibility and Environmental Management, 2018 (3): 295-310.

[215] Luo J H, Xiang Y, Zhu R. Military top executives and corporate philanthropy: evidence from China [J]. Asia Pacific Journal of Management, 2017 (3): 725-755.

[216] Ma M, Pan J, Stubben S R. The effect of local tournament incentives on firms' performance, risk-taking decisions, and financial reporting decisions [J]. Accounting Review, 2020 (2): 283-309.

[217] March J G. Notes on ambiguity and executive compensation [J]. Scandinavian Journal of Management Studies, 1984 (1): 53-64.

[218] Marquis C, Qian C. Corporate social responsibility reporting in China: symbol or substance? [J]. Organization Science, 2014 (1): 127-148.

[219] Martinez-Conesa I, Soto-Acosta P, Manzano M P. Corporate social responsibility and its effect on innovation and firm performance: an empirical research in SMEs [J]. Journal of Cleaner Production, 2017, 142 (7): 2374-2383.

[220] Massa M, Zhang B, Zhang H. The invisible hand of short selling: does short selling discipline earnings management? [J]. Review of Financial Studies, 2015 (6): 1701-1736.

[221] Maury B, Pajuste A. Multiple large shareholders and firm value [J]. Journal of Banking & Finance, 2005 (7): 1813-1834.

[222] McWilliams A, Siegel D. Corporate social responsibility and financial performance: correlation or misspecification? [J]. Academy of Management Review, 2000 (5): 603-609.

[223] McWilliams A, Siegel D. Corporate social responsibility: a theory of the firm perspective [J]. Academy of Management Review, 2001 (1): 117-127.

[224] Mena S, Rintamäki J, Fleming P, et al. On the forgetting of corporate irresponsibility [J]. Academy of Management Review, 2016 (4): 720-738.

[225] Meng Q, Li Y, Jiang X, et al. Informed or speculative trading? Evidence from short selling before star and non-star analysts' downgrade announcements in an emerging market [J]. Journal of Empirical Finance, 2017, 42 (2): 240-255.

[226] Minor D, Morgan J. CSR as reputation insurance: primum non nocere [J]. California Management Review, 2011 (3): 40-59.

[227] Mishra D R. Post-innovation CSR performance and firm value [J]. Journal of Business Ethics, 2017 (2): 1-22.

[228] Mishra S K, Bhatnagar D. Linking emotional dissonance and organizational identification to turnover intention and emotional well-being: a study of medical representatives in India [J]. Human Resource Management, 2010 (3): 401-419.

[229] Mombeuil C, Fotiadis A K, Wang Z. The pandora's box of corporate social Irresponsibility-An empirical study within failed states context [J]. Journal of Cleaner Production, 2019 (10): 1306-1321.

[230] Mullins, Frank. A piece of the pie? The effects of familial control enhancements on the use of broad-based employee ownership programs in family firms [J]. Human Resource Management, 2018 (5): 979-992.

[231] Muoz-Bullón F, Sanchez-Bueno M J, Massis A D. Combining internal and external R&D: the effects on innovation performance in family and nonfamily firms [J]. Entrepreneurship: Theory and Practice, 2019 (5): 1015-1031.

[232] Murphy P E, Schlegelmilch B B. Corporate social responsibility and corporate social irresponsibility: introduction to a special topic section [J]. Journal of Business Research, 2013 (10): 1807-1813.

[233] Nagarajan N J, Sivaramakrishnan K, Sridhar S S. Managerial entrenchment, reputation and corporate investment myopia [J]. Journal of Accounting, Auditing and Finance, 1995 (3): 565-585.

[234] Nam D I, Park H D, Arthurs J D. Looking attractive until you sell: earnings management, lockup expiration, and venture capitalists [J]. Journal of Management Studies, 2014 (8):

1286-1310.

[235] Narayanan M P. Managerial incentives for short-term results [J]. Journal of Finance, 1985 (5): 1469-1484.

[236] Nardella G, Brammer S, Surdu I. Shame on who? The effects of corporate irresponsibility and social performance on organizational reputation [J]. British Journal of Management, 2019 (1): 5-23.

[237] Nguyen N H, Phan H V, Phan H V, et al. Tournament-based incentives and mergers and acquisitions [J]. International Review of Financial Analysis, 2020, 71 (3): 101548.

[238] Ning J. Tournament incentives and stock price crash risk [J]. Accounting Horizons, 2018 (3): 1010-1121.

[239] North D C. Institutions, institutional change and economic performance [M]. Cambridge, UK: Cambridge University Press, 1990.

[240] Ocasio W. Towards an attention-based view of the firm [J]. Strategic Management Journal, 1997 (S1): 187-206.

[241] Ogunfowora B, Stackhouse M, Oh W Y. Media depictions of CEO ethics and stakeholder support of CSR initiatives: the mediating roles of CSR motive attributions and cynicism [J]. Journal of Business Ethics, 2018 (2): 1-16.

[242] Oh W, Chang Y K, Jung R. Experience-based human capital or fixed paradigm problem? CEO tenure, contextual influences, and corporate social (ir) responsibility [J]. Journal of Business Research, 2018 (9): 325-333.

[243] Oh W Y, Chang Y K, Kim T Y. Complementary or substitutive effects? Corporate governance mechanisms and corporate social responsibility [J]. Journal of Management, 2018 (7): 2716-2739.

[244] Oliver C. Sustainable competitive advantage: combining institutional and resource-based views [J]. Strategic Management Journal, 1997 (9): 697-713.

[245] Onkila T. Pride or embarrassment? Employees' emotions and corporate social responsibility [J]. Corporate Social Responsibility & Environmental Management, 2015 (4): 222-236.

[246] Ormiston M E, Wong E M. License to ill: the effects of corporate social responsibility and CEO moral identity on corporate social irresponsibility [J]. Personnel Psychology, 2013(4): 861-893.

[247] Ou A Y, Lu Q, Chen G, et al. Do no evil: CEO humility, corporate social irresponsibility,

and subsequent actions [C]. Academy of Management Proceedings, 2019 (1): 11650.

[248] Ouyang C, Xiong J, Huang K. Do multiple large shareholders affect tax avoidance? Evidence from China [J]. International Review of Economics & Finance, 2020, 67 (3): 207-224.

[249] Ouyang Z, Cheng P, Liu Y, et al. Institutional drivers for corporate philanthropic activities in China: mediating roles of top management participation [J]. Corporate Social Responsibility and Environmental Management, 2019 (1): 244-255.

[250] Padgett R C, Galan J I. The effect of R&D intensity on corporate social responsibility [J]. Journal of Business Ethics, 2009 (3): 407-418.

[251] Pagano M, Roell A. The choice of stock ownership structure: agency costs, monitoring, and the decision to go public [J]. Quarterly Journal of Economics, 1998 (1): 187-225.

[252] Pan X, Chen X, Sinha P, et al. Are firms with state ownership greener? An institutional complexity view [J]. Business Strategy and the Environment, 2019 (1): 197-211.

[253] Park K E. Pay disparities within top management teams and earning management [J]. Journal of Accounting & Public Policy, 2017 (1): 59-81.

[254] Pearce C L, Manz C C. Leadership centrality and corporate social ir-responsibility (CSIR): the potential ameliorating effects of self and shared leadership on CSIR [J]. Journal of Business Ethics, 2011 (4): 563-579.

[255] Peng M W, Sun S L, Pinkham B, et al. The institution-based view as a third leg for a strategy tripod. [J]. Academy of Management Perspectives, 2009 (3): 63-81.

[256] Peterson S J, Galvin B M, Lange D. CEO servant leadership: exploring executive characteristics and firm performance [J]. Personnel Psychology, 2012 (3): 565-596.

[257] Porter M E. Capital disadvantage: America's failing capital investment system [J]. Harvard Business Review, 1992 (5): 65-82.

[258] Price J M, Sun W. Doing good and doing bad: the impact of corporate social responsibility and irresponsibility on firm performance [J]. Journal of Business Research, 2017 (10): 82-97.

[259] Pruijssers J L, Heugens P P M A, Van O H J. Winning at a losing game? Side-effects of perceived tournament promotion incentives in audit firms [J]. Journal of Business Ethics, 2020, 162 (4): 149-167.

[260] Qiu B, Yu J, Zhang K. Trust and stock price synchronicity: evidence from China [J].

Journal of Business Ethics, 2020 (1): 97-109.

[261] Ramírez-Alesón M, Fernández-Olmos M. Intermediate imports and innovation performance: do family firms benefit more? [J]. European Journal of Innovation Management, 2019 (3): 835-855.

[262] Ridge J W, Kern D, White M A. The influence of managerial myopia on firm strategy [J]. Management Decision, 2014 (3): 602-623.

[263] Roper S, Love J H, Bonner K. Firms' knowledge search and local knowledge externalities in innovation performance [J]. Research Policy, 2017 (1): 43-56.

[264] Rudy B C, Johnson A F. Performance, aspirations, and market versus nonmarket investment [J]. Journal of Management, 2016 (4): 936-959.

[265] Saeidi S P, Sofian S, Saeidi P, et al. How does corporate social responsibility contribute to firm financial performance? The mediating role of competitive advantage, reputation, and customer satisfaction [J]. Journal of Business Research, 2015 (2): 341-350.

[266] Sajko M, Boone C, Buyl T. CEO greed, corporate social responsibility, and organizational resilience to systemic shocks [J]. Journal of Management, 2020, 47 (4): 957-992.

[267] Salaiz A, Evans K, Pathak S, et al. The impact of corporate social responsibility and irresponsibility on firm performance: new insights to an old question [J]. Organizational Dynamics, 2020, 49 (2): 100698.

[268] Scheidler S, Edinger-Schons L M. Partners in crime? The impact of consumers' culpability for corporate social irresponsibility on their boycott attitude [J]. Journal of Business Research, 2020, 109 (5): 607-620.

[269] Schuster C L, Nicolai A T, Covin J G. Are founder-led firms less susceptible to managerial myopia? [J]. Entrepreneurship Theory and Practice, 2018 (3): 391-421.

[270] Seo J, Gamache D L, Devers C E, et al. The role of CEO relative standing in acquisition behavior and CEO pay [J]. Strategic Management Journal, 2015 (12): 1877-1894.

[271] Shaheer N, Yi J, Li S, et al. State-owned enterprises as bribe payers: the role of institutional environment [J]. Journal of Business Ethics, 2017 (1): 221-238.

[272] Shea C T, Hawn O V. Microfoundations of corporate social responsibility and irresponsibility [J]. Academy of Management Journal, 2019 (5): 1609-1642.

[273] Sheikh S. An examination of the dimensions of CEO power and corporate social responsibility [J]. Review of Accounting & Finance, 2016 (2): 221-244.

[274] Shen C H, Zhang H. Tournament incentives and firm innovation [J]. Review of Finance, 2018 (4): 1515-1548.

[275] Shi W, Connelly B L, Sanders W G. Buying bad behavior: tournament incentives and securities class action lawsuits [J]. Strategic Management Journal, 2016 (7): 1354-1378.

[276] Shi W, Sun S L, Peng M W. Sub-national institutional contingencies, network positions, and IJV partner selection [J]. Journal of Management Studies, 2012 (7): 1221-1245.

[277] Shou Y, Shao J, Wang W, et al. The impact of corporate social responsibility on trade credit: evidence from Chinese small and medium-sized manufacturing enterprises [J]. International Journal of Production Economics, 2020, 230 (7): 107809.

[278] Soundararajan V, Spence L J, Rees C. Small business and social irresponsibility in developing countries: working conditions and "evasion" institutional work [J]. Business & Society, 2016 (7): 1301-1336.

[279] Spence M. Job market signaling [J]. Quarterly Journal of Economics, 1973 (3): 355-374.

[280] Stagni R M, Santaló J, Giarratana M S. Product-market competition and resource redeployment in multi-business firms [J]. Strategic Management Journal, 2020 (10): 1799-1836.

[281] Strike V M, Gao J, Bansal P. Being good while being bad: social responsibility and the international diversification of US firm [J]. Journal of International Business Studies, 2006 (6): 850-862.

[282] Su W, Peng M W, Tan W, et al. The signaling effect of corporate social responsibility in emerging economies [J]. Journal of Business Ethics, 2016 (3): 479-491.

[283] Suchman M C. Managing legitimacy: strategic and institutional approaches [J]. Academy of Management Review, 1995 (3): 571-610.

[284] Sun M, Huang M C. Does CSR reputation mitigate the impact of corporate social irresponsibility? [J]. Asian Business & Management, 2020, 21 (2): 261-285.

[285] Sun S L, Habib A, Huang H J. Tournament incentives and stock price crash risk: evidence from China [J]. Pacific-Basin Finance Journal, 2019 (4): 93-117.

[286] Sun S L, Peng M W, Tan W. Institutional relatedness behind product diversification and international diversification [J]. Asia Pacific Journal of Management, 2017 (2): 339-366.

[287] Sun W, Ding Z. Is doing bad always punished? A moderated longitudinal analysis on corporate social irresponsibility and firm value [J]. Business & Society, 2020, 60 (7):

1811-1848.

［288］Sun W, Govind R. A new understanding of marketing and "doing good": marketing's power in the TMT and corporate social responsibility［J］. Journal of Business Ethics, 2020, 176 (1): 89-109.

［289］Sun W, Li X, Geng Y, et al. Board interlocks and the diffusion of CSR reporting practices: the role of market development［J］. Corporate Social Responsibility and Environmental Management, 2020 (3): 1333-1343.

［290］Sunder J, Sunder S V, Zhang J. Pilot CEOs and corporate innovation［J］. Journal of Financial Economics, 2017 (1): 209-224.

［291］Surroca J, Tribó J A, Zahra S A. Stakeholder pressure on MNEs and the transfer of socially irresponsible practices to subsidiaries［J］. Academy of Management Journal, 2013 (2): 549-572.

［292］Surroca J, Tribó J A, Waddock S. Corporate responsibility and financial performance: the role of intangible resources［J］. Strategic Management Journal, 2010 (5): 463-490.

［293］Sweetin V H, Knowles L L, Summey J H, et al. Willingness-to-punish the corporate brand for corporate social irresponsibility［J］. Journal of Business Research, 2013 (10): 1822-1830.

［294］Tan Y. Industry tournament incentives and audit fees［J］. Journal of Business Finance & Accounting, 2020, 48 (4): 587-612.

［295］Tang Y, Qian C, Chen G, et al. How CEO hubris affects corporate social (ir) responsibility［J］. Strategic Management Journal, 2015 (9): 1338-1357.

［296］Theoharakis V, Hooley G. Customer orientation and innovativeness: differing roles in new and old Europe［J］. International Journal of Research in Marketing, 2008 (1): 69-79.

［297］Trautwein S, Lindenmeier J. The effect of affective response to corporate social irresponsibility on consumer resistance behaviour: validation of a dual-channel model［J］. Journal of Marketing Management, 2019, 35 (4): 253-276.

［298］Utgard J. Retail chains' corporate social responsibility communication［J］. Journal of Business Ethics, 2018 (2): 385-400.

［299］Vignoles V L, Regalia C, Manzi C, et al. Beyond self-esteem: influence of multiple motives on identity construction.［J］. Journal of Personality & Social Psychology, 2006 (2): 308-333.

[300] Wagner T, Bicen P, Hall Z R. The dark side of retailing: towards a scale of corporate social irresponsibility [J]. International Journal of Retail & Distribution Management, 2008 (2): 124-142.

[301] Waheed A, Zhang Q. Effect of CSR and ethical practices on sustainable competitive performance: a case of emerging markets from stakeholder theory perspective [J]. Journal of Business Ethics, 2020, 175 (4): 837-855.

[302] Walker K, Zhang Z, Ni N N. The mirror effect: corporate social responsibility, corporate social irresponsibility and firm performance in coordinated market economies and liberal market economies [J]. British Journal of Management, 2019 (1): 151-168.

[303] Walker K, Zhang Z, Yu B. The angel-halo effect: how increases in corporate social responsibility and irresponsibility relate to firm performance [J]. European Business Review, 2016 (6): 709-722.

[304] Wang H, Qian C. Corporate philanthropy and corporate financial performance: the roles of stakeholder response and political access [J]. Academy of Management Journal, 2011(6): 1159-1181.

[305] Wang Q, Dou J, Jia S. A meta-analytic review of corporate social responsibility and corporate financial performance: the moderating effect of contextual factors [J]. Business & Society, 2016 (8): 1083-1121.

[306] Wang S L, Li D. Responding to public disclosure of corporate social irresponsibility in host countries: information control and ownership control [J]. Journal of International Business Studies, 2019 (8): 1283-1309.

[307] Wasserman N. Stewards, agents, and the founder discount: executive compensation in new ventures [J]. Academy of Management Journal, 2006 (5): 960-976.

[308] Wei Z, Shen H, Zhou K Z, et al. How does environmental corporate social responsibility matter in a dysfunctional institutional environment? Evidence from China [J]. Journal of Business Ethics, 2017 (2): 209-223.

[309] Whetten D A, Mackey A. A social actor conception of organizational identity and its implications for the study of organizational reputation [J]. Business & Society, 2002 (4): 393-414.

[310] Wiengarten F, Fan D, Pagell M, et al. Deviations from aspirational target levels and environmental and safety performance: implications for operations managers acting

irresponsibly [J]. Journal of Operations Management, 2019 (6): 490-516.

[311] Wolfolds S E, Siegel J. Misaccounting for endogeneity: the peril of relying on the Heckman two-step method without a valid instrument [J]. Strategic Management Journal, 2019 (3): 432-462.

[312] Wong C W Y, Miao X, Cui S, et al. Impact of corporate environmental responsibility on operating income: moderating role of regional disparities in China [J]. Journal of Business Ethics, 2016 (2): 363-382.

[313] Wooldridge J M. Introductory econometrics: a modern approach [M]. Nelson Education, 2016.

[314] Wu J. The antecedents of corporate social and environmental irresponsibility [J]. Corporate Social Responsibility & Environmental Management, 2014 (5): 286-300.

[315] Wu J, Richard O C, Zhang X, et al. Top management team surface-level diversity, strategic change, and long-term firm performance: a mediated model investigation [J]. Journal of Leadership & Organizational Studies, 2019 (3): 304-318.

[316] Wu S, Xu N, Yuan Q. State control, legal investor protection, and ownership concentration: evidence from China [J]. Corporate Governance: An International Review, 2010 (2): 176-192.

[317] Wu W, Peng F, Shan Y G, et al. Litigation risk and firm performance: the effect of internal and external corporate governance [J]. Corporate Governance: An International Review, 2020 (4): 210-239.

[318] Xie Q. Firm age, marketization, and entry mode choices of emerging economy firms: evidence from listed firms in China [J]. Journal of World Business, 2017 (3): 372-385.

[319] Xu D, Zhou K Z, Du F. Deviant versus aspirational risk taking: the effects of performance feedback on bribery expenditure and R&D Intensity [J]. Academy of Management Journal, 2019 (4): 1226-1251.

[320] Xu F, Yang M, Li Q, et al. Long-term economic consequences of corporate environmental responsibility: evidence from heavily polluting listed companies in China [J]. Business Strategy and the Environment, 2020 (6): 2251-2264.

[321] Yang Y, Yao C, Li Y. The impact of the amount of environmental information disclosure on financial performance: the moderating effect of corporate internationalization [J]. Corporate Social Responsibility and Environmental Management, 2020 (6): 2893-2907.

[322] Yiu D W, Wan W P, Xu Y. Alternative governance and corporate financial fraud in transition economies: evidence from China [J]. Journal of Management, 2019 (7): 2685-2720.

[323] Yu F, Shi Y, Wang T. R&D investment and Chinese manufacturing SMEs' corporate social responsibility: the moderating role of regional innovative milieu [J]. Journal of Cleaner Production, 2020, 258 (2): 120840.

[324] Yuan Y, Tian G, Lu L Y, et al. CEO ability and corporate social responsibility [J]. Journal of Business Ethics, 2017 (2): 391-411.

[325] Yuanli F, Maggie H, Qingsen Y. Do executives benefit from shareholder disputes? Evidence from multiple large shareholders in Chinese listed firms [J]. Journal of Corporate Finance, 2018 (8): 275-315.

[326] Zerbini F. CSR initiatives as market signals: a review and research agenda [J]. Journal of Business Ethics, 2017 (1): 1-23.

[327] Zerni M, Kallunki J P, Nilsson H. The entrenchment problem, corporate governance mechanisms, and firm value [J]. Contemporary Accounting Research, 2010 (4): 1169-1206.

[328] Zhang L, Xu Y, Chen H, et al. Corporate philanthropy after fraud punishment: an institutional perspective [J]. Management and Organization Review, 2020 (1): 33-68.

[329] Zhang L, Ren S, Chen X, et al. CEO hubris and firm pollution: state and market contingencies in a transitional economy [J]. Journal of Business Ethics, 2018 (5): 459-478.

[330] Zhang Q, Cao M, Zhang F, et al. Effects of corporate social responsibility on customer satisfaction and organizational attractiveness: a signaling perspective [J]. Business Ethics: A European Review, 2020 (1): 20-34.

[331] Zhang T, Zhang Z, Yang J. When does corporate social responsibility backfire in acquisitions? Signal incongruence and acquirer returns [J]. Journal of Business Ethics, 2020, 175 (3): 45-58.

[332] Zhang Y, Tong L, Li J. Minding the gap: asymmetric effects of pay dispersion on stakeholder engagement in corporate environmental (ir) responsibility [J]. Corporate Social Responsibility and Environmental Management, 2020 (5): 2354-2367.

[333] Zhang Z, Wang X, Jia M. Echoes of CEO entrepreneurial orientation: how and when CEO entrepreneurial orientation influences dual CSR activities [J]. Journal of Business Ethics,

2020, 169（4）: 609-629.

［334］Zhao W, Zhang Z. How and when does corporate giving lead to getting? An investigation of the relationship between corporate philanthropy and relative competitive performance from a micro-process perspective［J］. Journal of Business Ethics, 2019（2）: 425-440.

［335］Zhou K Z, Gao G Y, Zhao H. State ownership and product innovation in China: an integrated view of institutional and efficiency logics［J］. Administrative Science Quarterly, 2016（2）: 375-404.

［336］Zhou N, Park S H. Growth or profit? Strategic orientations and long-term performance in China［J］. Strategic Management Journal, 2020（11）: 2050-2071.

［337］Zhou W. Regional institutional development, political connections, and entrepreneurial performance in China's transition economy［J］. Small Business Economics, 2014（1）: 161-181.

［338］陈淼鑫, 郑振龙. 卖空机制对证券市场的影响: 基于全球市场的经验研究［J］. 世界经济, 2008, 31（12）: 73-81.

［339］陈胜军, 于渤涵, 李雪雪. 基于政治晋升预期调节作用的国企高管薪酬差距与离职率的关系研究［J］. 中央财经大学学报, 2020（4）: 98-108.

［340］成思危. 中国管理科学的学科结构与发展重点选择［J］. 管理科学学报, 2000, 3(1): 1-6.

［341］邓鸣茂, 梅春, 颜海明. 行业锦标赛激励与公司股价崩盘风险［J］. 上海财经大学学报, 2020（5）: 79-93.

［342］段云, 王福胜, 王正位. 多个大股东存在下的董事会结构模型及其实证检验［J］. 南开管理评论, 2011, 14（1）: 54-64.

［343］樊纲, 王小鲁, 朱恒鹏. 中国分省份市场化指数报告（2018）［M］. 北京: 经济科学出版社, 2018.

［344］樊纲, 王小鲁, 朱恒鹏. 中国市场化指数——各地区市场化相对进程2011年度报告［M］. 北京: 经济科学出版社, 2011.

［345］高照军, 武常岐. 制度理论视角下的企业创新行为研究——基于国家高新区企业的实证分析［J］. 科学学研究, 2014, 32（10）: 1580-1592.

［346］顾琪, 陆蓉. 金融市场的"劣汰"机制——基于卖空机制与盈余管理的研究［J］. 财贸经济, 2016, 37（5）: 60-75.

［347］郭菁晶, 李善民, 黄志宏. 资本市场定价对企业并购行为的影响研究——来自中国

上市公司的证据[J]. 经济研究, 2020, 55（7）: 43-59.

[348] 贺小刚, 邓浩, 吴诗雨, 等. 赶超压力与公司的败德行为——来自中国上市公司的数据分析[J]. 管理世界, 2015（9）: 110-130.

[349] 胡元木, 纪端. 董事技术专长、创新效率与企业绩效[J]. 南开管理评论, 2017, 20（3）: 40-52.

[350] 姜付秀, 王运通, 田园, 等. 多个大股东与企业融资约束——基于文本分析的经验证据[J]. 管理世界, 2017（12）: 61-74.

[351] 姜付秀, 黄继承. 市场化进程与资本结构动态调整[J]. 管理世界, 2011（3）: 124-134.

[352] 黎文靖, 岑永嗣, 胡玉明. 外部薪酬差距激励了高管吗——基于中国上市公司经理人市场与产权性质的经验研究[J]. 南开管理评论, 2014, 17（4）: 24-35.

[353] 李梅, 余天骄. 研发国际化是否促进了企业创新——基于中国信息技术企业的经验研究[J]. 管理世界, 2016（11）: 125-140.

[354] 李明, 徐雅琴. 企业社会责任缺失风险的形成机理研究[J]. 财会月刊, 2020（1）: 110-117.

[355] 李茜, 熊杰, 黄晗. 企业社会责任缺失对财务绩效的影响研究[J]. 管理学报, 2018, 15（2）: 255-261.

[356] 李绍龙, 龙立荣, 贺伟. 高管团队薪酬差异与企业绩效关系研究: 行业特征的跨层调节作用[J]. 南开管理评论, 2012, 15（4）: 55-65.

[357] 李文茜, 刘益. 技术创新、企业社会责任与企业竞争力——基于上市公司数据的实证分析[J]. 科学学与科学技术管理, 2015（1）: 154-165.

[358] 李心斐, 程宝栋, 许恒, 等. 高管"海归"背景有助于企业社会责任履行吗？——基于A股上市公司的经验数据[J]. 经济管理, 2020（11）: 1-17.

[359] 李新春, 陈斌. 企业群体性败德行为与管制失效——对产品质量安全与监管的制度分析[J]. 经济研究, 2013（10）: 98-111.

[360] 李雪松, 司有和, 龙勇. 企业环境、知识管理战略与企业绩效的关联性研究——以重庆生物制药行业为例[J]. 中国软科学, 2008（4）: 98-108.

[361] 梁上坤, 徐灿宇, 王瑞华. 董事会断裂带与公司股价崩盘风险[J]. 中国工业经济, 2020, 384（3）: 157-175.

[362] 刘柏, 卢家锐. "顺应潮流"还是"投机取巧": 企业社会责任的传染机制研究[J]. 南开管理评论, 2018, 21（4）: 184-196.

［363］刘笑霞，李明辉.社会信任水平对审计定价的影响——基于CGSS数据的经验证据［J］.经济管理，2019（10）：143-161.

［364］罗宏，黄婉.多个大股东并存对高管机会主义减持的影响研究［J］.管理世界，2020（8）：163-178.

［365］罗进辉.独立董事的明星效应：基于高管薪酬——业绩敏感性的考察［J］.南开管理评论，2014，17（3）：62-73.

［366］吕朝凤，陈汉鹏，López-Leyva Santos.社会信任、不完全契约与长期经济增长［J］.经济研究，2019，54（3）：6-22.

［367］马艳艳，刘凤朝，姜滨滨，等.企业跨组织研发合作广度和深度对创新绩效的影响——基于中国工业企业数据的实证［J］.科研管理，2014，35（6）：33-40.

［368］梅春，赵晓菊，颜海明，等.行业锦标赛激励与企业创新产出［J］.外国经济与管理，2019（7）：25-41.

［369］孟庆斌，邹洋，侯德帅.卖空机制能抑制上市公司违规吗？［J］.经济研究，2019（6）：89-105.

［370］缪毅，胡奕明.内部收入差距、辩护动机与高管薪酬辩护［J］.南开管理评论，2016，19（2）：32-41.

［371］牛建波，李胜楠，杨育龙，等.高管薪酬差距、治理模式和企业创新［J］.管理科学，2019，32（2）：81-97.

［372］瞿旭，杨丹，瞿彦卿，等.创始人保护、替罪羊与连坐效应——基于会计违规背景下的高管变更研究［J］.管理世界，2012（5）：137-151.

［373］石军伟，胡立君，付海艳.企业社会责任、社会资本与组织竞争优势：一个战略互动视角——基于中国转型期经验的实证研究［J］.中国工业经济，2009（11）：89-100.

［374］王克稳，金占明，焦捷.战略群组身份、企业慈善捐赠和企业绩效——基于中国房地产行业的实证研究［J］.南开管理评论，2014，17（6）：53-62.

［375］王砚羽，谢伟，乔元波，等.隐形的手：政治基因对企业并购控制倾向的影响——基于中国上市公司数据的实证分析［J］.管理世界，2014（8）：102-114.

［376］魏芳，耿修林.高管薪酬差距的阴暗面——基于企业违规行为的研究［J］.经济管理，2018，40（3）：57-73.

［377］夏立军，郭建展，陆铭.企业家的"政由己出"——民营IPO公司创始人管理、市场环境与公司业绩［J］.管理世界，2012（9）：132-141.

[378] 肖红军, 阳镇. 共益企业: 社会责任实践的合意性组织范式 [J]. 中国工业经济, 2018 (7): 174-192.

[379] 谢佩洪, 何晓光, 阎海燕. 企业非市场战略理论体系及其内在主导机制研究 [J]. 管理学报, 2010, 7 (2): 182-186.

[380] 徐莉萍, 刘雅洁, 张淑霞. 企业社会责任及其缺失对债券融资成本的影响 [J]. 华东经济管理, 2020, 34 (1): 101-112.

[381] 徐细雄, 朱红艳, 淦未宇, 等. "海归"高管回流与企业社会责任绩效改善——基于文化趋同视角的实证研究 [J]. 外国经济与管理, 2018 (5): 99-112.

[382] 许罡. 企业社会责任履行抑制商誉泡沫吗?[J]. 审计与经济研究, 2020 (1): 90-99.

[383] 杨继生, 阳建辉. 企业失责行为与居民的选择性反应——来自上市企业的证据 [J]. 经济学 (季刊), 2016 (1): 275-296.

[384] 应佩佩, 刘斌. 考虑企业社会责任缺失的双渠道供应链决策模型 [J]. 中国管理科学, 2016 (S1): 637-644.

[385] 曾爱民, 魏志华, 张纯, 等. 企业社会责任: "真心"抑或"幌子"?——基于高管内幕交易视角的研究 [J]. 金融研究, 2020 (9): 154-171.

[386] 翟胜宝, 徐亚琴, 杨德明. 媒体能监督国有企业高管在职消费么?[J]. 会计研究, 2015 (5): 57-63.

[387] 张爱卿, 高应蓓. 基于 CiteSpace 的国内外企业社会责任缺失研究可视化对比分析 [J]. 中央财经大学学报, 2020, 394 (6): 93-106.

[388] 张宝建, 孙国强, 裴梦丹, 等. 网络能力、网络结构与创业绩效——基于中国孵化产业的实证研究 [J]. 南开管理评论, 2015, 18 (2): 39-50.

[389] 张婷, 周延风. 消费者视角下企业社会责任缺失研究综述 [J]. 管理学季刊, 2012 (2): 117-149.

[390] 郑莹, 陈传明, 任华亮. 专利活动和市场价值——基于信号理论的解释 [J]. 科学学与科学技术管理, 2016 (3): 68-78.

[391] 郑志刚, 梁昕雯, 吴新春. 经理人产生来源与企业未来绩效改善 [J]. 经济研究, 2014 (4): 157-171.

[392] 周末, 孙可. 交易环境、企业绩效与政府干预波及 [J]. 改革, 2016 (12): 106-113.

[393] 朱焱, 张孟昌. 企业管理团队人力资本、研发投入与企业绩效的实证研究 [J]. 会计研究, 2013 (11): 45-52.

［394］祝继高，叶康涛，陆正飞.谁是更积极的监督者：非控股股东董事还是独立董事？［J］.经济研究，2015，50（9）：170-184.

［395］钟鹏，吴涛，李晓渝.上市公司企业社会责任报告、社会责任缺失与财务绩效关系的实证研究［J］.预测，2021，40（1）：17-23.